Villingen-Schwenningen
reiburg Br.
311
Memmingen
DEUTSCHLAND
81
Schaffhausen
Rhein
Ko
pten
Pfron
Winterthur
A1
St. Gallen
Bregenz
Zürich
A1
103
Zürichsee
Rapperswil
A2
A3
104
LIECHTEN-STEIN
22
23
Luzern
Schwyz
105
106
21
112
A13
107
HWEIZ
Glarner Alpen
Silvrettagruppe
A2
108
Chur
114
aken
Splügen
Rätische Alpen
115
3
111
St. Moritz
Bormio
109
110
Alpi
Ticinese
37
A13
Domo-dossola
Bellinzona
36
Sondrio
Edol
38
Adda
42
A2
Lago Maggiore
Lago di Como
ITALIEN
Omegna
Lecco
Varese
Como
Lago d'Iseo
36
36
Bergamo
iella
Monza
A4
A26
Rho
Milano
Brescia
Novara
Vercelli
A21
Chiese
Po
Pavia
A7
Cremona
Piacenza
W0408467

Urlaub in den Bergen

Georg Weindl

Die 150 schönsten Hütten, Berggasthöfe und Hotels in Deutschland, Österreich, der Schweiz und Südtirol

Mit Aktiv- und Ausflugstipps, Wellness und mehr

Die 150 schönsten Hütten, Berggasthöfe und Hotels

Deutschland

Endlich Ferien in den Schweizer Alpen

Österreich

Im Berner Oberland kommt der Käse noch direkt von d

Schweiz

lm

Südtirol

Urig

2 Berghaus Schönblick
4 Blockhütte im Obstgarten
8 Berggasthaus Herzogstand
9 Stie-Alm
10 Schwalbenhäusl
15 Berggasthof Streichenwirt
19 Berggasthof Oberkälberstein
28 Ferienhütte Elisabeth
29 Kohler-Hütte
31 Vorderkaiserfeldenhütte
32 Stöcklalm
35 Berghotel Rudolfshütte
40 Präau Hochalm
43 Hungarhubhütte
44 Radlehenhütte
45 Der Almstadl
51 Loserhütte
54 Grabergalm
55 Galsterbergalm
58 Strabant Hütte
62 Oberstalleralm
64 Wallner Kasa
66 Moos-Stadel Almhütte
73 Almhaus Traudi
78 Wurzelhütte
79 Abfalterer Hütte
80 Moar zu Lessach Hütte
81 Grillerhütte
82 Almhaus Völkl
83 Schwarzenbichlalm
84 Familienalmhaus Gasser
85 Sonnenhanghütte
86 Paulmahdhütte
87 Jägerhütte Obermillstätter Alm
91 Onkel Martin Hütte
95 Galgenhütte
96 Dohrhütte
97 Panoramahütte
100 Hohenleiten Hütte
106 Ski- und Berghaus Schwendi
109 Berghaus Diavolezza
112 Chalet Schwändi
113 Berghotel Faulhorn
114 Berggasthof Männlichen
137 Gampenalm
139 Costaces Hütte
143 Lavarellahütte
149 Telemarkhütte

Romantisch

3 Berggasthof Rohrmoos
5 Burghotel auf dem Falkenstein
6 Forsthaus Graseck
7 Berghaus Koppe
11 Gaststätte Lieberhof
13 Berghotel Sudelfeld
14 Seiserhof
16 Almgasthof Winklmoosalm
17 Klostergasthof Maria Eck
30 Berggasthof Nieding
33 Angerer Alm
34 Berghotel Seidl-Alm
36 Pension Guggenbichl
46 Alpengasthof Mahdegg-Alm
47 Gersbergalm
49 Hotel Schafbergspitze
50 Familiendorf Feuerkogel
52 Alpengasthof Hierzegger
53 Holzhackerstube
56 Salzburger Dolomitenhof
59 Gasthof Islitzer
63 Plonerhof
65 Hotel Schöne Aussicht
69 Oswalderhof
71 Gasthof-Pension Lahnerhof
72 Eggelerhof
74 Haus Lärchenegg
76 Berggasthof Mösslacher
92 Strohmaier Hütte

93 Lärchenhütte
98 Milleniumshütte
99 Gregorpeterhütte
101 Wirtshaus Jagawirt
102 Berghof Brunner
104 Hotel Arvenbüel
110 Hotel Roseg Gletscher
115 Hotel Bellevue des Alpes
118 Hotel Riffelberg
123 Berghaus Stallwies
129 Gasthof St. Ulrich
130 Gasthof Kohlern
131 Berghotel Zirmerhof
132 Signaterhof
133 Gasthof Bad Dreikirchen
135 Ansitz Fonteklaus
136 Gasthaus Huber in Pardell
138 Almgasthof Ütia de Börz
141 Berghotel Kasern
142 Gasthof Oberraut
144 Faneshütte
145 Hotel Hohe Gaisl
146 Fodara Vedla Hütte
147 Gasthaus Heilig Kreuz
148 Berggasthof Pralongià
150 Rifugio Fuciade

Originell

21 Silvretta Haus
27 Kristallhütte
39 Alpengasthof Ammererhof
60 Gannerhof
61 Neue Sajathütte
68 Gasthof Gribele
77 Cube Nassfeld
88 Kleinsasserhof
89 Karlbad
105 Klausenpasshöhe
111 Hospiz St. Gotthard
117 Alpine Lodge
120 Hotel Kulm Gornergrat
124 Berghotel Grawand
126 Familienalm Taser
128 Gasthof Völlaner Badl
134 Pension Briol
140 Gasthaus Kofler zwischen den Wänden

Wellness

12 Arabella Sheraton Alpenhotel
20 Aktiv & Wellnesshotel Reissenlehen
22 Hotel Goldener Berg
26 Naturhotel Grafenast
37 Arthurhaus
41 Almgasthof Hauserbauer
57 Alpenhotel Gösing
70 Almwellness-Hotel Tuffbad
94 Sonnenhotel Zaubek

Luxuriös

18 Intercontinental Resort Berchtesgaden
23 Hotel Burg Vital
24 Interalpenhotel Tyrol
25 Jagdschloss Kühtai
38 Die Übergossene Alm
42 Hoteldorf Grüner Baum
44 Kurhotel Vollererhof
75 Hotel Wulfenia
90 Almdorf Seinerzeit
103 Uto Kulm
107 Hotel Schatzalp
108 Hotel Guarda Val
116 Hostellerie Alpenrose
119 Riffelalp Resort
122 Chalet d'Adrien
125 Turm Chalet
127 Vigilius Mountain Resort

Nordic Walking in den Alpen

Stramm bergauf geht's bei Serfaus

So gesund kann Gehen sein

Am Anfang wurden sie noch belächelt, heute trifft man sie überall: Menschen, die, mit Stöcken ausgerüstet, mit recht energischen Schritten und gezieltem Stockeinsatz durch die Landschaft marschieren.

Gehen als dynamischer Freizeitsport? Auf Schusters Rappen durch die Berge als neuer Trendsport? Für manche Menschen ein gewöhnungsbedürftiger Gedanke. Nordic Walking ist mehr als nur ein gemütlicher Spaziergang. Auch, wenn der Anblick der sportlichen Geher mit ihren markanten Stockeinsätzen etwas ungewöhnlich ist, Experten schwören auf diese Technik. Und das aus gutem Grund. Nordic Walking bietet die Vorteile eines Lauftrainings, erspart gleichzeitig aber viele der Nachteile, die das Joggen mit sich bringt. Der uns angeborene diagonale Bewegungsablauf wird durch den Einsatz der Stöcke unterstützt. Über 90 Prozent der Muskulatur werden beansprucht. Durch die Einbindung von Armen und Schultern werden außerdem die Belastungen, die auf den Körper einwirken, günstig verteilt. Es entsteht weniger Druck für die Wirbelsäule und die Gelenke. Die Knie werden ebenfalls entlastet. Nordic Walking eignet sich daher auch gut für Personen mit Knie- und Rückenproblemen, für die ein herkömmliches Lauftraining nicht in Frage kommt. Und man fühlt sich dank der Stöcke auch in unwegsamem Gelände viel sicherer.

Im Prinzip funktioniert Nordic Walking wie das klassische Langlaufen und wurde ursprünglich als Sommertraining für nordische Wintersportler entwickelt – nur

Gut gerüstet unterwegs im Gasteiner Tal

eben ohne Ski und ohne Schnee. Und dass Langlaufen gesund ist, das muss man eigentlich nicht mehr weiter erklären.

Wie sehr die Idee des Nordic Walkings die Deutschen erfasst hat, belegen auch die Zahlen des finnischen Stöckeherstellers Exel. Demnach schätzt man anhand der Verkaufszahlen der Stöcke, dass es im Jahr 2001 in Deutschland rund 10 000 Nordic Walker gab, 2002 etwa 120 000 und Ende 2004 bereits rund 2,2 Millionen.

Kleine Equipment-Kunde

Der wichtigste Ausrüstungsgegenstand sind die Stöcke. Sie werden aus hochwertigen Werkstoffen wie Kohle- und Glasfasern hergestellt und sind extrem leicht. Die optimale Länge der Stöcke beträgt rund 70 Prozent der Körpergröße. Die Spitzen der Stöcke kann man mit Gummistöpseln dem Terrain anpassen. Auf glattem Untergrund wie Asphalt läuft man besser mit Gummi, auf weichem Boden sind eher Metallspitzen günstig.

Bei den Schuhen ist man mit konventionellen Walking- oder Trekkingschuhen gut versorgt. Wichtig ist natürlich auch noch die passende Kleidung. In diesem Fall sollte man zu atmungsaktiver Funktionskleidung greifen. Handschuhe helfen überdies, Blasenbildung an den Handinnenflächen zu vermeiden.

Ein sehr nützliches Utensil ist außerdem der Herzfrequenzmesser, mit dem man über die Herzfrequenz genau kontrollieren kann, wie stark die Belastung und der Kalorienverbrauch werden. Und bei längeren Touren empfiehlt sich eine Trinkflasche, die man idealerweise am Gürtel befestigt.

Nordic Fitness Parks

Deutschland

Nordic Fitness Park Tölzer Land

Sechs verschiedene Strecken rund um Bad Tölz: Von der leichten Strecke auf dem Wackersberger Plateau mit 2,3 km bis zur 8,6 km langen schwarzen Strecke auf dem Blomberg mit 667 Höhenmetern.
Tourist Information Bad Tölz,
83646 Bad Tölz; Tel. 0 80 41/7 86 70;
Internet: www.bad-toelz.de

Stockeinsatz nicht vergessen

Nordic Fitness Sports Park Nesselwang

Rund um Nesselwang gibt es fünf lizenzierte Strecken von der leichten Sporthaus Baronsee mit 3,1 km bis zur schweren Panoramaroute mit 7,4 km und 550 Höhenmetern. Im Angebot sind Einsteiger- und Aufbaukurse.
Tourist Information Nesselwang, 87484 Nesselwang; Tel. 0 83 61/92 30 40;
Internet: www.nesselwang.de

Österreich

Nordic Walking Park Mallnitz

Zwischen 1200 und 1300 m Höhe verlaufen mehrere Rundstrecken mit maximal 18 km Länge. Auf dem Tauernhöhenweg kann man bis auf 2000 m hoch laufen.
Tourismusbüro Mallnitz,
A-9822 Mallnitz; Tel. 00 43/47 84/2 90;
Internet: www.mallnitz.at

Nordic Walking Nockberge

Die leicht geschwungenen Nockberge sind ideal fürs Nordic Walking. Auf der Bergstation Brunnach bei Bad Kleinkirchheim verlaufen mehrere Trails in Höhenlagen zwischen 1750 und 2200 m. Am Checkpoint kann man Stöcke und Pulsmesser ausleihen. Es gibt auch Kurse und geführte Touren.
Bad Kleinkirchheim Tourismus,
A-9546 Bad Kleinkirchheim;
Tel. 00 43/42 40/82 12;
Internet: www.badkleinkirchheim.at

Nordic Fitness Park Reutte

Nordic Walking Park mit sechs Trails zwischen 3,5 und 5,6 km für Anfänger und Fortgeschrittene. Pauschalangebote mit Einführung und geführten Touren mit Trainer.
Tourismusverband Reutte,
A-6600 Wängle bei Reutte;
Tel. 00 43/56 72/62 33 60;
Internet: www.reuttetourism.at

Nordic Walking Park Seefeld

Im Gebiet westlich von Seefeld sind vier verschiedene Trails markiert. Das beginnt mit der leichten Seekirchl Route mit 3,1 km und reicht bis zur schweren und 13,2 km langen Wildmoos-Runde. Dazu gibt es ein umfangreiches Angebot an Kursen und geführten Touren.
Tourismusverband Seefeld,
A-6100 Seefeld; Tel. 00 43/52 12/23 13;
Internet: www.seefeld.com

Nordic Fitness Park Westendorf

Mehrere Trails und einen High-Walking Pfad gibt es im Gebiet Wilder Kaiser und Brixental, dazu Schnupperkurse, Grundkurse und geführte Touren.
Tourismusverband Westendorf, A-6363 Westendorf; Tel. 00 43/53 34/62 30;
Internet: www.westendorf.com

Nordic Fitness Park Obergurgl
Verschiedene Trails im Gebiet um Obergurgl am Ende des Ötztals zwischen 1960 und 2430 m Höhe, darunter der leichte und 2,2 km lange Zirbenwald-Trail und der 6,4 km lange anspruchsvollere Nordic-High-Walking-Trail. Dazu werden Wochenprogramme für Anfänger und Fortgeschrittene und Verleihstöcke angeboten.
Tourismusverband Obergurgl-Hochgurgl, A-6456 Obergurgl; Tel. 00 43/52 56/64 66; Internet: www.obergurgl.com

In der Gruppe macht's noch mehr Spaß

Nordic Fitness Center Ötztal Arena
Rund um Längenfeld befinden sich drei Trails mit Längen zwischen 3 und 11 km von leicht bis schwer. Zu den Kursen werden in der Nordic-Walking-Schule auch Videoanalysen angeboten.
Sporthütte Langenfeld, A-6444 Längenfeld; Tel. 00 43/52 53/6 50 84; Internet: www.sporthuette.at

Nordic Fitness Sports Park Wildschönau
Sechs verschiedene Trails zwischen 2,4 und 10,3 km Länge mit allen Schwierigkeitsgraden. Alle Trails sind als Rundstrecken ausgelegt und führen durch die Wildschönau.
Tourismusverband Wildschönau, A-6311 Wildschönau; Tel. 00 43/53 39/82 55; Internet: www.wildschoenau.com

Schweiz

Nordic Walking Ägerital
Mehrere Touren vom leichten Trail für Anfänger bis zum 15 km langen Wettbewerbstrail gibt es auf dem leicht hügeligen Gelände bei Zug.
Kur- und Verkehrsverein Unterägeri, CH-6315 Oberägeri; Tel. 00 41/41/7 50 24 14; Internet: www.nordicwalking-aegerital.ch

Pontresina Bernina Nordic Park
Mehrere Trails rund um Pontresina mit unterschiedlichen Anforderungen vom leichten Taiswald Trail mit 7,5 km bis zum schweren Languard Trail mit 7,6 km und über 500 Höhenmetern.
Kur- und Verkehrsverein Pontresina, CH-7504 Pontresina; Tel. 00 41/81/3 88 83 00; Internet: www.pontresina.com

Südtirol

Nordic Walking Lüsen
Sechs neue Routen im Tal und auf der Alm. Angeboten werden ein 2 km langer Fitness-Test mit ausgebildetem Instruktor sowie verschiedene Schnupperkurse und geführte Touren.
Tourismusverein Lüsen, I-39040 Lüsen; Tel. 00 39/04 72/41 37 50; Internet: www.luesen.com

Nature.Fitness.Park Schenna-Hirzer-Meran 2000
Rund um Meran verteilt sich der Parcours mit sieben verschiedenen Trails in den drei Wandergebieten Schenna, Hirzer sowie Meran 2000. Vom leichten 3,8 km-Kurs mit 100 Höhenmeter bis zur 10,7 km langen schweren Strecke mit 450 Höhenmetern. Dazu werden Schnupperkurse und Beratung durch Trainer sowie geführte Touren angeboten.
Tourismusverein Schenna, I-39017 Schenna; Tel. 00 39/04 73/94 56 69; Internet: www.schenna.com

Die schönsten Sommer-Events in den Alpen

Deutschland

Allgäu

Juli: Theater-Festival Isny, www.isny.de
Oktober: Jochpass Memorial Oldtimerrennen, Bad Hindelang, www.jochpass.com
Oktober: Colomansritt in Schwangau, www.schwangau.de

Oberbayern

Mai: Fest der Berge in Ruhpolding, www.ruhpolding.de
Mai: Rossfeld Historic Oldtimerausfahrt in berchtesgaden, www.rossfeld-historic.de
Juli: Oleg-Kagan-Musikfest in Kreuth, www.kreuth.de
August: Straßenfest in Reit im Winkl, www.reit-im-winkl.de
Oktober: Internationales Bergfilmfestival Tegernsee, www.bergfilm-festival-tegernsee.de
Oktober: Jenner Berglauf am Königssee, www.koenigssee.de
November: Leonhardifahrt in Bad Tölz, www.bad-toelz.de

Österreich

Vorarlberg

Juli: Silvretta Classic Oldtimerevent im Montafon, www.silvretta-classic.de

Silvretta Classic Oldtimerevent

Juli, August: Bregenzer Festspiele, www.bregenzerfestspiele.com
Juli: Milka Schokolade Fest in Bludenz
August: Outdoortrophy im Bregenzer Wald, www.bregenzerwald.at
September: Walserherbst Kulterfestival im Großen Walsertal, www.walserherbst.at

Tirol

April: Gauderfest in Zell am Ziller, www.gauderfest.at
Mai: Kitzbühler Alpenrallye Oldtimerevent, www.kitzbuehel.com
Juni: TschingArt Jazzfestival in Imst, www.imst.at
Juli: Volksmusikfest beim Bergdoktorhaus in Mieming, www.mieminger-plateau.at
August: Ironbike Mountainbike Marathon in Ischgl, www.ischgl.com
August: Festwochen der alten Musik in Innsbruck, www.altemusik.at

Ironbike Mountainbike Marathon in Ischgl

August: Open Air der Schürzenjäger in Finkenberg, www.finkenberg.at
September: Knödelfest in St. Johann, www.st.johanntirol.at
September: Red Bull Dolomitenmann in Lienz, www.dolomitenmann.com
Oktober: Alpbacher Kirchtag, www.alpbach.at

Salzburger Land

Mai: Harley Davidson Treffen in Saalbach, www.saalbach.com
Juni: Zeller Sommerfest in Zell am See, www.europasportregion.info
Juli: Egelsee Volksmusikfest bei Golling, www.egelseefest.at
Juli: Bad Gasteiner Straßenfest, www.gastein.com
August: Jazzfestival in Saalfelden, www.leogang-saalfelden.at
September: Traktor Weltmeisterschaft am Großglockner, www.traktorwm.at

Oberösterreich

Juni: Fronleichnamsprozession auf dem Hallstätter See, www.inneres-salzkammergut.at
Mai–Juni: Traunseewoche Segelregatta am Traunsee, www.traunsee.at

Kärnten

Juni–August: Wörthersee Festspiele auf der Seebühne in Klagenfurt, www.woerthersee-festspiele.com
Juni: Speckfest in Hermagor, www.speckfest.at
Juli: Wenn die Musi spielt Volksmusik Open Air in Bad Kleinkirchheim, www.badklein-kirchheim.at
Juli: Großglockner Berglauf in Heiligenblut, www.grossglocknerberglauf.at

Hansi Hinterseer beim Volksmusik Open Air

August: Ritterspiele auf Burg Sommeregg am Millstätter See, www.millstatt-see.co.at

Steiermark

Mai: Narzissenfest im Ausseerland, www.ausseerland.at
Mai: Erzberg Rodeo Motorradrennen, www.erzberg.at
Juli: Admonter Kultursommer, www.admont.at
Juli: Seefest am Grundlsee, www.ausseerland.at
September: Ausseer Kirtag, www.ausseerland.at

Schweiz

Berner Oberland

Juli: Swiss Open Tennisturnier in Gstaad, www.gstaad.ch
Juli: Internationales Menuhin Musik Festival in Gstaad, www.gstaad.ch
September: Jungfrau Marathon Berglauf, www.jungfrau-marathon.ch

Wallis

Juni: Mountainbikerennen in Portes du Soleil, www.portesdusoleil.com
Juli: Verbier Festival, www.verbierfestival.com
August: Matterhorn Berglauf in Zermatt, www.zermatt.ch
August: Grand Raid Mountainbike Marathon Verbier-Grimnetz, www.verbier.ch
September: Internationales Bergfilmfestival in Les Diablerets, www.diablerets.ch
September: Omega European Masters Golfturnier in Crans Montana, www.crans-montana.ch

Graubünden

Juni: Frischi Bike Challenge in Flims-Laax, www.alpenarena.ch
Juni: Engadin Inline Marathon von Maloja bis S-chanf, www.stmoritz.ch
Juli: »Davos sounds good« Jazzfestival, www.davos-sounds-good.ch
Juli: British Classic Car Meeting in St. Moritz, www.stmoritz.ch
August: Graubünden Marathon Berglauf bei Lenzerheide, www.graubuenden-marathon.ch

Italien

Südtirol

April: Haflinger Rennen in Meran, www.meranerland.com
Mai: Speckfest am Waltherplatz in Bozen, www.bozen-bolzano.it
Juni: Puschtraman Triathlon, www.tauferer.ahrntal.com
Juni: Internationales Chorfestival im Hochpustertal, www.drei-zinnen.info
Juni: Oswald von Wolkenstein Ritt Völs, www.schlerngebiet.com
Juli: Südtirol Classic Oldtimerevent in Schenna, www.suedtirolclassic.com
Juli: Dolomiten Radmarathon in Alta Badia, www.altabadia.org
Juli–August: Gustav Mahler Musik-wochen im Hochpustertal, www.drei-zinnen.info
August: Meraner Musikwochen, www.meran-tirol-algund.com
September: Sarner Kirchtag, www.sarntal.com
September: Knödelfest in Sterzing, www.sterzing.com
Oktober: Spatzenfest Kastelruth, www.kastelruth.com

Trentino/Veneto

Juli: Stella Alpina, Oldtimerrennen von Trient ins Fassatal, www.fassa.com
August: La Festa delle Bande Musikfest in Cortina d'Ampezzo, www.dolomit.org
August: Fiemme Bike Mountainbike Rennen im Val di Fiemme, www.valfiemme.net

Schöner leben in den Bergen

Wie aus Furcht Zuneigung wurde

Es ist noch gar nicht so lange her, da hatten die Menschen mit Bergromantik gar nichts am Hut. Das Gebirge war ein ungeliebtes Terrain. Hexen und Dämonen vermuteten sie dort oben in den kargen hochalpinen Gefilden. Geblitzt hat es und gedonnert. Eine ganz und gar grausliche Welt, die den Menschen im Tal suspekt war.

Um 1920 an der Diavolezza

Ehrfurcht und manchmal auch Abneigung artikulierten sie in den Namen, die sie den Gipfeln gaben. Viele davon klingen für unsere Ohren heute merkwürdig – zumal in einer Zeit, in der die Berge als Erholungsregion oder Sport- und Freizeitterrain beliebter denn je sind. Sprachwissenschaftler wie Professor Peter Anreiter von der Universität Innsbruck befassen sich seit Jahren mit der Herkunft und dem eigentlichen Sinn der Bergnamen. »Die wirtschaftliche Nutzung der Bergregion gestaltete sich sehr mühsam. Die Namen, die man den Gipfeln gab, waren oft von Funktionalität geprägt, dokumentierten aber auch die Ehrfurcht vor der Gewalt der Natur«, erklärt Anreiter

So stammt die erste nachgewiesene Erwähnung der Zugspitze aus dem Jahr 1590 und hat natürlich nichts mit der Bergbahn zu tun, die heutzutage von der bayerischen Seite gipfelwärts führt. Vielmehr bezog sich der Name auf die Lawinenbahnen im Gipfelbereich, die man damals Zug nannte. Viel interessanter aus heutiger Sicht sind natürlich die skurrilen, oft mystisch klingenden Bezeichnungen. Die Fleischbank, ein berühmter Kletterberg im Wilden Kaiser im Tiroler Unterland, lässt manchen Besucher heute noch erschaudern und an abgestürzte Kletterer denken. Tatsächlich verbirgt sich dahinter eine Legende, wonach ein Bauer Baumrinden in den Fleischbankwänden verteilte, damit die Gämsen abstürzten und er leichter des Wildes habhaft werden konnte. Und wirklich fing er derart auch acht Gämsen, musste dann jedoch mit ansehen, wie seine Schafe ebenfalls in den Tod stürzten.

Wenn vom Glück die Rede ist, etwa beim Hochglück, dann kam dies daher, dass man mit dem

Wort Gelicke die Stellen bezeichnete, wo das Wild Salz geleckt hat. Und schön hieß ein Berg nicht wegen seines ansprechenden Aussehens, sondern wegen der fruchtbaren Böden rings um den Gipfel. Man dachte also sehr pragmatisch und überließ die Vorstellung vom Bergsteigerglück und der Schönheit der Landschaft den weltfremden Schwärmern.

Wie gemalt: Panorama bei Oberstdorf

Der zunehmende technische Fortschritt veränderte die Lebensverhältnisse und damit die Bedürfnisse der Menschen. Sie verspürten den Drang nach Abwechslung und Bewegung. Der Anteil körperlicher Arbeit im Berufsleben nahm ständig ab. Gleichzeitig wurden die Berge immer weiter erschlossen und boten sich als perfektes Ausflugsziel an. Schon bald verstand man den Abstecher in die Bergwelt als wohltuende Abwechslung zum immer strapaziöser werdenden Leben in der Stadt.

Bereits im 19. Jahrhundert entwickelte sich ein florierender und sehr exklusiver Kurtourismus in den Bergen. Elegante Kurbäder mit luxuriösen Hotels entstanden. Eine der fleißigsten Bergtouristinnen war die österreichische Kaiserin Sisi. Im Roman »Der Zauberberg« ist dieser Epoche ein Denkmal gesetzt.

Mit dem Ersten Weltkrieg war erst einmal Schluss mit dem alpinen Nobeltourismus. Die zweite und weitaus bedeutendere Welle kam in den Fünfzigerjahren mit dem wachsenden Massentourismus. Ferne Ziele waren unerschwinglich, die Berge nah und idyllisch. Und den notwendigen Rest an Verkaufsförderung und Werbung besorgten die Heimatfilme, die zu dieser Zeit gerade ihren Boom erlebten.

Heutzutage erleben die Berge sozusagen ein Revival. Sie sind populär wie nie zuvor. Das hat natürlich mit einem massiv gestiegenen Gesundheitsbewusstsein zu tun. Der klassische Bergwanderer ist passé. Man »walkt« nordisch und »bikt« mit teurem Gerät in Richtung Gipfel. Im Winter sind es die Skitourengeher und Schneeschuhwanderer, die durch die verschneite Bergwelt streifen. Und dabei polarisiert sich das Freizeitverhalten ganz offensichtlich dahin, dass es entweder besonders sportlich oder besonders romantisch sein soll. Dieser Tendenz folgend sind die Alpen mittlerweile flächendeckend mit einem dichten Netzwerk an Events überzogen, die wohl die Sehnsüchte der Menschen gut reflektieren. Auch hier geht der Trend wieder zum Romantischen oder sportlich Extremen. Volkstümliche Veranstaltungen wie etwa das Kastelruther Spatzenfest am Schlern in Südtirol, das Open Air der Schürzenjäger im Zillertal oder von Hansi Hinterseer in Kitzbühel bewegen Massen und ganz nebenbei auch viele Millionen Euro. Nicht sehr viel anders ist es bei den Sportwettkämpfen wie den diversen Radmarathons, den Bergläufen oder ganz typisch der Transalp Bike Challenge, bei der mit Mountainbikes von Bayern zum Gardasee geradelt wird.

Herbststimmung am Klausenpass

Die Berge stehen für Qualitäten, die den Menschen im modernen Alltagsleben immer mehr verloren gehen: eine unverfälschte Naturlandschaft, Authentizität, die auch mit gastronomischen Angeboten zu tun hat, und dazu das Klischee noch intakter Sozialstrukturen – eine kleine, überschaubare heile Welt in Zeiten der Globalisierung und der Zukunftsängste.

Oben lebt es sich gesünder

Menschen, die in gebirgigen Regionen leben, erfreuen sich eines besseren Gesundheitszustandes und haben üblicherweise ein kräftigeres Herz als Großstädter. Zu dieser Erkenntnis kam unlängst eine Studie der Universität Athen. Dabei hat man über einen Zeitraum von 15 Jahren den Gesundheitszustand von 1150 Griechen beobachtet. Die Zahlen der durch Herzkrankheiten ausgelösten Todesfälle waren bei den Bergbewohnern deutlich niedriger. Erklärt wurde das damit, dass die ausgeprägtere physische Tätigkeit durch permanentes Bergauf- und Bergabgehen zusammen mit dem Reizklima der Höhe Ursachen für die geringere Mortalitätsrate sind. Nicht alle Wissenschaftler stimmten dieser These zu. Erhöhte Anstrengung bei geringerem Sauerstoffniveau könnte sich gerade für Herz- und Lungenkranke negativ auswirken. Welche Höhe nun die richtige sei, das wollte man in Österreich mit der so genannten AMAS Höhenstudie 2000 herausfinden. Höhen- und Tallagen wurden verglichen und dabei viele Vorteile für den Urlaub in den Bergen entdeckt. Demnach hatten sich subjektive Beschwerden reduziert und die positive Lebenseinstellung verbessert. Darüber hinaus war die Schlafdauer sowie die Schlafqualität gewachsen.

Man stellte eine höhere Zahl an roten Blutkörperchen fest, die bessere Sauerstoff-Transportfähigkeiten besitzen. Und so sollen auch Substanzen, die Thrombose fördernd sind, zurückgegangen sein.

Erlebniswelt Berge

Das hat natürlich auch touristische Konsequenzen. Vielen Urlaubern genügt es oft nicht mehr, unten im Tal zu logieren. Nein, das wahre Bergerlebnis ist immer noch oben und bedeutet: ein wenig Gipfelglück, ein wenig Sonnenuntergang auf der Almhütte, ein wenig Ruhe und reine Luft und dazu das Gefühl, ganz oben zu sein und auf den Rest der Welt sozusagen herunterschauen zu können. Der Urlaub in den Bergen hat mittlerweile viele bemerkenswerte Facetten. Und hier kommt auch wieder das Phänomen der Extreme ins Spiel: entweder urig und romantisch oder extrem luxuriös soll es sein, oben am Berg. Mittelmaß, das bestätigen auch die Konsumforscher, ist beim Verbraucher weitgehend verpönt. Also gibt es immer mehr Luxushotels in alpiner Lage wie das eindrucksvolle, von Stardesigner Matteo Thun kreierte Vigilius auf dem gleichnamigen Joch in Südtirol oder die nostalgischen Luxus-Almhütten in den Kärntner Nockbergen, die trotz stolzer Preise ständig ausgebucht sind. Es gibt Gourmetrestaurants in Almhütten und auf Bergstationen, wo man zum Panoramablick Edelfisch und Kaviar tafelt, so wie beispielsweise beim Starkoch Reto Mathis auf der 2500 Meter hohen Corviglia bei St. Moritz oder auf der Galzig Bergstation auf 2100 Meter oberhalb von St. Anton in den hochdekorierten Verwallstuben.

Andererseits blüht die Nostalgie. Ein Blick in den Nationalpark Hohe Tauern beweist das eindrucksvoll. Hier wird den Gästen Hüttenzauber beim Biobauern angeboten. Dazu gehört eine Nacht im Heulager, die Mitarbeit bei der Butterherstellung ebenso wie das Teigkneten oder der Ausritt mit den Pferden über die Almwiesen. Alpine Wellness ist mittlerweile der Oberbegriff für ein ebenso riesiges wie buntes Angebot an Wohlfühlaktionen. Dieses umfasst zum einen das boomende Nordic Walking, zum anderen findet man Almhütten mit kleinem Spa-Bereich oder Yoga und Atemschulungen auf der Almwiese.

Viehscheid im Allgäu

Von der Almhütte bis zum Luxushotel

In diesem Buch finden Sie Unterkünfte für den naturnahen Urlaub in den Bergen: rustikale Almhütten, gemütliche Berggasthöfe und Luxushotels. Sie alle haben eines gemeinsam: Sie liegen hoch oben auf dem Berg oder zumindest in schöner ruhiger Lage abseits des Trubels. Stilvolle Unterkünfte für jeden Geldbeutel. Romantische Alltagsfluchten genauso wie Häuser, die sich ganz auf den Familienurlaub spezialisiert haben. Beim Urlaub in den Bergen sollte man jedoch beachten, dass die außergewöhnliche Lage zuweilen auch Zugeständnisse erfordert.

Barfußweg in Hochsöll

Hüttenromantik mit Zugeständnissen

Alle Hütten, die hier aufgeführt sind, zeichnen sich nicht nur durch eine schöne Lage, sondern auch durch eine vergleichsweise gute Einrichtung aus. Dazu gehören sanitäre Anlagen mit Dusche und WC, TV und zuweilen auch Sauna und Kachelofen. Wie im Hotel wohnt man in der Almhütte natürlich nicht. Bei der Anfahrt muss man unter Umständen einige Beschwerlichkeiten auf sich nehmen. Vor allem im Winter sind Schneeketten sinnvoll. Manchmal kommt man auch nur mit Lift oder Snowmobil zur Hütte. In der Regel muss man sich selbst versorgen. Und die Ruhe und Einsamkeit heißt natürlich auch, dass das Freizeitprogramm entsprechend ruhig und naturverbunden ist. Für einsame Hüttenabende und Schlechtwettertage empfiehlt es sich, ausreichend Lesestoff und Spiele mitzunehmen. Spontane abendliche Ausflüge ins Tal sind bei höher gelegenen Häusern ein aufwendiges Unterfangen oder dort, wo man mit der Seilbahn zur Unterkunft fahren muss, auch einfach nicht möglich, wenn spätnachmittags die Bahn ihre Pforten schließt.

Mit der Petroleumlampe und dem Holzofen ist es romantisch, mit der Solaranlage bequem und umweltbewusst. Viele Hütten besitzen Stromanschluss, zuweilen kann man mangels Kapazität aber keine Elektrogeräte anschließen. Elektroheizungen bieten Komfort, gehen aber an kalten Tagen schnell ins Geld. Und für alle Fälle: Taschenlampe nicht vergessen. Und noch etwas: Hunde sind nicht in allen Hütten willkommen. In manchen Hütten gilt zudem auch ein Rauchverbot.

Urlaub mit Kindern

Für Kinder, vor allem für Stadtkinder, ist der Urlaub in den Bergen zuweilen eine recht exotische Erfahrung. In den ersten Tagen fällt es schwer, sich an das Leben ohne Computer, Spielkonsole und Fastfoodimbiss zu gewöhnen, doch dann entdecken die Kinder bald die Reize der Natur. Mittlerweile gibt es etliche Gastgeber, die sich auf den Familienurlaub spezialisiert haben und umfangreiche Freizeitaktivitäten anbieten. Da ist aus manchem Bauernhof ein regelrechtes Familienhotel geworden. Einige dieser Häuser sind auch in diesem Buch aufgeführt und entsprechend ausgewiesen. Vor allem haben sie einen großen Vorteil: Die ruhige Berglage ist perfekt zum Spielen, es gibt viel Platz und vor allem so gut wie keinen Verkehr.

Wetter & Jahreszeiten

In hochalpinen Lagen sind die Wetterverhältnisse deutlich extremer und wechselhafter als im Tal – eigentlich eine Selbstverständlichkeit, trotzdem wird dies immer wieder unterschätzt. Wer auf Höhen zwischen 2000 und 3000 Metern logiert, muss auch zu sommerlichen Zeiten mit Frost und Schneefall rechnen. Entsprechende Kleidung und gutes Schuhwerk sind also dringend erforderlich. Viele Hütten und Unterkünfte sind auch während des Winters bewohnbar. Das ist, wenn man sich in einem Skigebiet befindet, ausgesprochen reizvoll. Man wohnt an der Piste, hat keine Staus und Schlangen am Lift und ist morgens als Erster in der Abfahrt. Wer aber ohne Pistenanschluss irgendwo in der Einsamkeit wohnt, der sollte schon sehr naturverbunden sein. Das nächste Geschäft und der nächste Gasthof sind manchmal weit und der Weg ist mühsam.

Kategorien

Urig

Hier wohnt man eher einfach und sehr rustikal. Meistens sind es Hütten oder urtümliche Gasthäuser, die oft hochalpin liegen. Atmosphäre geht hier vor Komfort.

Romantisch

Herrliches Ambiente, traumhafte Lage. Gasthöfe und Hotels, die stilvoll und schön fürs Auge, dabei aber nicht zu teuer sind.

Originell

Häuser mit Charakter und Geschichte. Unabhängig vom Wohnkomfort erlebt man hier ungewöhnliche Ferientage – vom jahrhundertealten Bauernbad bis zur einsamen Villa am Berg.

Wellness

Eine Sauna macht kein Wellness-Hotel. Die Häuser dieser Kategorie haben zusätzlich oft ein eigenes Hallenbad, bieten Kosmetikbehandlungen, Ayurveda oder, ganz alpenländisch, Heubäder.

Luxuriös

Alltagsflucht der gehobenen Art. Gediegene Vier-bis-fünf-Sterne-Hotels oder eindrucksvolle Designtempel in Traumlage. Wer nicht so sehr aufs Geld und mehr auf die Optik und Atmosphäre schaut, ist hier richtig.

Die Top-Hütten, Berggasthöfe & Hotels nach Kategorien

Zauberhaft: Sumpfwollgras am Achensee

Urig

15 Streichenwirt
28 Ferienhütte Elisabeth
31 Voderkaiserfeldenhütte
40 Präau Hochalm
44 Radlehenhütte
51 Loserhütte
55 Galsterbergalm
62 Oberstalleralm
73 Almhaus Traudi
91 Onkel Martin Hütte
99 Gregorpeterhütte
113 Berghotel Faulhorn
121 Chalet Michel
137 Gampenalm
139 Costaces Hütte

Romantisch

3 Berggasthof Rohrmoos
30 Berggasthof Nieding
33 Angerer Alm
47 Gersbergalm
101 Wirtshaus Jagawirt
115 Hotel Bellevue des Alpes
123 Berggasthaus Stallwies
130 Gasthof Kohlern
131 Berghotel Zirmerhof
133 Gasthof Bad Dreikirchen
135 Ansitz Fonteklaus
138 Ütia de Börz
142 Gasthof Oberraut
146 Fodara Vedla Hütte
150 Rifugio Fuciade

Wandern ohne Grenzen rund um den Wilden Kaiser

Originell

21 Silvrettahaus
27 Kristallhütte
60 Gannerhof
88 Kleinsasserhof
134 Pension Briol

Luxuriös

25 Jagdschloss Kühtai
90 Almdorf Seinerzeit
119 Riffelalp Resort
125 Turm Chalet
127 Vigilius Mountain Resort

Wellness

12 Arabella Spitzingsee
22 Goldener Berg
26 Naturhotel Grafenast
57 Alpenhotel Gösing
70 Almwellness-Hotel Tuffbad

Die schönsten Hütten, Berggasthöfe und Hotels in Deutschland

Am Jochberg mit Blick auf Jocher-Alm und Walchensee

Wellness

Allgäuer Berghof

Alpe Eck über Sonthofen
85744 Gunzesried-Ofterschwang
Tel. 0 83 21/80 60, Fax 80 62 19
E-Mail: info@allgaeuer-berghof.de
Internet: www.allgaeuer-berghof.de

Anfahrt: Autobahn A 7 von Ulm über Memmingen bis Kempten, dann weiter über Immenstadt bis nach Sonthofen. Dort in Richtung Blaichach und links ab bis Ofterschwang. Zum Hotel führt eine mautpflichtige Straße, die aber für Gäste des Hauses gebührenfrei ist.

Für Familien

Ausstattung & Preise

Ganz auf den Familienurlaub ist das komfortable Berghotel spezialisiert. Das gilt nicht nur für die Unterkünfte, die vom Standard-Doppelzimmer bis zu Zwei-Zimmer-Appartements und Suiten mit maximal 105 Quadratmeter Fläche reichen. Zusätzliche familienfreundliche Angebote sind der Spielplatz, Baby-Betreuung sowie eine Babyküche und spezielle Ausstattungen für Kleinkinder. In der Schlemmeroase hat man die Wahl zwischen bayerischen und internationalen Gerichten. Zum Wellness-Bereich gehören ein Hallenbad, mehrere Saunen und diverse Beauty-Angebote. Für die Übernachtung mit Frühstück im Standard-Doppelzimmer zahlt man pro Person ab 68 €.

Lage & Ambiente

Oberhalb von Sonthofen steht das Hotel auf einer Anhöhe in 1200 Meter Höhe und bietet neben einer herrlichen Bergaussicht auch noch ein großes Freizeitangebot. Das Haus ist ideal für den komfortbetonten und naturorientierten Familienurlaub. Im Froschi-Museum, das dem Maskottchen des Berghofs gewidmet ist, haben schon viele Gäste ihren persönlichen Frosch hinterlassen.

In der Umgebung

Es gibt in der Nähe viele schöne Wanderwege und Mountainbike-Strecken. Zum Haus gehört auch ein Tennisplatz. Außerdem werden Kanuausflüge an die Iller organisiert. Gästen, denen nach ausgiebigem Saunen im Hotel nach noch mehr Wellness gelüstet, sei ein Besuch im neuen Spaß- und Erlebnisbad Wonnemar in Sonthofen empfohlen. Im Winter liegen das Skizentrum Hörnerkette und eine Rodelbahn direkt beim Hotel.

Urig

Berghaus Schönblick

Kornau Wanne 20
87561 Oberstdorf
Tel. 0 83 22/40 30, Fax 68 07
E-Mail:
kontakt@berghausschoenblick.de
Internet:
www.berghausschoenblick.de

Anfahrt: Autobahn A 7 über Kempten, Ausfahrt Oberstdorf, auf der B 19 weiter in Richtung Kleinwalsertal zur Talstation der Söllereckbahn

Lage & Ambiente

Der beliebte Berggasthof am Söllereck ist ein klassisches Ausflugsziel oberhalb von Oberstdorf. Die Talstation der Söllereckbahn befindet sich direkt an der Straße von Oberstdorf ins Kleinwalsertal. Mit der Bahn kommt man in wenigen Minuten hinauf zum Berghaus Schönblick, das hier auf 1400 Meter Höhe über Oberstdorf seinem Namen alle Ehre macht. Im Sommer lassen sich zahlreiche Bergtouren unternehmen, und im Winter hat man die Skipisten direkt vor der Tür.

Ausstattung & Preise

Hier gibt es alles, was man für einen gelungenen Urlaub in den Bergen braucht: ein solides gutbürgerliches Gasthaus mit klassisch schwäbischer Küche, dazu einen großen Gastgarten mit Blick aufs Tal. Zum Übernachten stehen insgesamt 92 Betten in Doppel- und Mehrbettzimmern zur Verfügung. Die Doppelzimmer sind mit Dusche und WC ausgestattet. Für eine Übernachtung mit Frühstück im Doppelzimmer zahlt man pro Person ab 34 €, für Halbpension 43 €. Zu jeder Saison gibt es spezielle Angebotspakete, etwa die Biker-Tage mit geführten Mountainbike-Touren im August.

In der Umgebung

Vom Berghaus kann man zur Breitachklamm oder zum Freibergsee wandern. In etwa eineinhalb Stunden erreicht man auf einem Höhenweg das Kleinwalsertal.

Im Winter wohnt man direkt am Skigebiet, das Abfahrten von leicht bis sportlich anspruchsvoll aufweist. Im Herbst bietet das Haus spezielle Nordic Walking Arrangements an, die so genannten Wander- und Wadeltage, bei denen man unter fachmännischer Anleitung zusammen mit einem Nordic Walking Instructor ins österreichische Riezlern zur Breitachklamm läuft.

Romantisch

Berggasthof Rohrmoos

Rohrmoos 3
87561 Oberstdorf
Tel. 0 83 22/44 17, Fax 8 04 97
E-Mail: info@rohrmoos.de
Internet: www.rohrmoos.de

Anfahrt: Autobahn A7 über Kempten, Ausfahrt Oberstdorf, dort Richtung Sonthofen und weiter nach Tiefenbach. Hier links auf die Rohrmooser Straße bis Winkel und auf der Mautstraße nach Rohrmoos

Ausstattung & Preise

Ursprünglichkeit und alpenländische Lebensart strahlt der Berggasthof Rohrmoos aus. Die Einrichtung ist rustikal, doch geschmackvoll und behaglich. In der guten Stube ist immer etwas los, hier mischen sich auch schon mal die Einheimischen unter die Gäste.

Nostalgisch wie das Haus sind auch die sieben Gästezimmer, die mit stilvollen Bauernmöbeln eingerichtet, mit holzgetäfelten Wänden ausgestattet und durch viele individuelle Arrangements ergänzt sind. Passend dazu sind die Zimmer nicht mit Nummern, sondern mit Blumennamen versehen.

Für eine Übernachtung mit Frühstück in einem Doppelzimmer zahlt man pro Person ab 31 €.

Lage & Ambiente

Rohrmoos ist ein kleiner abgelegener Weiler auf über 1000 Meter Höhe etwa elf Kilometer von Oberstdorf entfernt. Für Hausgäste ist die Mautstraße nach Rohrmoos ohne Gebühr befahrbar. Im stillen Tal der Starzlach steht dieser historische Gasthof, der lange Zeit in Adelsbesitz war und heute von der Eigentümerfamilie Friedrich bewirtschaftet wird.

Die Ursprünge des Hauses gehen auf das 15. Jahrhundert zurück. Heute zieht es viele Gäste wegen seiner idyllischen Lage, wegen des nostalgischen Interieurs und der guten, ländlich orientierten Küche an, die ganz auf frische Zutaten aus der Region und vor allem auf das Wild aus der fürstlichen Jagd spezialisiert ist. Zusätzlich zu der eher deftigen Kost gibt es auch Gerichte gehobener internationaler Art.

Neben dem Gasthof steht die St. Anna Kapelle, die 1568 erbaut wurde. Als eine der ältesten und wegen ihrer prachtvollen Holzmalereien auch eine der schönsten Holzkirchen Deutschlands ist sie als

Schauplatz für Trauungen sehr populär. Die Ruhe und Gemütlichkeit des Ortes hat auch schon zahlreiche Prominente angezogen, darunter etwa Ex-Kanzler Helmut Kohl.

In der Umgebung

Rohrmoos ist aufgrund seiner Lage geradezu prädestiniert als Ausgangspunkt für Wanderungen gemütlicher Art, aber auch für gestandene Bergtouren. Auch für Biker ist Rohrmoos ein sehr beliebtes Ziel. Man radelt entweder durch das Tal von Tiefenbach aus oder über die Engenkopfstraße nach Rohrmoos.

Hinter dem Weiler sind es nur noch zwei Kilometer bis zur europäischen Wasserscheide auf 1100 Meter Höhe und ein kurzes Stück dahinter kann man in der Aibele Alpe einkehren. Nicht weit ist es von Rohrmoos außerdem zur Breitachklamm, eine der tiefsten und eindrucksvollsten Felsenschluchten Europas, die sich im Winter in bizarre Eisgebilde verwandelt. Im Winter gibt es außerdem eine sehr schneesichere Langlaufloipe ganz in der Nähe. Und rund um Oberstdorf hat man mit dem Fellhorn, dem Nebelhorn und dem Söllereck gleich drei herrliche Skigebiete zur Wahl.

Abseits vom Alltag in Rohrmoos

Im Winter lassen sich außerdem schöne Schneeschuhwanderungen unternehmen, die durch das Tal von Rohrmoos aus zum Riedbergpass angeboten werden.

Im Sommer gehören inzwischen Nordic Walking Stöcke ins Gepäck jedes Aktivurlaubers, die Möglichkeiten sind hier schier unbegrenzt.

Extratipp

Heimatmuseum Oberstdorf Das Heimatmuseum in Oberstdorf ist eine Fundgrube für alle, die sich für Brauchtum und Tradition interessieren. Unter dem Motto »Nur wer die Vergangenheit kennt, kann die Gegenwart begreifen« sind hier mannigfaltigste Exponate zu Geschichte, Brauchtum, Handwerk, Kunst, Sport und Leben in Alt-Oberstdorf zusammengetragen. Untergebracht ist das Museum in einem alten Bauernhaus, durch das der Besucher geführt wird. Auf seinem Weg durch die Ausstellung durchschreitet er beispielsweise die alte Küche mit den großen eisernen Pfannen, die Stube mit dem gemauerten Ofen und die Schlafkammer, des Weiteren eine Webstube, eine Seilerei und eine Uhrmacherwerkstatt und erfährt so eine Menge über das bäuerliche Leben von anno dazumal. Diverse Geräte und Werkzeuge vermitteln einen lebendigen Eindruck von den alten Zeiten. Ergänzt wird die Ausstellung durch zahlreiche Bilder und informative Erläuterungen. Sehenswert ist auch die Sennküche, wo man sich über den Vorgang der Käseherstellung informieren kann. Heimatmuseum Oberstdorf, Oststr. 13, 87561 Oberstdorf; Tel. 0 83 22/54 70/23 70/56 79; E-Mail: heimatmuseum@oberstdorf.com, Internet: www.oberstdorf-heimatmuseum.de; Di–Sa 10–12, 14–17.30 Uhr, So und feiertags bei Regenwetter wie werktags geöffnet, Führung jeden Di 16 Uhr; Eintritt Erwachsene 2,50 €, Kinder 1 €

Urig

Blockhütte im Obstgarten

87459 Pfronten
Buchung über:
Naegeli-Tourismus GmbH
Grafenried Angerweg 1
94256 Drachselried
Tel. 0 99 45/25 40, Fax 25 63
E-Mail: info@ferienhuetten.de
Internet: www.ferienhuetten.de

Anfahrt: Autobahn A 8 München–Stuttgart bis zum Autobahndreieck bei Ulm, dort auf der A 7 nach Süden bis Memmingen und Kempten. Die Hütte liegt ruhig und abseits der Hauptstraßen zwischen Kempten und Pfronten und ist mit dem Auto gut erreichbar.

Für Selbstversorger

Ausstattung & Preise

Die Blockhütte im Obstgarten, eine klassische Hütte mit viel Platz und guter Ausstattung, ist ideal für den Kurzurlaub oder für die Silvesterfeier im kleinen Kreis. Im Erdgeschoss gibt es einen großen Wohnraum mit Kachelofen und einer Kochnische mit Geschirr für sechs Personen, dazu ein Schlafzimmer für zwei Personen, eine Dusche und eine Toilette. Im Keller befinden sich ein weiteres Doppelschlafzimmer sowie ein Bad und eine Sauna. Bis zu vier Kinder können außerdem auf der Galerie im Wohnbereich nächtigen. Die Hütte ist mit alten rustikalen Möbeln eingerichtet. Für die Woche zahlt man für die komplette Hütte ab 600 €.

Lage & Ambiente

Die Hütte befindet sich inmitten einer Wiese mit Obstbäumen und schönem Blick auf die Berge. Aufgrund der großzügigen Platzverhältnisse ist die Blockhütte ideal für größere Familien und kleinere Gruppen. Die Benutzung der Sauna ist gegen einen geringen Aufpreis möglich.

In der Umgebung

Die ruhige und doch verkehrsgünstige Lage am Rande der Allgäuer Alpen ist ideal für Ausflüge in der näheren Umgebung, etwa zum Alpengarten in Pfronten, einem Park mit verschiedensten Pflanzenarten und einem Steingarten, oder zum Nordic Fitness Park in Nesselwang, wo man Nordic Walking in allen Variationen und auf unterschiedlichem Gelände auch unter Anleitung praktizieren kann. Erlebnisbäder gibt es in Pfronten mit dem Alpenbad und in Nesselwang mit dem Alpspitz Bade Center.

Romantisch

Burghotel auf dem Falkenstein

Auf dem Falkenstein 1
87459 Pfronten
Tel. 0 83 63/91 45 40, Fax 9 14 54 44
E-Mail:
schlachter@online-service.de
Internet: www.schlossanger.de

Anfahrt: B 310 bis Pfronten Meilingen, von dort Beschilderung zum Hotel

Ausstattung & Preise

Wenige Meter unterhalb der Ruine Falkenstein steht die komfortable Hotelanlage, von der aus man einen herrlichen Ausblick auf das Alpenvorland bei Pfronten hat. Das Restaurant, die Burgstube und die Terrasse mit dem Wintergarten sind wegen der schönen Lage ein beliebtes Ausflugsziel. Die Küche bietet neben regionalen Gerichten auch internationale Spezialitäten. Für die Übernachtung mit Frühstück zahlt man pro Person ab 62 €.

Lage & Ambiente

Die exponierte Lage der Ruine Falkenstein weist sicher den Weg zu dem Hotel, das knapp unterhalb des Berggipfels und der Reste des historischen Gemäuers liegt. Oberhalb von Pfronten Meilingen erreicht man einen kleinen Parkplatz. Hier unbedingt die Ampelzeiten beachten. Die letzten beiden Kilometer geht es bergauf auf einer nur für Anlieger geöffneten, einspurigen Straße bis zum Hotel.

Vom imposanten Namen sollte man sich nicht in die Irre führen lassen, das Hotel liegt nicht in, sondern an der Burg. Gediegen rustikal geht es zu. Alle Zimmer sind sehr individuell mit einem jeweils eigenen Motto eingerichtet und überwiegend romantisch dekoriert.

In der Umgebung

Zahlreiche Wandermöglichkeiten gibt es nicht nur am Falkenstein, sondern auch am nahen Breitenberg. Mit der Breitenbergbahn erreicht man bequem das weite Alpengebiet der Pfrontener Hochalpe. Fast ein Muss ist ein Ausflug zu den nahen Königsschlössern Neuschwanstein und Hohenschwangau.

Im Winter gibt es am Breitenberg und im Skigebiet an der Alpspitze bei Nesselwang einige Skilifte. Rund um Pfronten bieten sich sehr ergiebige Langlaufmöglichkeiten.

Romantisch

Forsthaus Graseck

Graseck 4
82467 Garmisch-Partenkirchen
Tel. 0 88 21/94 32 40, Fax 5 57 00
E-Mail: info@forsthaus-graseck.de
Internet: www.forsthaus-graseck.de

Anfahrt: Autobahn A 95 von München bis zum Autobahnende Eschenlohe, auf der B 2 Richtung Garmisch-Partenkirchen, dort links in die Mittenwalder Straße abbiegen und der Beschilderung zum Eisstadion folgen

Ausstattung & Preise

Das ehemalige königlich bayerische Forsthaus auf 900 Meter Höhe oberhalb von Garmisch-Partenkirchen liegt inmitten eines Naturschutzgebietes. Zum Gasthaus gehört auch ein Drei-Sterne-Hotel mit Wellness-Angeboten.

Für Gäste mit kleinerem Budget gibt es Zimmer mit Etagenbädern. Für die Übernachtung im Berggasthof zahlt man pro Person im Doppelzimmer inklusive Frühstück ab 27 €. Im komfortablen Alpenhotel muss man etwas tiefer in die Tasche greifen, dort kostet das Doppelzimmer mit Frühstück ab 80 €.

Lage & Ambiente

Die nostalgische Kleinkabinenbahn bringt die Gäste hinauf zum Forsthaus Graseck, das 150 Höhenmeter über dem Ort liegt und eine herrliche Aussicht und vor allem viel Ruhe bietet. Unten an der Talstation gibt es Parkmöglichkeiten für die Hausgäste. Oben angelangt hat man die Wahl: Der Berggasthof Graseck gibt sich klassisch mit Biergarten, Almstube und Jägerstüberl, entsprechend rustikal ist die Küche. Mehr Luxus bietet das Hotel mit modernen Gästezimmern und einer kleinen Wellness-Anlage mit Whirlpool, Heubädern und Beauty-Angeboten.

In der Umgebung

Langweilig muss es einem in Garmisch-Partenkirchen nicht werden. Die Zugspitze, Deutschlands höchster Gipfel, befindet sich in unmittelbarer Nähe ebenso wie zahlreiche andere Gipfel des Werdenfelser Landes. Eindrucksvoll ist auch eine Wanderung durch die nahe Partnachklamm. Und im Winter hat man das große Skigebiet vor der Haustür. Dazu locken, wenn die Schneelage es erlaubt, zahlreiche Langlaufloipen rund um Garmisch-Partenkirchen und den nahen Nachbarort Grainau.

Romantisch

Berghaus Koppe

An der Kirchleiten 5
82493 Klais
Tel. 0 88 23/93 23 93, Fax 93 23 94
E-Mail:
berghaus-kopp@urlaub-in-klais.de
Internet: www.urlaub-in-klais.de/
berghaus-koppe

Anfahrt: Autobahn A 95 bis Garmisch-Partenkirchen, auf der Deutschen Alpenstraße in Richtung Mittenwald bis nach Klais

Für Familien/Selbstversorger

Ausstattung & Preise

Das Berghaus Koppe bietet fünf großzügige Ferienwohnungen auf Vier-Sterne-Niveau mit Wohn- und Schlafraum, moderner Küchenausstattung inklusive Geschirrspülmaschine und jeweils direktem Zugang zum Garten. Dort kann man sich in einem der Liegestühle niederlassen und den Blick über Wiesen, Täler und die umliegenden Berge schweifen lassen. Zum Haus gehören noch ein Spielzimmer, ein Fitnessraum sowie draußen ein Kinderspielplatz mit Trampolin und Kletterwand, Schaukel und Sandkasten. Die Preise liegen zwischen 50 und 80 € pro Tag.

Lage & Ambiente

Die kleine Ortschaft Klais liegt an der Bahnlinie von Garmisch-Partenkirchen nach Mittenwald. Das Berghaus Koppe befindet sich in schöner Lage auf 1000 Meter Höhe oberhalb von Klais mit Blick auf Bergwälder und Almwiesen. Die komfortablen Ferienwohnungen dieses Landhauses eignen sich besonders für den ruhigen und vor allem naturverbundenen Familienurlaub.

In der Umgebung

Neben den Freizeitangeboten im Haus gibt es zahlreiche Wandermöglichkeiten wie etwa die Tour auf den 1391 Meter hohen Gipfel des Hohen Kranzbergs. Schön ist auch ein Ausflug ins Elmauer Tal zum romantischen Schloss Elmau. Für Mountainbiker empfiehlt sich eine Tour zur Fischbachalm und nach Vorderriß. Nicht versäumen sollte man einen Ausflug ins benachbarte Mittenwald, den malerischen Ort mit den kunstvollen Lüftlmalereien und dem berühmten Geigenbaumuseum.

Im Winter gibt es rund um Klais viele schöne Langlaufloipen. Die nächst gelegenen Skigebiete befinden sich in Mittenwald und Garmisch-Partenkirchen.

Urig

Berggasthaus Herzogstand

Alte Straße 51
82431 Kochel am See
Tel. 0 88 51/2 34, Fax 2 44
E-Mail: s.zauner@berggasthaus-herzogstand.de
Internet: www.berggasthaus-herzogstand.de

Anfahrt: Autobahn A 95 München–Garmisch-Partenkirchen bis Ausfahrt Murnau-Kochel und Bundesstraße B 11 nach Walchensee. Direkt an der Straße parkt man auf dem Parkplatz der Talstation der Herzogstandbahn und fährt mit der Seilbahn hinauf zur Bergstation.

Ausstattung & Preise

Der klassische Berggasthof wurde nach einem Brand Anfang der Neunzigerjahre wieder neu aufgebaut. Auf dem Herzogstand gibt es zum Übernachten zehn Doppelzimmer und ein Vierbettzimmer sowie ein Matratzenlager. Wer eine oder mehrere Nächte im Berggasthof verbringen möchte, muss sich unbedingt voranmelden. Für die Übernachtung mit Frühstück zahlt man im Zimmer pro Person 28 €.

Lage & Ambiente

Ein geschichtsträchtiger Berg ist der Herzogstand, wo König Max II. 1857 ein Jagdhaus errichten ließ und auch sein Sohn Ludwig II. gerne verweilte. Das Berggasthaus steht unweit der Bergstation der Seilbahn auf 1627 Meter Höhe und bietet eine beeindruckende Aussicht auf den Walchensee und die Gipfel von Karwendel und Wettersteingebirge. Von der Seilbahn geht man auf dem Panoramaweg hinüber zum Berggasthaus. Das Gepäck wird für Logisgäste auf Anfrage transportiert. Sie übernachten in romantisch-rustikal eingerichteten Zimmern mit viel Holz.

In der Umgebung

Im Sommer gibt es schöne Wanderwege am Herzogstand. Dazu gehört der Weg auf den 1731 Meter hohen Gipfel wie auch die Gratwanderung hinüber zum Heimgarten. Der Walchensee ist ein beliebtes Anglerrevier, außerdem kann man dort baden oder eine Bootspartie unternehmen. Andere Ausflugsziele sind das Familienbad Trimini in Kochel oder das Freilichtmuseum Glentleiten. Im Winter bietet der Herzogstand ein kleines Skigebiet mit einer 4,4 Kilometer langen Abfahrt nach Urfeld.

Urig

Stie-Alm

Latschenkopf 5
83658 Lenggries
Tel. 0 80 42/23 36, Fax 80 21
E-Mail: info@stie-alm.de
Internet: www.stie-alm.de

Anfahrt: Von München auf der Autobahn A 8 Richtung Salzburg bis Ausfahrt Holzkichen. Über Sachsenkam nach Bad Tölz und ins Isartal bis Lenggries. Mit der Brauneck-Bahn hinauf zur Bergstation. Das letzte Stück ist eine halbstündige Wanderung zur Stie-Alm. Gepäcktransport auf Anfrage

Ausstattung & Preise

Auf der Stie-Alm kommt bodenständige bayerische Küche mit regionalen Spezialitäten auf den Tisch. Vor allem der Berg- und Almkäse aus der eigenen Käserei schmeckt zur Brotzeit. Zum Übernachten stehen einfache aber gemütliche Zimmer und Plätze im Matratzenlager zur Verfügung. Die sanitären Anlagen befinden sich auf dem Flur.

Für die Übernachtung im Doppelzimmer zahlt man pro Person mit Frühstück 27 € und mit Halbpension 35 €. Die Alm am Berg ist ganzjährig geöffnet, ist also auch ein guter Tipp für Wintersportler, die einige Wintertage am Berg verbringen wollen.

Lage & Ambiente

Die Alm befindet sich oberhalb der schmucken Ortschaft Lenggries, das im oberen Isartal liegt und zunächst das Ziel der Anreise ist. Von dort geht es dann mit der Brauneck-Bahn hinauf. Die Stie-Alm, ein klassischer Bergbauernhof auf 1530 Meter Höhe am Brauneck, bietet Urlaub auf dem Bauernhof in alpiner Lage. Reizvoll sind nicht nur das urige Ambiente und die schöne Lage in einem Kessel, sondern auch die speziellen Attraktionen wie die Schaukäserei auf dem Hof. Gerne wird die Stie-Alm auch für Hochzeiten genutzt. Dafür gibt es eine eigene Kapelle.

In der Umgebung

Das Brauneck wird als Münchener Ausflugsberg das ganze Jahr über frequentiert. Im Sommer ist er ein Paradies für Wanderer, Mountainbiker, Gleitschirm- und Drachenflieger und auch für Kletterer. Direkt hinter der Stie-Alm gibt es einen Klettergarten.

Im Winter befindet man sich direkt im Skigebiet Brauneck am Idealhang und Zirkushang.

Urig

Schwalbenhäusl

83684 Tegernsee
Buchung über:
HMS
A-9020 Klagenfurt
Feldkirchner Str. 114
Tel. 00 43/4 63/5 50 80,
Fax 5 50 80 19
E-Mail: info@huetten.com
Internet: www.huetten.com

Anfahrt: Autobahn A 8 München–Salzburg Ausfahrt Holzkirchen, weiter bis Gmund, dort geradeaus am See entlang bis zum Ort Tegernsee

Für Selbstversorger

Ausstattung & Preise

Auf einer sonnenreichen Anhöhe über dem Tegernsee steht diese neu gebaute kleine Hütte mit herrlichem Blick auf den See, die allerdings nur Platz für zwei Personen bietet. Die Küchenzeile besitzt einen Elektroherd und einen Kühlschrank. Dazu verfügt die Hütte über einen Schlafraum mit Doppelbett. Im Sommer kann man den Grill im Außenbereich benutzen. Die Preise beginnen bei 427 € pro Woche. Die Endreinigung ist im Preis inbegriffen, die Nebenkosten werden extra abgerechnet.

Lage & Ambiente

Am Ostufer des Tegernsees auf 920 Meter Höhe gelegen, bietet die Hütte einen schönen Blick auf den See und die umliegenden Gipfel. Nach Tegernsee kommt man über die Autobahn München–Salzburg, fährt nach Süden bis Gmund und dort geradeaus weiter am See entlang bis zum Ort Tegernsee. Von dort sind es noch knapp zwei Kilometer bis zur Hütte, die mit dem Auto gut erreichbar ist. Nicht weit von der Ortschaft Tegernsee entfernt und trotzdem sehr idyllisch gelegen, ist das Schwalbenhäusl ideal für den romantischen Urlaub zu zweit.

In der Umgebung

Im Sommer wie im Winter gibt es umfangreiche Freizeitmöglichkeiten. Nicht nur in der Umgebung der Hütte, sondern entlang des gesamten Seebereichs existieren zahlreiche Wanderwege. Unten im Ort lockt das berühmte Bräustüberl im Schloss Tegernsee, das beliebteste Wirtshaus am See. Nicht weit davon entfernt liegt der Badestrand. Im Winter befindet sich eine Rodelbahn in nächster Nähe. Zum Suttenlift und den Anschluss ans Skigebiet Spitzingsee sind es nur wenige Kilometer.

Romantisch

Gaststätte Lieberhof

Neureuthstr. 52
83684 Tegernsee
Tel. 0 80 22/41 63
E-Mail: info@lieberhof.de
Internet: www.lieberhof.de

Anfahrt: Autobahn A 8 München–Salzburg, Ausfahrt Holzkirchen, B 318 bis Tegernsee, dort im Zentrum links in Richtung Bahnhof und in die Neureuthstraße

Ausstattung & Preise

Der ehemalige Bauernhof befindet sich in exponierter Lage auf 900 Meter Höhe oberhalb der Ortschaft Tegernsee. Er ist von einer großen Aussichtsterrasse umgeben. Die Einrichtung ist rustikal mit Bauernmöbeln und Kachelöfen. Die Küche bietet bodenständig bayerische Gerichte mit einigen österreichischen Anleihen. Das Haus verfügt über sieben gemütliche Doppelzimmer, die größtenteils Dusche und WC besitzen. Die Übernachtungspreise mit Frühstück im Doppelzimmer beginnen bei 25 €.

Das Besondere Das Schmuckstück des Hauses ist die große Aussichtsterrasse mit Blick auf den südlichen Tegernsee – ein idealer Platz für den Nachmittagskaffee oder um den Sonnenuntergang zu betrachten.

Lage & Ambiente

Von Tegernsee führt eine asphaltierte Straße vom Bahnhof aus teils recht steil hinauf, am Hotel Bayern vorbei, direkt zum Lieberhof.

Auch in den Klöstern wusste man früher schöne Plätze zu schätzen. So gehörte denn der traumhaft über dem Tegernsee gelegene Lieberhof früher zum Kloster Tegernsee und ist heute dank seiner Lage und des typisch bayerischen Interieurs ein beliebtes Ausflugsziel.

In der Umgebung

Vom Lieberhof aus kann man auf dem Prinzenweg eine Wanderung zur Gindelalm unternehmen. Unten am See lockt im Sommer das Freibad. Empfehlenswert sind auch Spaziergänge am Seeufer oder ein Ausflug in Richtung Enterrottach und Sutten oder auf den Wallberg. Im Winter gibt es zwischen Tegernsee und Rottach-Egern in Richtung Enterrottach sowie in Richtung Sutten schöne Langlaufloipen. Von Sutten aus führt ein Sessellift hinauf zum Skigebiet am Spitzingsee.

Wellness

Arabella Sheraton Alpenhotel

Seeweg 7
83727 Spitzingsee
Tel. 0 80 26/79 80, Fax 79 88 79
E-Mail:
alpenhotel@arabellasheraton.com
Internet: www.starwoodhotels.com

Anfahrt: Autobahn A 8 in Richtung Salzburg bis zur Ausfahrt Weyarn. Dort nach Süden bis Miesbach und geradewegs weiter über Hausham bis nach Schliersee. Durch den Ort über Neuhaus bis zur Abzweigung rechter Hand zum Spitzingsee. Auf der gut ausgebauten Straße führt der Weg hinauf zum Spitzingsattel, und kurz danach erreicht man das Hotel, das sich direkt an der Straße befindet.

Ausstattung & Preise

Das Nobelhotel der Arabella Sheraton Gruppe bietet gehobenen Komfort in gediegenem Landhausstil. Es gibt 120 Zimmer und Suiten, passend zum Standort klassisch bayerische Küche in der Josefi-Stube und auf der Seeterrasse, von der man einen erstklassigen Blick auf den Spitzingsee und die Firstalm mit dem benachbarten Gipfel des Stümpfling hat. Gehobene mediterrane Küche offeriert das Restaurant L'Oliva. Im Spa-Bereich hat man die Wahl zwischen verschiedenen Saunen, dazu ein Aromadampfbad und einen Kinderbereich. Zudem bietet das Haus einen Fitnessraum und eine Beauty-Farm. Im Sommer stehen ein hoteleigener Badestrand und ein Tennisplatz zur Verfügung. Für die Übernachtung mit Frühstück im Doppelzimmer beginnen die Preise bei 75 € pro Person. Zu jeder Jahreszeit gibt es zudem attraktive Pauschalangebote wie die Kuscheltage oder spezielle Wellness-Programme.

Lage & Ambiente

Deutschlands höchstgelegener Bergsee lockt mit einer wahren Bilderbuchlandschaft. Umrahmt von den Gipfeln der Brecherspitze, Stümpfling und Taubenstein logiert man auf 1100 Meter Höhe direkt am Seeufer. In dem ländlich gediegenen Hotel kann man es sich so richtig gemütlich machen oder, was fast alle Besucher des Spitzingsees mit Vorliebe tun, Ausflüge zu den umliegenden Gipfeln unternehmen. Wochentags ist es relativ ruhig am See, vor allem abends, wenn der Ausflugsverkehr verschwunden ist. An Wochenenden ist der Spitzingsee natürlich ein stark frequentiertes Ausflugsziel.

Zimmer im eleganten Landhausstil

In der Umgebung

Vom Hotel direkt auf die Berge – diesen Vorteil bietet die Lage am Spitzingsee. Es muss ja nicht gleich eine sportliche Gipfeltour sein. Ganz gemütlich und auch für Ungeübte machbar ist der Weg hinüber zur beliebten Oberen Firstalm oder zur nahen Valeppalm, etwas anspruchsvoller hingegen der Aufstieg zum Taubenstein. Und als solide Tagestour bietet sich die Rotwand an. Während der Wintersaison ist der Spitzingsee vor allem das Ziel von Skifahrern. Nachdem das Skigebiet in neuen Händen wieder erstarkt ist, wurde das Angebot mit neuen Liften und Hütten auch attraktiver. Langläufer haben die Wahl zwischen einer kurzen und leichten Loipe am Seeufer bei der Talstation des Kurvenlifts und einer sportlicheren Variante mit der Valepploipe, die beim Albert-Link-Haus startet.

Wer sich für bayerisches Brauchtum interessiert, kann dem Heimatmuseum in Schliersee, das mit vielen interessanten Exponaten aufwartet, einen Besuch abstatten oder dort eine Aufführung des über 100 Jahre alten Bauerntheaters erleben.

Bestlage am Spitzingsee

DEUTSCHLAND

Extratipp

Rodelpartie von der Firstalm So stellt man sich eine zünftige Rodelpartie vor: Ein gemütlicher Spaziergang bergauf durch die tief verschneite Winterlandschaft, dann eine stilgerechte Hütteneinkehr, bevor es rasant wieder talwärts geht. Am Spitzingsee gibt es gleich zwei reizvolle Rodelstrecken. Die kürzere Variante ist die 1,5 Kilometer lange Bahn von der Unteren Firstalm. Dafür geht man vom Parkplatz am Kurvenlift – dort gibt es auch einen Rodelverleih – eine gute Dreiviertelstunde bergauf. Etwas länger ist mit etwas mehr als zwei Kilometer die Rodelstrecke von der Oberen Firstalm. Die Aufstiegsdauer beträgt ebenfalls eine Dreiviertelstunde. Der Weg hinauf beginnt beim Spitzingsattel. Leihschlitten bekommt man oben bei der Firstalm.

Im Sommer lohnt ein Ausflug nach Oberaudorf, denn im Wandergebiet Oberaudorf-Hocheck schlängelt sich auf 1100 Meter Länge eine neue Sommerrodelbahn wie eine Gebirgs-Achterbahn von der Mittel- zur Talstation der Hocheckbahn. Auf der Strecke überquert man Brücken, durchfährt Unterführungen und passiert schwungvolle Steilkurven und, als ganz besondere Sensation, den weltweit ersten 360-Grad-Super-Kreisel. Kinder dürfen die Sommerrodelbahn erst ab einem Alter von 8 Jahren alleine benutzen.

13 Berghotel Sudelfeld

Romantisch

Berghotel Sudelfeld

Unteres Sudelfeld 4
83735 Bayrischzell
Tel. 0 80 23/8 19 90, Fax 8 19 91 90
E-Mail:
berghotel-sudelfeld@t-online.de
Internet:
www.berghotel-sudelfeld.de

Anfahrt: Autobahn A 8 München–Salzburg Ausfahrt Irschenberg über das Leitzachtal und Fischbachau bis Bayrischzell, Sudelfeldstraße ca. 3 km bis zum Hotel

Ausstattung & Preise

Das Haus im traditionell bayerischen Stil bietet einige schöne alte Gaststuben mit typischen Möbeln und Inventar, teils auch mit Kachelöfen. Vor dem Haus gibt es auf der Südseite einen Gastgarten. Die Küche bietet neben bayerischen Spezialitäten, darunter vielen Wildgerichten, auch Fondues und Raclette an. Neu renoviert sind die Gästezimmer. Man hat die Wahl zwischen Einzel- und Doppelzimmern sowie Familienappartements. Alle Zimmer sind mit Dusche, WC, TV und Telefon sowie mit einem Internetanschluss ausgestattet. Wegen der schönen und vor allem ruhigen Lage wird das schmucke Berghotel auch häufig als Seminarhaus gebucht. Für die Übernachtung mit Frühstück zahlt man pro Person ab 35 €.

Das Besondere Die ungewöhnliche Kombination, in einem traditionsreichen und gemütlichen Berghotel in absolut ruhiger Lage zu logieren und im Winter trotzdem direkt an den Pisten eines der größten Skigebiete Deutschlands zu sein, ist nicht leicht zu finden.

Lage & Ambiente

Das Sudelfeld ist ein offener Bergrücken auf der Südseite des Wendelsteins und über die Sudelfeld-Bergstraße erreichbar. Nach etwa drei Kilometern kommt man zur Abzweigung rechts zum Berghotel. Das Berghotel liegt ein paar Meter unterhalb der Straße kurz vor dem höchsten Punkt der Strecke. Es bietet sich im Sommer als idealer Standort für Ausflüge an und befindet sich dazu im Winter noch direkt an der Piste.

Der klassische Berggasthof zu Füßen des Wendelsteins ist gut zu erreichen und trotzdem sehr ruhig gelegen. Vor einigen Jahren wurde das Haus komplett renoviert und bietet typisch bayerisches Ambiente in Verbindung mit einer komfortablen Ausstattung. Und vor allem: Das Sudelfeld ist im Sommer eine herrliche Wanderregion und im Winter ein beliebtes Skigebiet.

In der Umgebung

Der nahe Wendelstein ist nicht nur der höchste Gipfel in der Umgebung, sondern ein besonders beliebtes Ausflugsziel. Vom Sudelfeld aus kann man hinauf zum Gipfel wandern oder zum benachbarten Wildalpjoch weitergehen. Wer den Wendelsteingipfel lieber bequem per Seilbahn erreichen will, muss dazu hinunter nach Bayrischzell und zur Talstation im Vorort Osterhofen fahren. Auf dem Gipfel kann man im Geo-Park Wendelstein 250 Millionen Jahre Erdgeschichte erleben. Auf vier Wanderwegen macht man eine Zeitreise durch die Entstehungsgeschichte der Alpen. Geführte kostenlose Wanderungen gibt es von Juli bis Oktober jeden Dienstag um 13.30 Uhr.

Auch rund um das Hotel gibt es ein dichtes Netz an Wanderwegen. Schön sind ebenfalls die Wege hinauf zum Oberen Sudelfeld, wo es auch einige Hütten und Gasthöfe zur Einkehr gibt. Im Winter ist das Sudelfeld ein Skigebiet mit rund 20 Liften. Die Pisten sind überwiegend leicht bis mittelschwer. Vom Berghotel aus kann man direkt auf die Pisten wechseln. Ein kleiner Schlepplift endet unmittelbar vor dem Haus. Schöne und vor allem schneesichere Langlaufloipen findet man unten in Bayrischzell und südlich entlang der

Schneevergnügen am Sudelfeld

Straße in Richtung Tirol. Auch am Wendelstein gibt es einige Skiabfahrten, zu denen man wiederum mit der Seilbahn von Osterhofen aus kommt. Von der Bergstation kann man auch die Ostabfahrt wagen, die allerdings nur für gute Skifahrer empfehlenswert ist.

DEUTSCHLAND

Extratipp

Wendelstein-Ringlinie Rund um den Wendelstein die reizvollen Orte und idyllischen Kleinode kennen lernen – mit der Wendelstein-Ringlinie kann man ganz bequem eine Busreise um den imposanten Berg unternehmen. Folgende Orte liegen auf der Route: Wenn man in Bayrischzell startet, fährt man über Osterhofen nach Fischbachau, Bad Feilnbach, Raubling, Brannenburg, Flintsbach, Oberaudorf, Tatzelwurm, Sudelfeld und wieder zurück zum Ausgangsort. Die Fahrt lässt sich jederzeit und, sooft man will, unterbrechen, wenn man sich etwa einen der Orte genauer ansehen möchte. Eine nützliche Informationsbroschüre mit vielen Tipps und Anregungen, mit Fahrplan und Hintergrundinformationen zu den einzelnen Orten erhält man in den Touristenbüros der jeweiligen Orte zu einem Preis von 2,50 €.

Wendelstein-Ringlinie; Internet: www.wendelstein-ringlinie.de; Tages-Ticket Erwachsene 8 €, Kinder ab 6 Jahren 4 €, Familien-Tages-Ticket 18 €

Romantisch

Seiserhof

Reit 4–5
83233 Bernau
Tel. 0 80 51/98 90, Fax 8 96 46
E-Mail:
seiserhof-bernau@t-online.de
Internet: www.seiserhof.de

Anfahrt: Autobahn A 8 München–Salzburg bis Bernau, über Aschau bis Außerkoy, dort der Beschilderung folgen

Ausstattung & Preise

An einem der schönsten Aussichtsplätze im Chiemgau steht dieses wie die benachbarte Seiseralm im bürgerlich bayerischen Stil gehaltene Mittelklasse-Landhotel. Zum Entspannen bietet der Seiserhof einen Wellness-Bereich mit Sauna, Dampfbad, Whirlpool, Heu- und Kneippbad. Die Zimmer sind rustikal ausgestattet. Etwas moderner sind die Räumlichkeiten in der benachbarten Seiseralm. Wer mehr Platz benötigt, kann eines der 80 bis 90 Quadratmeter großen Appartements buchen. Die Preise beginnen bei 78,66 € pro Tag für zwei Personen. Für die Zimmer zahlt man im Doppelzimmer mit Frühstück pro Person ab 25 €.

Das Besondere Einen vergleichbaren Blick auf den Chiemsee hat man sonst nur von den umliegenden Berggipfeln. Und die sind längst nicht so bequem zu erreichen wie der Seiserhof.

Lage & Ambiente

Der Seiserhof liegt oberhalb des Südwestufers des Chiemsees bei Bernau auf der ersten Anhöhe, die wie eine Panoramaterrasse anmutet. Man erreicht Seiserhof und Seiseralm auf der Straße nach Aschau im Chiemgau und fährt nach etwa 1,5 Kilometer bei Außerkoy links ab. Auf der rund einen Kilometer langen und steil ansteigenden Straße kommt man zu den beiden Hotels. Dort gibt es auch einen großen Parkplatz.

Traumhaft ist der Ausblick auf den Chiemsee und den westlichen Chiemgau, dazu die Berge quasi vor der Haustür. Auf dem Seiserhof muss man die Qualitäten des Chiemgaus nicht missen. Berge und Seen sind zum Greifen nah.

Klassisch bayerisch ist das Interieur der urigen Bauernstube und des rustikalen Restaurants. Etwas feiner speist man im Saal mit seinem stattlichen Gewölbe. Die Küche ist ländlich und gutbürgerlich. Zu den

Hausspezialitäten gehören die Wildererplatte mit Hüttengeist oder die Hofente mit Blaukraut und Kartoffelknödel – eine kalorienreiche Kost, für die man vorher idealerweise eine ordentliche Bergtour absolviert haben sollte.

Ursprünglich war der Seiserhof ein Bauernhof, der zum Kloster Herrenchiemsee gehörte und dessen Geschichte bis ins 12. Jahrhundert zurückgeht. An Wochenenden und zur Hochsaison sind die beiden Häuser recht gut frequentiert. Die schöne Lage wissen eben viele Leute zu schätzen.

In der Umgebung

Der nahe Chiemsee und die Kampenwand sozusagen vor der Haustür sind natürlich ideale Voraussetzungen für Freizeitaktivitäten. Ein kurzer Spaziergang ist es zur hauseigenen Sonnenalm, wo man im Kneippbecken gesunden kann. Vom Seiserhof aus kann man über Hintergschwendt und die Maisalm eine Bergtour zum Kampenwandgipfel unternehmen (Dauer ab Hintergschwendt ca. 1,5 Stunden). Die Strecke ist auch eine beliebte Mountainbike-Tour, die bis zur Steinlingalm führt. Als Ausflug zum Chiemsee bietet sich entweder eine Fahrt zum Strandbad nach Felden oder nach Prien-Stock zur Anlegestelle der Chiemsee-Schiffe an. Eine Rundfahrt zur Herreninsel mit dem berühmten Schloss von König Ludwig II. und die romantische Fraueninsel sind fast ein Muss. Nahe der Anlegestelle der Schiffe befindet sich das Erlebnisbad Prienavera.

Schloss Herrenchiemsee

Im Winter gibt es etwas oberhalb des Seiserhofs sehr schneesichere Langlaufloipen. Zum Skigebiet an der Kampenwand und der Talstation der Seilbahn in Hohenaschau fährt man höchstens 10 Minuten mit dem Auto.

DEUTSCHLAND

Extratipp

Bernauer Volksbühne Ein besonderes Erlebnis für alle, die sich für Brauchtum interessieren, ist ein Besuch im Bauerntheater. Die Bernauer Volksbühne begeistert seit über 40 Jahren Gäste und Einheimische mit ihren Aufführungen. Sie eröffnet alljährlich im Januar die Vorsaison mit einem traditionellen Einakter. Die eigentliche Spielsaison startet üblicherweise von Mitte Juni und dauert bis Ende September. Zu dieser Zeit werden wöchentlich zwei Stücke im Wechsel aufgeführt. Aufführungsort ist der Gasthof Kampenwand in Bernau, der während der Aufführungen für das leibliche Wohl der Zuschauer sorgt. Eintrittskarten für die Bernauer Volksbühne sind am jeweiligen Aufführungstag ab 19 Uhr an der Abendkasse im Gasthaus Kampenwand erhältlich. Einzelne Platzreservierungen sind nicht möglich. Lediglich größere Gruppen können Platzreservierungen vornehmen.

Gasthaus Kampenwand, Aschauer Str. 12, 83233 Bernau am Chiemsee; Tel. 0 80 51/73 32; E-Mail: hofmann.bernau@freenet.de, Internet: www.bernauer-volksbuehne.de; Eintritt Erwachsene 5 €, Kinder 3 €

Urig

Berggasthof Streichenwirt

Streichen 1
83259 Schleching
Tel. 0 86 49/2 65

Anfahrt: Autobahn A 8 München–Salzburg bis Ausfahrt Bernau, nach Süden über Grassau bis Marquartstein, am Ortsende in Richtung Schleching

Ausstattung & Preise

Das alte Wirtshaus könnte eine gute Kulisse für einen Heimatfilm abgeben. Im Haus gibt es zwei schlicht und gemütlich eingerichtete Gaststuben mit alten Gewölben – keine inszenierte Rustikalität, sondern Wirtshauskultur, die sich über Jahrzehnte gehalten hat. Bodenständig bayerisch ist auch die Küche, die kleine Brotzeiten, Schnitzel und Wildspezialitäten serviert. Die Preise sind moderat. Dazu gibt es einfache Gästezimmer – alles in allem kein Luxus , dafür aber einer der schönsten Plätze im ganzen Achental. Die Übernachtung in einem der drei Doppelzimmer und einem Einzelzimmer mit reichhaltigem Frühstück kostet etwa 20 € pro Person.

Das Besondere Ein Besuch der über 800 Jahre alten Streichenkirche oder eine Wanderung auf den historischen Samerwegen ist die perfekte Ergänzung eines Besuchs beim Streichenwirt.

Lage & Ambiente

Wo das idyllische Schlechinger Tal vor dem schmalen Durchbruch der Tiroler Ache endet, sieht man oben aus den Bäumen den Turm der alten Streichenkapelle herausragen. Für den Weg dorthin biegt man vor dem alten Zollhaus links ab und fährt die zunächst asphaltierte, dann später schotterige Straße hinauf. Ab dem Parkplatz ist die Weiterfahrt für Autos gesperrt, für Logisgäste aber kein Problem. Zu Fuß wäre man dann noch etwa zehn Minuten unterwegs. Der Streichenwirt befindet sich etwas unterhalb der Kirche und war einst das Mesnerhaus. Mit seinen 500 Jahren ist das Wirtshaus geradezu jung im Vergleich zu der 800 Jahre alten Kapelle. Das Gasthaus steht an einer Lichtung, von der man einen herrlichen Blick auf den gegenüber liegenden Geigelstein und das Schlechinger Tal hat. Naturgemäß sitzt man im Sommer vor allem in dem gemütlichen Gastgarten und genießt die Ruhe dieses schönen Platzes. Etwas oberhalb steht die über 800 Jahre alte Streichenkapelle, die dem Heiligen Servatius geweiht ist und in deren Innerem wertvolle Fresken aus dem 14. Jahrhundert und spätgotische Altäre zu besichtigen sind.

Früher sind hier die Säumer mit ihren Pferden unterwegs gewesen und transportierten den Wein vom Süden nach Bayern. Man befindet sich an einem geschichtsträchtigen Platz und einem idyllischen noch dazu, der gut zum ursprünglichen und naturbelassenen Charakter des Tals passt, weit weg von Lärm und Hektik, ideal zum Entspannen und Abschalten.

In der Umgebung

Im Sommer ist der Streichenwirt ein beliebtes Ausflugsziel. Von hier kann man leichte Touren unternehmen wie etwa die Wanderung auf den Spuren der Säumer in Richtung der Wallfahrtskirche Klobenstein. Bergauf geht man etwa zur Chiemhauser Alm oder zum Taubensee. Im Naturschutzgebiet am Geigelstein werden geführte Wanderungen angeboten. Im Winter ist der Streichenwirt ein ideales Ziel für eine eher gemütliche Winterwanderung. Unten im Tal sind vorwiegend leichte Langlaufloipen gespurt. In Ettenhausen gibt es einen Sessellift auf den Geigelstein und ein kleines Skigebiet.

Seit 1997 gibt es das Ökomodell »Schlechinger Tal«, bei dem die Kulturlandschaft, die Natur und auch die landwirtschaftliche Produktion besonders gepflegt werden. Damals schlossen sich Landwirte und Bürger von Schleching zusammen, um umweltverträgliche Landschaftsentwicklung zu verwirklichen. Eine wichtige Rolle spielt der Tourismus, wobei man zum Beispiel mit geführten Wanderungen den Gästen die Landschaft und Natur nahe bringen will. Und unter dem Markenzeichen »Schlechinger Naturprodukte« werden Produkte der lokalen Bauern und Spezialitäten aus der Region von der Milch über den Käse bis zum Fleisch naturnah produziert und direkt vermarktet. Diese Schlechinger Naturprodukte kann man in den Gaststätten vor Ort, direkt bei den Bauern sowie in Lebensmittelläden erwerben.

Extratipp

Märchen-Erlebnispark Marquartstein Ein schönes Ausflugsziel für Groß und Klein und nur wenige Kilometer von Schleching entfernt ist der Märchen-Erlebnispark Marquartstein. Er liegt inmitten der herrlichen Natur der Chiemgauer Berge und bietet ein reichhaltiges Angebot an Freizeit- und Spielmöglichkeiten. Großes Vergnügen bereitet den großen wie kleinen Besuchern die Sommerrodelbahn mit immerhin fünf Steilkurven. An heißen Tagen bringt ein Wasserspielplatz Abkühlung. Des Weiteren gibt es Karussell, Hüpfburg, Mini-Riesenrad, Gaudigondel, Parkeisenbahn und für die ganz Kleinen einen Streichelzoo. Überall am Weg trifft man auf kleine Märchenhäuschen, in denen sich die Figuren auf Knopfdruck hin in Bewegung setzen und ihre Geschichte erzählen. Für eine mitgebrachte Brotzeit kann man die Liegewiese nutzen, oder aber man kehrt in das Café-Restaurant Jägerwinkl ein.

Märchen-Erlebnispark Marquartstein, Jägerweg 14, 83250 Marquartstein; Tel. 0 86 41/71 05; E-Mail: marquartstein@maerchenpark.de, Internet: www.maerchenpark.de; Mitte März–Anfang Nov. tgl. 9–18 Uhr (Einlass bis 17 Uhr); Eintritt Erwachsene 6,50 €, Kinder (90 cm bis 13 Jahre) 5,50 €

Romantisch

Alpengasthof Winklmoosalm

Dürrnbachweg 6
83242 Reit im Winkl – Winklmoos-alm
Tel. 0 86 40/9 74 40, Fax 97 44 44
E-Mail: info@winklmoosalm.com
Internet: www.winklmoosalm.com

Anfahrt: Autobahn A 8 München–Salzburg bis zur Ausfahrt Bernau/Prien, nach Süden über Grassau und Marquartstein in Richtung Reit im Winkl. Im Sommer ist die Mautstraße zur Winklmoosalm vom Parkplatz Seegatterl an der Deutschen Alpenstraße zwischen Reit im Winkl und Ruhpolding aus zu befahren, im Winter nur Busverkehr von dort.

Ausstattung & Preise

Das Hotel Winklmoosalm präsentiert sich als stattlicher Berggasthof, der über komfortable, typisch bayerisch eingerichtete Zimmer verfügt. Neben Doppelzimmern mit Dusche, WC und TV gibt es auch Mehrbettzimmer sowie spezielle Familienzimmer mit separatem Kinderzimmer. Zum Haus gehören auch noch eine Sauna sowie eine Kosmetik- und Fußpflegeabteilung.

Im Gasthof kommt klassisch bodenständige Küche bayerisch-Tiroler Art mit Produkten aus biologischem Anbau auf den Tisch, dazu eine solide Auswahl an vegetarischen Gerichten. Für die kleinen Gäste gibt es eine spezielle Kinderkarte.

Für eine Übernachtung mit Frühstück im Doppelzimmer zahlt man pro Person ab 28 €.

Das Besondere Trotz des traditionellen Ambientes ist man allem Modernen gegenüber aufgeschlossen. So gibt es seit dem Frühjahr 2002 auf der Winklmoosalm die erste deutsche »Nordic High Walking Arena«. Dabei handelt es sich um eine spezielle Rundstrecke von fünf Kilometern Länge vorbei am Tanzanger und der Mösererstube, wo man speziell die gelenkschonende und muskulaturfördernde Bewegungstechnik trainieren kann.

Lage & Ambiente

Im Hotel Winklmoosalm logiert man auf weiten offenen Almwiesen in 1160 Meter Höhe umgeben von der Pracht der Chiemgauer Berge. Die Winklmoosalm liegt südöstlich von Reit im Winkl an der Grenze zu Tirol. Die Grenze verläuft auch nicht weit vom Hotel entfernt. Von Frühjahr bis Herbst ist das Hotel direkt mit dem eigenen Auto anzufahren. Alternativ verkehrt auch ein Linienbus, der im Winter, wenn die Straße für Privatfahrzeuge gesperrt wird, die einzige Fahrgelegenheit ist.

Das traditionsreiche Gasthaus mit Hotelbetrieb und zugleich eine der populärsten Almen in den bayerischen Alpen ist im Sommer ein Wanderparadies, im Winter ein beliebtes Skigebiet und seit Jahrzehnten bekannt als Heimat der Skilegende Rosi Mittermaier. Hier verbringen Wanderer, Familien und Erholung Suchende Bergurlaub der klassischen Art. Die vielfältigen Freizeitmöglichkeiten reichen vom bloßen Entspannen in der strahlenden Alpensonne über ausgedehnte Spaziergänge bis zum sportlichen Skivergnügen im Winter.

In der Umgebung

Auf der Hochalm zwischen den Gipfeln des Kammerköhrs und Dürrnbachhorns bieten sich viele leichte bis anspruchsvolle Wanderwege und Biketouren an. Eher gemütlich und zum Kennenlernen der Winklmoosalm gut geeignet ist zum Beispiel der fünf Kilometer lange Rundweg über die Muckklause und die Möserstube. Im Winter ist die Winklmoosalm Teil eines beliebten und recht schneesicheren Skigebiets. Auf der Nordseite bei der Winklmoosalm sind die Abfahrten deutlich leichter als auf der Tiroler Seite in Richtung Waidring. Dazu gibt es auf der Alm mit der fünf Kilometer langen Grenz-

Gemütliche Gästezimmer im bayerischen Sitl

landloipe auch noch eine schöne Langlaufstrecke. Wer Abwechslung sucht, der findet im Ortsbereich von Reit im Winkl noch sehr viel mehr Loipen.

DEUTSCHLAND

Extratipp

Wanderung zum Staubfall Eine schöne Wanderung führt von der Winklmoosalm zum imposanten Wasserfall Staubfall direkt an der Staatsgrenze zu Österreich. Zunächst führt der Weg an der Mösererstube und der Kreuzbrücke vorbei leicht bergab ins Heutal auf etwa 1000 Meter Höhe. Von dort geht es weiter zum Staubfall. Eindrucksvoll stürzt das Wasser 50 Meter in die Tiefe. Die Wanderung bietet nicht nur ein schönes Naturerlebnis, sondern hat auch eine historische Dimension: Nach dem Ersten Weltkrieg und in den Dreißigerjahren war dieser alte Gebirgsweg ein viel benutzter Schmugglerpfad. Hier wurden etwa Kaffee, Butter und Mehl nach Deutschland geschmuggelt. Auch das alte Grenzhäusl ist noch zu sehen. Dieses ist aber schon längst nicht mehr besetzt und dient heutzutage den Wanderern als Unterstellmöglichkeit. Möchte man nicht den gleichen Weg zurückgehen, kann man bergauf zur Moarlack-Gaststätte weiterwandern und über Ochsenbrunn zur Winklmoos-alm zurückkehren. Die Gehzeit beträgt etwa fünf Stunden.

Romantisch

Klostergasthof Maria Eck

Maria-Eck-Str. 3
83313 Siegsdorf
Tel. 0 86 62/93 96, Fax 1 24 66
Internet: www.maria-eck.de

Anfahrt: Autobahn A 8 München–Salzburg bis Ausfahrt Siegsdorf/Traunstein. Dort rechts halten und durch das Ortszentrum von Siegsdorf. Am Ortsende links in Richtung Maria Eck (beschildert)

Ausstattung & Preise

Der stattliche geschichtsträchtige Gasthof mit der gelben Fassade geht auf das Jahr 1638 zurück. In den großen, teils mit Holz getäfelten Gaststuben herrscht meist reger Betrieb. Besonders beliebt sind die Räumlichkeiten mit Blick auf den Chiemsee, die auch für Feierlichkeiten gemietet werden können.

Die Gästezimmer, die alle mit Dusche und WC sowie TV ausgestattet sind, bleiben dem alpenländischen Stil des Anwesens treu, sind also klassisch rustikal eingerichtet und weisen häufig Holzvertäfelung auf. Für eine Übernachtung mit Frühstück im Doppelzimmer zahlt man im Klostergasthof ab 33,50 €.

Das Besondere Man logiert an einem geschichtsträchtigen Ort, hat jedoch allen Komfort in Ausstattung und Service zur Verfügung, den man für einen gelungenen Urlaub braucht.

Lage & Ambiente

Auf der Spitze eines 880 Meter hohen Hügels, der südöstlich des Hochfelln vorgelagert ist, steht das Kloster Maria Eck nebs Klosterkirche und Gasthof, nah an der Autobahn und doch in einsamer Berglage. Gut drei Kilometer fährt man von Siegsdorf auf der gut ausgebauten Straße den Berg hinauf und kommt direkt zum großen Parkplatz vor der Klosterkirche und dem Gasthof.

Im 17. Jahrhundert siedelten sich die Benediktiner vom Kloster Seeon auf dieser Anhöhe an, mussten jedoch im Zuge der Säkularisation weichen. Im Jahr 1891 ging das Besitztum wieder an die Ordensleute über. Franziskaner Minoriten ließen sich auf Maria Eck nieder, die auch den Gasthof unterhalten. Die eigentlich sehr schöne und ruhige Lage, die Ruhe und Besinnlichkeit des Ortes wird allerdings dadurch etwas getrübt, dass vor allem an Wochenenden die Zahl der Ausflügler und Wallfahrer nicht unbeträchtlich sein kann. Andererseits ist diese Idylle eben auch sehr verkehrsgünstig gelegen und ideal als Ausgangspunkt für schöne Wanderungen.

Die barocke Wallfahrtskirche Maria Eck wurde 1642 erbaut und ist das Ziel vieler Marienwallfahrten. Das Klostergebäude der Franziskaner-Minoriten steht etwas oberhalb des Gasthofes und geht auf das Jahr 1713 zurück. Im Inneren der Kirche fallen die zahlreichen Votivtafeln auf. Am Hochaltar befindet sich ein Gnadenbild der Mutter Gottes nach einem Vorbild, das sich in der Basilika von Santa Maria Maggiore in Rom befindet.

In der Umgebung

Im Klostergasthof Maria Eck ist man nicht nur den Bergen nah, sondern auch den bekannten Sehenswürdigkeiten im Chiemgau. Da wären das Mammutmuseum in Siegsdorf, die Inseln im Chiemsee mit dem Königsschloss auf Herrenchiemsee oder auch die Urlaubsorte Ruhpolding und Inzell.

Wer lieber die Wanderstiefel schnürt, für den gibt es einen sehr schönen und nicht allzu langen Weg hinauf zur Mittelstation der Hochfellnbahn (Gehzeit ca. 45 Minuten). Von dort gelangt man zu Fuß oder mit der Gondel auf den Aussichtsgipfel. Man kann übrigens auch auf dem alten Wallfahrerweg von Eisenärzt in 1,5 Stunden nach Maria Eck hinaufwandern.

Ziel vieler Besucher: die Kirche Maria Eck

Im Winter findet man in Bergen am Hochfelln ein kleines, aber schönes Skigebiet. Südlich von Siegsdorf gibt es bei entsprechender Schneelage einige Langlaufloipen. Und zu den Wintersportorten Ruhpolding und Inzell sind es nur wenige Minuten mit dem Auto.

Extratipp

Naturkunde-Museum Siegsdorf Bereits Rudi, das Wahrzeichen Siegsdorfs am Eingang zum Kurpark, weist auf die weltberühmten Eiszeitfunde hin, die seit 1975 im so genannten Gerhartsreiter Graben gemacht wurden und heute im Siegsdorfer Naturkunde- und Mammut-Museum ausgestellt sind. Das Museum besteht seit 1995 und zeigt neben den Giganten der Eiszeit auch eine Vielzahl an Versteinerungen und vermittelt dem Besucher überdies sehr anschaulich die Grundlagen zur Geologie. Auf über 650 Quadratmeter Ausstellungsfläche werden 250 Millionen Jahre Entwicklungsgeschichte Südostbayerns interessant und lehrreich dargestellt – ein echtes Erlebnis für die ganze Familie.

Südostbayerisches Naturkunde- und Mammut-Museum Siegsdorf, Auenstr. 2 (Ortsmitte, an der Traunbrücke), 83313 Siegsdorf; Tel. 0 86 62/1 33 16, Fax 6 68 78 00; E-Mail: mammut@museum-siegsdorf.de, Internet: www.museum-siegsdorf.de; Öffnungszeiten telefon. erfragen; Eintritt Erwachsene 5 €, Kinder über 6 Jahre 3,50 €, Familienkarte 10 €

Luxuriös

Intercontinental Resort Berchtesgaden

Hintereck 1
83471 Berchtesgaden
Tel. 0 86 52/9 75 50, Fax 97 55 99 99
E-Mail:
berchtesgaden@ichotelsgroup.com
Internet: www.ichotelsgroup.com

Anfahrt: Autobahn A 8 München–Salzburg bis Bad Reichenhall, über Berchtesgaden auf der Salzbergstraße

Ausstattung & Preise

Das Mountain Resort bietet zu den 138 Zimmern und Suiten, die betont elegant und klassisch eingerichtet sind, auch den entsprechenden Service auf Fünf-Sterne-Niveau. Neben dem Hauptrestaurant mit internationaler Küche und Buffets gibt es noch ein exklusives A-la-carte-Restaurant sowie einen für das immer mehr in Mode kommende »Private Dining« reservierten Raum. Im Mountain Spa hat man die Wahl zwischen Innenpool, Außenpool, verschiedenen Saunen und Erlebnisduschen. Diverse Massagen werden ebenso angeboten wie eine Palette an Beauty-Behandlungen.

Die Zimmerpreise beginnen bei 140 € pro Person im Doppelzimmer mit Frühstück. Für die Präsidentensuite zahlt man rund 2500 € pro Nacht.

Das Besondere Das neue First-Class-Hotel mit Geschichte vereinigt Nobeldesign in einer einzigartigen Panoramalage mit Blick auf Watzmann & Co.

Lage & Ambiente

Die einmalige Lage auf dem Obersalzberg hat ja schon etliche »Zuagroaste« begeistert, wie man weiß auch Adolf Hitler und seine Schergen, was anlässlich der Eröffnung des Hotels im März 2005 für reichlich Gesprächsstoff sorgte und dem neuen Haus nicht nur Sympathien bescherte. Der Weg zum Hotel ist gut ausgeschildert. Im Winter sind Winterreifen und eventuell auch Schneeketten ratsam. Die Mühe wird dann aber mit der herrlichen Panoramalage belohnt.

Mountain Resort nennt sich das neue Luxushotel auf dem Obersalzberg bei Berchtesgaden. Das klingt sehr exklusiv und international, und so präsentiert sich auch das edel gestylte Anwesen. Breit und flach mit großzügiger Verglasung liegt es auf einem 1000 Meter hohen Bergrücken. Das Design ist vielleicht für alpine Traditionalisten gewöhnungsbedürftig. Aber Luxus will man ja auch sehen. Dazu gibt es die herrliche Aussicht auf den Watzmann und seine Nachbargipfel.

Wenn der Urlaub in den Bergen gediegen und vornehm sein soll, garniert mit Nobelküche und gut sortiertem Wellness-Angebot, dann ist das Intercontinental Resort die passende Adresse. Das Prunkstück des Hauses, die Präsidentensuite, erlaubt mit Panoramafenstern, Terrasse und einer Gesamtfläche von 175 Quadratmetern auch ganz normalen Gästen mit entsprechendem Geldbeutel den Luxus, fürstlich zu nächtigen.

In der Umgebung

Neben den Wellness-Einrichtungen im Hotel kann man gleich in der Nähe auf der 9-Loch-Anlage des Golfclubs Berchtesgaden spielen oder einen Golfkurs buchen. In der Umgebung gibt es dazu noch jede Menge an Wandermöglichkeiten vom gemütlichen Spaziergang bis zu sportlichen Klettertouren am Hohen Göll. Eine der beliebtesten Bergtouren führt von der Mittelstation der Jennerbahn über die Königsbachalm zum Stahlhaus. Biker ziehen die landschaftlich reizvolle, aber anstrengende Tour zur Gotzenalm vor. Der klassische Ausflug auf dem Königssee nach St. Bartholomä ist zwar immer noch eindrucksvoll, aber mittlerweile zur massentouristischen Destination verkommen. Ein Geheimtipp ist eine Fahrt zum romantischen Hintersee bei Ramsau mit einer Wanderung durch den Zauberwald oder nach Hirschbichl und anschließender Einkehr beim Gasthaus Auzinger.

Verglaste Fassade des Mountain Resort

Im Winter gibt es einen Lift direkt am Hotel. Die besten Pisten findet man aber am Jenner. Die schönsten Langlaufloipen sind am Langlaufzentrum Aschauer Weiher zwischen Berchtesgaden und Bischofswiesen gespurt.

Extratipp

Dokumentation Obersalzberg Die Dauerausstellung des Instituts für Zeitgeschichte der LMU München zeigt Dokumente, Film- und Tonaufnahmen aus der NS-Zeit, konzentriert sich dabei allerdings nicht nur auf die lokale Geschichte des Ortes, der seit 1923 von Hitler als Feriendomizil genutzt wurde. Auf dem Rundweg durch die Ausstellungsräume beleuchten Sektionen wie »Der Führer« oder »Akteure des Regimes« Lehre und Ideologie des Dritten Reichs. Die Ausstellung endet im ehemaligen Bunker, einem der wenigen Gebäudeteile, die nach der Bombardierung 1945 noch erhalten waren.

Dokumentation Obersalzberg, Salzbergstr. 41, 83471 Berchtesgaden; Tel. 0 86 52/94 79 60, Fax 94 79 69; E-Mail: info@obersalzberg.de, Internet: www.obersalzberg.de; April–Okt. tgl. 9–17 Uhr, Nov.–März Di–So 10–15 Uhr

Urig

Berggasthof Oberkälberstein

83471 Berchtesgaden
Tel. 0 86 52/45 39, Fax 65 67 66
E-Mail: info@oberkaelberstein.de
Internet: www.oberkaelberstein.de

Anfahrt: Autobahn A 8 München–Salzburg, Ausfahrt Bad Reichenhall oder Inzell, dort Beschilderung nach Berchtesgaden, Kälbersteinstraße nach Oberkälberstein oder vom Ortsteil Stanggass über die Sonnleitstraße.

Für Familien

Ausstattung & Preise

Der traditionelle gutbürgerliche Berggasthof kann vor allem mit seiner traumhaften Aussichtslage oberhalb von Berchtesgaden aufwarten. Die Gastzimmer sind komfortabel ausgestattet. Aus der Küche kommen solide bayerische Hausmannskost, dazu diverse Wildspezialitäten vom Hirschgulasch bis zur üppigen Wildererplatte. Ideal für Familien mit Kindern ist das große Wildgehege, in dem sich 30 bis 40 Damwildhirsche tummeln. Für eine Übernachtung mit Frühstück zahlt man pro Person im Doppelzimmer ab 24 €.

Das Besondere In Oberkälberstein wohnt man stilgerecht bayerisch in ruhiger Aussichtslage und relativ preisgünstig noch dazu. Trotzdem ist es nicht weit zu den bekannten Sehenswürdigkeiten in und um Berchtesgaden.

Lage & Ambiente

Vom Ortszentrum in Berchtesgaden bis zum Gasthof Oberkälberstein sind es nur wenige Kilometer, dennoch lässt man die Geschäftigkeit der Kleinstadt und den Touristenrummel schnell hinter sich. Für die Anfahrt nach Berchtesgaden noch ein Tipp: Schneller als über die Deutsche Alpenstraße fährt man auf der Autobahn A 8 weiter in Richtung Salzburg und ein Stück nach Süden in Richtung Kärnten bis zur Ausfahrt Salzburg-Süd. Dort folgt man der Beschilderung in Richtung Berchtesgaden und kommt über Markt Schellenberg schnell und ohne Probleme ans Ziel. Einziger Nachteil: Man braucht eine gültige österreichische Autobahnvignette.

Der Berggasthof bedient alle positiven Klischees eines bayerisches Wirtshauses: vor dem Haus eine große Terrasse mit erstklassigem Bergblick, drinnen rustikale Gaststuben mit dunkler Holztäfelung und allerhand stilechter Dekoration. Bodenständig bayerisch wie das Interieur

Der schmucke Berggasthof Oberkälberstein

ist auch die Küche. Dass hier das Wild eine wichtige Rolle spielt, merkt man nicht nur am Geweihschmuck an den Wänden und auf der Speisekarte. Das angrenzende Wildfreigehege ist eine der Attraktionen des Hauses.

Kaum zu überbieten sind die ruhige Lage und der grandiose Ausblick von der Terrasse. Rechts sieht man den Watzmann, links den Hohen Göll: Die bekanntesten Gipfel sind zum Greifen nah.

In der Umgebung

Vom Oberkälberstein geht man gerade zehn Minuten ins Zentrum von Berchtesgaden. Sehenswert ist dort nicht nur der historische Marktplatz mit dem Schloss und Museum. Im Nationalparkhaus an der Maximilianstraße kann man sich über den Nationalpark Berchtesgaden und die verschiedenen geführten Ausflüge informieren.

Und dann ist natürlich der berühmte Königssee nicht weit. Eine Fahrt nach St. Bartholomä mit dem Schiff ist zwar mittlerweile gerade im Sommer wegen der vielen »Gleichgesinnten« nicht immer nur ein reines Vergnügen, aber dennoch eindrucksvoll.

Ein idealer Familienausflug ist der Besuch des Erlebnisbades Watzmann Therme in Berchtesgaden oder ein Abstecher zum Freibad am nahen Aschauer Weiher.

Im Winter gibt es am Aschauer Weiher schöne Langlaufloipen. Für Skifahrer empfiehlt sich der Jenner mit der Talstation der Seilbahn am Königssee eher für sportliche Pistenfans. Kleiner und gemütlicher sind die Skigebiete am Götschen und am Hochschwarzeck.

Extratipp

Salzbergwerk Berchtesgaden Das Salzbergwerk in Berchtesgaden ist das einzige tätige Salzbergwerk, das auch besichtigt werden kann. Fachkundige Gästeführer begleiten die Besucher auf ihrem Rundgang unter Tage und erläutern die faszinierende Welt des Weißen Goldes. Ergänzt wird die rund einstündige Besichtigung durch einen informativen Film und viele interessante Exponate. Damit der Besucher adäquat eingestimmt wird auf das, was ihn erwartet, wird er in die traditionelle Bergmannstracht eingekleidet, bevor er den Weg ins Innere des Berges nimmt. Dort erwarten ihn rasante Rutschen, dunkle Stollen, eine bunte Salzgrotte und eine Floßfahrt über einen Salzsee.
Salzbergwerk Berchtesgaden, Bergwerkstr. 83, 83471 Berchtesgaden; Tel. 0 86 52/60 02 20, Fax 60 02 60; E-Mail: info@salzwelt.de, E-Mail: www.salzwelt.de; 1. Mai–15. Okt. 9–17, 16. Okt.–30. April 11.30–15 Uhr; Eintritt Erwachsene 12,90 €, Kinder 7,50 €, Familienkarte 36 €, Kombikarte in Verbindung mit der Alten Saline in Bad Reichenhall Erwachsene 14,90 €, Kinder 8,90 €, Familienkarte 44 €

Wellness

Aktiv & Wellnesshotel Reissenlehen

Reißenpoint 11
83483 Bischofswiesen
Tel. 0 86 52/97 72 00, Fax 97 72 02 20
E-Mail: info@reissenlehen.de
Internet: www.reissenlehen.de

Anfahrt: Autobahn A 8 München–Salzburg bis zur Ausfahrt Bad Reichenhall, Richtung Bad Reichenhall und weiter in Richtung Berchtesgaden nach Süden. Über Bayrisch Gmain nach Bischofswiesen.

Ausstattung & Preise

Das Aktiv & Wellnesshotel Reissenlehen ist ein ehemaliger Berggasthof, der zu einem modernen und komfortablen Wellnesshotel umgebaut wurde. Es liegt inmitten idyllischer Almwiesen oberhalb von Bischofswiesen im Berchtesgadener Land. Die Zimmer und Suiten sind komfortabel und geräumig, mit Dusche/WC, Kühlschrank, TV, Safe und Balkon ausgestattet. Es gibt einen 200 Quadratmeter großen Wellness-Bereich mit Sauna und Ruheraum, Dampfbad, Cleopatrabad, Heubad, Whirlpool und Solarium. Wer es lieber etwas aktiver mag, kann in den Fitnessraum wechseln. Außerdem werden Massagen, Kosmetikbehandlungen und eine Thalassotherapie angeboten. Zum Haus gehören auch noch Ferienwohnungen, deren Bewohner ebenfalls die Wellness-Anlagen benützen können.

Die Preise für eine Person im Doppelzimmer bei Übernachtung mit Frühstück beginnen im Pensionszimmer bei 30 € pro Person, im Hotel im Doppelzimmer mit allem Komfort und Frühstücksbuffet bei 52 €.

Lage & Ambiente

Über die Loiplstraße in Bischofswiesen geht es gleich links hinauf zum Reissenlehen. Das Hotel befindet sich zwar nicht in hochalpiner Lage, liegt dafür ruhig und trotzdem verkehrsgünstig.

Inmitten von Almwiesen steht das rustikale Vier-Sterne Hotel oberhalb von Bischofswiesen. Im Reissenlehen logiert man in klassisch bayerischem Ambiente, das vor einigen Jahren komplett erneuert worden ist. Das Haus erfüllt gleichermaßen den Wunsch nach Urlaub in einsamer Natur und herrlicher Umgebung mit Blick auf Hohen Göll und Watzmann wie auch nach aktiver Freizeitgestaltung im Herzen des Berchtesgadener

Landes. Das Vorzeigeobjekt des Hotels ist zweifellos das 800 Quadratmeter große Biotop vor dem Haus mit dem 27 Meter langen und zehn Meter breiten Schwimmteich, der von einer hauseigenen Quelle gespeist wird.

In der Umgebung

Vom Hotel aus sind es nur wenige Kilometer zu den meisten Sehenswürdigkeiten im Berchtesgadener Land. Im Sommer kann man auf dem nahen Loipl schön wandern oder einen Ausflug in den Nationalpark Berchtesgaden machen.

Ein Klassiker, wenn auch sehr touristisch und oftmals überlaufen, ist natürlich die Schifffahrt auf dem Königssee nach St. Bartholomä.

Reizvolle Bergtouren sind der Weg ins Wimbachtal auf der Westseite des Watzmanns oder von Hinterbrand zur Gotzenalm. Nur wenige Kilometer fährt man auch zur neuen Rupertustherme in Bad Reichenhall oder zur Watzmann Therme in Berchtesgaden.

Im Winter locken in nächster Nähe die kleineren Skigebiete am Götschen und Hochschwarzeck oder das wesentlich sportlichere und landschaftlich reizvollere am Jenner, dessen Talstation direkt am Königssee liegt. Dazu sind Loipen im Langlaufzentrum Aschauer Weiher bei Berchtesgaden gespurt.

St. Bartholomä am Königssee

Wer sich trotz aller Zerstreuungen, die das Wellnesshotel und die herrliche Umgebung bietet, immer noch nach urbaner Atmosphäre und Kultur sehnt, kann einen Abstecher nach Salzburg unternehmen. Die Mozartstadt ist schnell erreicht. Man fährt über Berchtesgaden und Markt Schellenberg etwa 25 Minuten.

DEUTSCHLAND

Extratipp

Watzmann Therme Als Paradies für alle Sinne bezeichnet sich die Watzmann Therme, die sich nur wenige Kilometer von Bischofswiesen in Berchtesgaden befindet. Das Bade- und Wellnessvergnügen ist die ideale Alternative, wenn das Wetter Bergwanderungen oder andere Aktivitäten im Freien nicht zulässt oder man während des Winterurlaubs einen Tag zum Relaxen einlegen möchte. Die Thermenwelt bietet 900 Quadratmeter Wasserfläche, Solebecken innen und außen, einen Sole-Heilstollen, einen Wasserfall, Sprudel- und Unterwasserliegen, einen Strömungskanal, ein Sportbecken und eine 80 Meter lange Rutschbahn. Ergänzt wird das Wellness-Angebot durch eine großzügige Saunalandschaft mit Aromarium, zwei finnischen Saunen, Infrarotkabinen, Tepidarium und Sonnengalerie. Sollte zwischendurch der kleine oder auch große Hunger auftreten, steht ein Restaurant zur Verfügung.
Watzmann Therme, Bergwerkstr. 54, 83471 Berchtesgaden; Tel. 0 86 52/9 46 40, Fax 94 64 44; E-Mail: info@watzmann-therme.de, Internet: www.watzmanntherme.de; tgl. 10–22 Uhr; Eintritt Tageskarte Erwachsene 15 €, Kinder von 2 bis 6 Jahren 4 €, Kinder von 6 bis 16 Jahren 10 €, Familientageskarte 42 €

Die schönsten Hütten, Berggasthöfe und Hotels in Österreich

Alpine Farbenpracht im Nationalpark Nockberge

Originell

Silvretta Haus

Bielerhöhe
A-6794 Partenen
Tel. 00 43/55 58/42 46, Fax 4 24 66
E-Mail: silvrettahaus@illwerke.at

Anfahrt: Von Osten über die Inntalautobahn A 12 von Innsbruck in das Paznaun und via Ischgl und Galtür zur Silvretta Straße. Von Westen und von Norden Autobahn A 14 bis Ausfahrt Montafon bei Bludenz. Dort auf der Montafonerstraße in Richtung Partenen und zur Mautstation. Über zahlreiche Kehren und Kurven bis zur Bielerhöhe. Im Winter ist die Straße gesperrt. Dann geht es ab Partenen mit der Vermuntbahn bis Trominier, mit dem Tunnelbus durch einen Stollen und schließlich das letzte Stück auf der Straße bis zum Haus.

Ausstattung & Preise

Das Silvrettahaus besticht durch seine klassische alpine Architektur und ist ein beliebtes Ziel für Bergfreunde im Sommer wie im Winter. Es gibt 14 komfortabel ausgestattete Zimmer, dazu einen Sport- und Fitnessbereich sowie eine Sauna. Die Preise für die Logis beginnen im Winter bei 59 € pro Person mit Halbpension und im Sommer bei 34 € für Übernachtung mit Frühstück. Im Winter wird nur Halb- und Vollpension angeboten. Das Silvrettahaus ist von Juni bis Oktober und von Dezember bis April geöffnet.

Lage & Ambiente

Das eindrucksvolle Haus mit der ungewöhnlichen Architektur direkt am Silvrettasee ist nicht nur ein Hingucker, sondern auch ein stilgerechtes Quartier für den Bergurlaub. Im Sommer lebhaft frequentiert, mutiert die Bielerhöhe im Winter zu einer Destination für Ruhe Suchende und Naturliebhaber.

In der Umgebung

Das Silvrettahaus ist eine ideale Ausgangsbasis für Wanderungen im Silvrettagebiet. Auch für Mountainbiker gibt es viele reizvolle Strecken. Die wohl einzigartige Chance, auf 2000 Meter Höhe eine Motorboottour zu machen, sollte man sich keinesfalls entgehen lassen. Im Winter gibt es auf der Bielerhöhe einen Schlepplift und eine kurze Skiabfahrt. Besser sind die Voraussetzungen für Langläufer mit der Loipe auf dem zugefrorenen Silvrettasee.

Hotel Goldener Berg

Oberlech
A-6764 Lech am Arlberg
Tel. 00 43/55 83/2 20 50
E-Mail: info@goldenerberg.at
Internet: www.goldenerberg.at

Anfahrt: Inntalautobahn bis Landeck, von dort die Arlberg-Schnellstraße bis St. Anton. Die Arlberg-Passstraße rechts auf die Flexenpass-Straße und über Zürs nach Lech. Alternativ von Norden über das Lechtal und Warth. Diese Variante ist im Winter jedoch oft wegen Lawinengefahr gesperrt.

Ausstattung & Preise

Das Vier-Sterne-Hotel bietet 43 Zimmer und Suiten, die überwiegend im alpenländischen Stil eingerichtet sind. Im Haus gibt es drei Restaurants, darunter das Gault Millau prämierte Johannesstübli, das sowohl österreichische wie auch internationale Spezialitäten offeriert. Der neue Alpin Spa ist mit Felsenbad, Saunalandschaft, Entspannungsgrotte sowie Außenpool und Fitnessraum ausgestattet. Dazu kann man auch Kosmetik- und Massagebehandlungen in Anspruch nehmen. Für kleine Gäste gibt es einen Kindergarten. Für die Übernachtung zahlt man pro Person mit Halbpension im Doppelzimmer ab 85 €.

Lage & Ambiente

Die beschauliche Hotelsiedlung erreicht man mit der Seilbahn von Lech aus, die direkt zum Hotel führt. Im Sommer gelangt man auch auf einer Straße hinauf nach Oberlech, die nur für Transportfahrten genutzt wird.

Unter den zahlreichen Nobelhotels in Lech am Arlberg hat der Goldene Berg den Ruf des Gourmethotels. Genuss verspricht das Haus in mehrfacher Hinsicht: nicht nur wegen der Haube von Gault Millau und wegen des bestens sortierten Weinkellers, sondern vor allem auch wegen der Lage mit herrlichem Blick auf die Bergwelt.

In der Umgebung

Vor allem von Oberlech aus bieten sich viele schöne Wanderrouten an wie etwa auf dem alten Walserweg nach Bürstegg oder ins Naturschutzgebiet Gipslöcher.

Im Winter befindet man sich mitten im Skigebiet von Lech, das zu den besten in den Alpen zählt und mit herrlichen Pisten aufwartet.

Luxuriös

Hotel Burg Vital
Oberlech
A-6764 Lech am Arlberg
Tel. 00 43/55 83/2 29 10, Fax 22 91 12
E-Mail: vitalhotel@lech.at
Internet: www.burghotel.at

Anfahrt: Von Landeck und der Inntalautobahn A 12 auf der Arlberg-Passstraße bis zur Abzweigung rechts zum Flexenpass, weiter über Zürs nach Lech. Von Lindau auf der Arlberg-Schnellstraße kurz vor dem Tunnel zur Abzweigung der Passstraße, über Stuben hinauf zum Flexenpass und nach Lech

Ausstattung & Preise

Die Zimmer, Appartements und Suiten sind im eleganten Landhausstil eingerichtet und bieten gehobenen Wohnkomfort. Im Restaurantbereich ist die Griggeler-Stube das Aushängeschild des Hotels: ein kleines rustikales Lokal mit 24 Plätzen und einer Gourmetküche mit Gault-Millau-Hauben und Michelinstern.

Die Vital Spa Oase ist mit einem Erlebnisbad samt Wasserfall, mit Saunen, Solarium und Dampfbad ausgestattet. Hier kann man sich bei den verschiedensten Bädern und Massagebehandlungen verwöhnen lassen oder einfach nur im Ruhebereich relaxen. Für eine Übernachtung im Standard-Doppelzimmer mit Halbpension beginnen die Preise pro Person bei 84 €.

Das Besondere Das Hotel Burg Vital ist ein elegantes Hotel im Chaletstil in Panoramalage auf 1700 Meter. Es ist ideal für Gäste, die sich nicht entscheiden können, ob sie einen Wellness-Urlaub verbringen oder lieber in die Berge wollen. Hier können sie beides.

Lage & Ambiente

Es ist sicherlich etwas Besonderes, in Lech zu logieren. Aber Oberlech ist noch eine Spur exklusiver. Oben auf den sonnenreichen Almwiesen mit Blick auf das Dorf und die Gipfel der Arlberger Bergwelt hat man Urlaubsvergnügen pur. Kein Lärm und keine Abgase stören die Ferienidylle. Hier kann man sich richtig erholen. Hinzu kommt die herrliche Lage der vier Burg Vital Häuser, die Hotelkomfort der Vier-Sterne-Kategorie anbieten.

Nach Oberlech gelangt man von Lech aus mit der Seilbahn. Oben angekommen, gibt es unterirdische Verbindungswege zu den Hotels, was vor allem im Winter sehr nützlich ist. So kommt man trockenen Fußes und bequem zu seiner Unterkunft. Den Gepäcktransport organisiert das Hotel.

Die Burg ist eigentlich keine Burg, sondern eine Hotelsiedlung, bestehend aus vier Häusern im Chaletstil. Sie liegen auf der Sonnenterrasse von Oberlech, der autofreien Siedlung oberhalb von Lech am Arlberg und sind die elegante Art, rustikal am Berg zu wohnen. Das Burg Vital ist dabei unter den Hotels in Oberlech der Wellness-Spezialist. Schon deshalb bietet es gute Voraussetzungen nicht nur für einen angenehmen, sondern auch erholsamen und vor allem gesunden Urlaub in alpiner Höhe.

Edle Tropfen lagern im Weinkeller

In der Umgebung

Im Burg Vital Hotel kann man aktive Tage verbringen, indem man zum Beispiel von Oberlech aus einen der vielen Wanderwege nimmt oder auf einen der Gipfel klettert. Alternativ schwingt man sich aufs Bike und radelt auf den Forstwegen bergauf.

Man kann auch im Hotel aktiv sein und sich zum Beispiel an den Fitnessprogrammen beteiligen. Diese bieten u. a. Wirbelsäulengymnastik, die für alle im Büro Tätigen unbedingt empfehlenswert ist. Wer sich gerne im Wasser aufhält, kann auch Aqua-Gymnastik ausprobieren. Für Abschalten und Entspannen sorgt das Angebot an Yogakursen.

Im Winter logiert man mitten im Skigebiet. In Nordamerika würde man sagen »Ski in – Ski out.« – was auf Deutsch so viel bedeutet wie »von der Haustür auf die Piste«. Und das ist ein großer Vorteil in Oberlech. Kein Anstehen an der Kasse, keine Schlangen am Lift. Tagsüber Ski fahren und abends die Ruhe nach Pistenschluss genießen. Und wenn es einem nach Unterhaltung oder nach einem Shoppingausflug gelüstet, kommt man mit der Seilbahn in wenigen Minuten ins Dorf.

Extratipp

Pauschalurlaub mal anders Wellness auf dem Berg – frei nach diesem Motto bieten die Burg Hotels Pauschalen an, die aktives Wandern mit speziellen Wellness-Angeboten verbinden. Das reicht vom klassischen Wanderwochenende mit geführten Wanderungen und Nordic-Walking-Touren inklusive Leihrucksack und Stöcken mit Bergfrühstück auf der Alm bis zu ganzen Wochenprogrammen, bei denen man fit und entspannt, vielleicht auch mit etwas Beauty-Behandlung schöner werden kann. Speziell an Familien richten sich Arrangements, die neben der Kinderbetreuung im hoteleigenen Kids Club für die Eltern Massagen und Wellness-Behandlungen anbieten und für die gesamte Familie außerdem geführte Wanderungen und eine Canyoning-Tour einschließen. Einen anderen Schwerpunkt setzen die Pauschalen für Gourmets. Hier geht es ums Essen und Schlemmen. Wem das zu viel Dolce Vita ist, der kann ja trotzdem die Berge erklimmen.

Luxuriös

Interalpenhotel Tyrol

Dr. Hans-Liebherr-Alpenstr. 1
A-6410 Telfs-Buchen
Tel. 00 43/52 62/60 60, Fax 60 61 90
E-Mail: reservation@interalpen.com
Internet: www.interalpen.com

Anfahrt: Inntalautobahn A 12 Ausfahrt Telfs-Ost, beim zweiten Kreisverkehr der Straße in Richtung Leutasch folgen. Nach rund 5 km erreicht man rechts die Einfahrt zum Hotel. Von Scharnitz und Mittenwald kommend auf der Bundesstraße bis Seefeld-Zentrum, dort rechts in Richtung Telfs bzw. Leutasch abbiegen.

Ausstattung & Preise

Das Tyrol ist ein feudales Luxushotel in einsamer Berglage über dem Tiroler Inntal. Insgesamt 286 Zimmer, Appartements und Suiten stehen zur Wahl, die allesamt im rustikalen Tiroler Stil eingerichtet sind. Im über 5000 Quadratmeter großen Spa-Bereich findet man einen Panoramapool mit Außenbecken, ein Tiroler Saunadorf, einen Kneippbach und eine Ruhezone. Natürlich werden auch Massagen und Beauty-Behandlungen angeboten. So viel Wellness macht hungrig. Dafür bietet das Hotel einen neuen und ebenfalls großen Restaurant- und Buffetbereich mit Wintergarten. Zusätzlich offeriert das Hotel auch eine umfangreiche medizinische Betreuung von Anti Aging und kosmetischer Medizin über Sportmedizin bis zur Physiotherapie. Passend zum Training kann man sich auch im Spa-Restaurant stärken, wo es speziell vitaminreiche Kost und Vitalküche gibt.

Gästezimmer im Tiroler Stil

Für die Übernachtung inklusive Halbpension zahlt man pro Person im Appartement sowie im Doppelzimmer ab 150 €. Für die Suiten muss man ab 500 € pro Einheit anlegen. Im Untergeschoss bietet eine große Tiefgarage ausreichend Parkplätze.

Das Besondere Hier findet der Urlauber das komplette Programm eines Luxushotels in einsamer und idyllischer Berglage. Ruhe und Gemütlichkeit geht einher mit erstklassigem Service.

Faszinierende Wellness-Welt

Lage & Ambiente

Majestätisch thront das Interalpenhotel oberhalb der Stadt Telfs und dem Inntal. Das Gebäude sieht aus wie eine riesige flache Pyramide und soll in seiner Formgebung der umliegenden Bergwelt nacheifern, die mit Wäldern, Wiesen und Seen ursprünglicher nicht sein könnte. Natur pur also, auch wenn man das im Innern des riesigen Komplexes leicht vergisst.

Dem Einheimischen mag der Stil vor allem der Lobby und der Empfangshalle etwas verkitscht vorkommen, aber so manchem Nordlicht kann es eben nicht romantisch genug sein. Die Ausstattung der Zimmer ist jedenfalls üppig und gediegen. Schließlich nächtigt man hier in einem Fünf-Sterne-Haus. Besonders anspruchsvolle Gäste werden sich in der 120 Quadratmeter großen Panoramasuite wohl fühlen.

Luxus und Entspannung verspricht der äußerst großzügige Spa-Bereich, draußen warten ebenfalls vielfältige Freizeitangebote. Das Interalpen ist die richtige Wahl für alle, die oben am Berg auf möglichst wenig verzichten und so viel wie möglich erleben wollen. Die Architektur mag Anschauungssache sein, die Infrastruktur des großen Hauses lässt jedoch kaum Wünsche offen.

In der Umgebung

Rund um das Hotel sind zahlreiche Wander- und Bergtouren oder Mountainbike-Ausflüge ausgeschildert. Golfspieler finden in Seefeld eine renommierte Anlage, auf der man auch als Hotelgast spielen kann, sofern man Membercard und Platzreife vorweisen kann.

Im Winter können Pferdeschlittenfahrten gebucht oder geführte Schneeschuhwanderungen unternommen werden. Größere Skigebiete gibt es bei Telfs nicht. Dafür findet man in Seefeld ein exzellentes Angebot an Langlaufloipen. Der Ort ist mit seinen hübschen Geschäften und Cafés sowieso zu jeder Jahreszeit einen Ausflug wert und stellt eine willkommene Unterbrechung des Aktivurlaubs dar. Für ambitionierte Skifahrer bietet das Hotel einen Bustransfer ins Ötztal, nach Seefeld oder in die Axamer Lizum an.

Panoramapool mit Blick auf die Bergwelt

Luxuriös

Jagdschloss Kühtai

A-6183 Kühtai
Tel. 00 43/52 39/52 01, Fax 52 81
E-Mail: info@jagdschloss.at
Internet: www.jagdschloss.at

Anfahrt: Von Innsbruck über das Sellraintal bis Kühtai. Vom Westen kommend am Eingang ins Ötztal bei der Ortschaft Ötz hinauf zu der abgelegenen Siedlung auf der Passhöhe auf rund 2000 m Höhe. Das Jagdschloss steht etwas außerhalb der Hotelsiedlung.

Ausstattung & Preise

Wie der Name schon andeutet, handelt es sich hier um ein hochherrschaftliches Haus mit besonderer Historie. Das fürstliche Jagdschloss war einst Jagdresidenz der Habsburger. Der Hotelbesitzer ist immerhin Ur-Urenkel von Kaiser Franz Josef I. und der nicht minder berühmten Kaiserin Elisabeth. Das Interieur reflektiert die besondere Historie mitsamt des nostalgischen Ambientes und den zahlreichen Antiquitäten und Kunstwerken. Daneben bietet es eine klassische Küche, die in den jahrhundertealten Stuben serviert wird. Zum Haus gehören auch eine Sauna und ein Dampfbad, des Weiteren können Massagen gebucht werden. Die Zimmer entsprechen mit ihrem edlen antiquarischen Mobiliar dem Charakter des Hauses. Insgesamt gibt es 37 Zimmer und drei Suiten. Für die Übernachtung inklusive Halbpension zahlt man pro Person im Doppelzimmer ab 115 €.

Das Jagdschloss hat nur während der Wintersaison geöffnet. Der Weg dorthin ist auf der gut ausgebauten Straße nicht schwer zu befahren, im Winter aber oft nur mit Winterreifen bzw. Schneeketten machbar. Also sollte man sich unbedingt vorher über die Straßenverhältnisse informieren.

Das Besondere Wer gerne in Luxus schwelgt, nostalgisches Ambiente schätzt, ohne auf moderne Annehmlichkeiten verzichten zu müssen, ist im Jagdschloss Kühtai richtig.

Lage & Ambiente

Nicht weit von Innsbruck und der Inntalautobahn und doch einsam im Hochgebirge, weit oberhalb der Baumgrenze auf 2020 Meter Höhe, steht das Jagdschloss Kühtai, das seit 1952 ein Berghotel ist und bis auf das 13. Jahrhundert zurückgeht.

Das luxuriöse und fast museale Interieur ist ein eindrucksvoller Kontrast zu der tief verschneiten Winterpracht in und um Kühtai. Wer sich hier einquartiert, der sucht gewöhnlich nicht

Zum Essen in die gemütlichen Zirbenstuben

den Rummel, sondern die Ruhe und die Nähe zur Natur. Ob in den Zirbenstuben, im Weinkeller oder auf der Sonnenterrasse – hier logiert man in herrschaftlicher Gediegenheit. Imperiale Gastlichkeit nennen das die Gastgeber. Man könnte es auch als Zeitreise der vornehmen Art bezeichnen. Zum Jagdschloss gehört eine kleine Kapelle, die eine wichtige Funktion hat. Denn mittlerweile ist das noble Hotel ein beliebte Adresse für romantische Winterhochzeiten. Das edel-romantische Haus mit eigener Kapelle bietet dafür ideale Rahmenbedingungen, selbstverständlich fährt das Brautpaar in Kutsche oder offenem Pferdeschlitten vor. Nur allzu leicht darf die Braut nicht bekleidet sein, dafür ist sie am schönsten Tag des Lebens Schneekönigin auf Schloss Kühtai.

In der Umgebung

So hoch und wahrscheinlich auch so schneesicher ist kein anderer Skiort in Österreich: Das Hoteldorf Kühtai entlang der Straße bietet Skivergnügen pur. Allerdings keinen riesigen Skizirkus, sondern eher die gemütliche Art mit sieben Liften und 35 Kilometern an überwiegend leichten und mittleren Pisten. Dort geht es dann hinauf bis auf über 2500 Meter Höhe im übersichtlichen und baumfreien Gelände. Sehr beliebt ist Kühtai auch bei Skitourengehern, und das bis weit ins Frühjahr hinein. Doch der Hauptvorteil ist natürlich: Hier kann man das Auto stehen lassen und jeden Lift zu Fuß erreichen. Auch zu den Langlaufloipen ist es nicht weit.

Extratipp

Aqua-Dome Längenfeld Seit 2004 hat auch das Ötztal, bisher mit dem Hauptort Sölden hauptsächlich als Skiparadies der trubeligen Art bekannt, sein Wellness-Zentrum. Dampfende, fast schwebende Untertassen und eine gläserne Pyramide sind die Markenzeichen des neuen, inmitten der Bergwelt gelandeten Zukunftsprojekts. Innen wirkt das Ganze durch lichte Architektur mit viel Holz, Stein und Glas schon weniger fehl am Platz, und im vielsagend »Gletscherglühen« genannten Saunabereich mit Heustadelsauna und Kräuterkammer fühlt man sich schon wieder ganz heimisch. In der »Alpen Arche Noah« mit Piratenschiff, Rutschen und Plantschbecken fühlen sich auch Kinder pudelwohl. Sie werden von ausgebildeten Betreuern beaufsichtigt, während Mama ihre wohl verdiente Ajaran-Behandlung oder Massage genießt.

Aqua Dome, Tirol Therme Längenfeld, Oberlängenfeld 140, A-6444 Längenfeld; Tel. 00 43/ 52 53/64 00; E-Mail: office@aqua-dome.at, Internet: www.aqua-dome.at; tgl. 9–22 Uhr; Eintritt Tageskarte Erwachsene 20 €, Kinder (6–14 Jahre) 10 €

Wellness

Naturhotel Grafenast

Am Hochpillerberg
A-6130 Schwaz
Tel. 00 43/52 42/6 32 09,
Fax 6 32 09 99
E-Mail: sehnsucht@grafenast.at
Internet: www.grafenast.at

Anfahrt: Von der Inntalautobahn A 12 Ausfahrt Schwaz zunächst in Richtung Zentrum, dann der Beschilderung auf den Pillberg folgen. Von Schwaz bis Grafenast sind es rund 10 km. Im Winter verkehrt auch ein Bus oder der Sessellift, dessen Bergstation neben dem Hotel liegt.

Ausstattung & Preise

Die Zimmer des Naturhotels sind schlicht, fast minimalistisch eingerichtet und mit Hölzern ausgestattet, die nach dem Mond geschlagen sind. Draußen erfrischt ein Kneippgarten müde Wandererbeine, am solargeheizten Schwimmbad kann man gut relaxen. Ein Kinderspielplatz mit Ballwiese und Tipi ist Treffpunkt der jungen Gäste. Auch ein umfangreicher Wellness-Bereich gehört zum Hotel. Für die Übernachtung im Doppelzimmer mit Vollpension zahlt man pro Person ab ca. 90 €.

Lage & Ambiente

Es ist ein weiter Weg von Schwaz im Inntal hinauf den Hochpillberg, viele Kurven sind zu bewältigen, bis das romantische Hotel auf 1330 Meter Höhe erreicht ist. Die Belohnung dafür ist ein grandioser Blick über das Inntal bis nach Innsbruck und hinüber zu den Gipfeln des Rofan und des Karwendelgebirges. »Downshifting«, auf Neudeutsch auch Entschleunigen genannt, ist das Motto im Grafenast: den Alltag vergessen, gesunde Ernährung mit Bioküche und Granderwasser, dazu Wellness. Urvater des Hotels ist der Rodeltoni, so etwas wie ein früher Biobauer und Ski- und Rodelpionier, der hier vor hundert Jahren die erste Hütte baute.

In der Umgebung

Das weitläufige Gelände rund um das Haus bietet viele Freizeitmöglichkeiten vom Kneippbad bis zum Tischtennis. Der Hausherr macht mit den Gästen Kräuterwanderungen und auch Almtouren mit Gipfelbesteigungen. Im Winter werden geführte Schneeschuhwanderungen angeboten. Direkt neben dem Hotel beginnen die Lifte des kleinen Skigebiets am Kellerjoch. Außerdem gibt es Langlaufloipen in der Nähe.

Kristallhütte

A-6272 Kaltenbach
Tel. 00 43/6 99/11 72 97 70
E-Mail: info@kristallhuette.at
Internet: www.kristallhuete.at

Anfahrt: Inntalautobahn A 12 Ausfahrt Zillertal, auf der Zillertaler Bundesstraße bis Kaltenbach

Ausstattung & Preise

Der Begriff Hütte ist in diesem Fall eher irreführend, denn hier handelt es sich um ein hochalpines Nobelgasthaus. Im Obergeschoss befinden sich acht Panorama-Zimmer mit Balkon, Dusche und WC, TV, DVD-Spieler sowie einer Schlafcouch für eine dritte und vierte Person. Außerdem besitzt das Haus noch eine Sauna und bietet den Gästen einen Massageservice an. Die Buchung ist nur inklusive Halbpension möglich, eine Übernachtung mit Gourmet-Frühstück und Vier-Gänge-Abendessen kostet ab 59 €.

Lage & Ambiente

Die 2004 eröffnete Kristallhütte liegt auf 2147 Meter Höhe mitten im Skigebiet Hochzillertal. Das Schmuckstück der Kristallhütte ist zweifellos die Sonnenterrasse mit den eleganten Teakholzmöbeln. Das Skigebiet Hochzillertal liegt auf der rechten Talseite am Eingang des Zillertals oberhalb von Fügen und Kaltenbach. Die Talstation ist direkt an der Bundesstraße. Im Sommer führt ein Fahrweg zum Hotel. Im Winter geht es mit der Seilbahn hinauf und weiter mit dem Lift. Die Hütte steht an einem der besten Plätze mit einer spektakulären Aussicht auf das innere Zillertal und die Zillertaler Alpen. Dafür ist der Skipass für das Hochzillertal obligatorisch.

In der Umgebung

Im Sommer ist die Kristallhütte ein idealer Ausgangspunkt für Höhenwanderungen rund um das nahe Öfelerjoch oder weiter zu den Gipfeln Wetterkreuz und Wimbachkopf. Für Mountainbiker gibt es zahlreiche mittlere bis anspruchsvolle Touren in der Umgebung. Besonders attraktiv ist das Freizeitangebot natürlich im Winter, denn dann logiert man direkt an der Piste. Das Skigebiet Hochzillertal bietet überwiegend leichte bis mittlere Abfahrten. Seit kurzem besteht eine direkte Verbindung mit dem Nachbargebiet von Hochfügen, das besonders schneesicher ist.

28 Ferienhütte Elisabeth

Urig

Ferienhütte Elisabeth

A-6283 Hippach/Zillertal
Buchung über:
HMS
Feldkircher Str. 114
A-9020 Klagenfurt
Tel. 00 43/4 63/5 50 80,
Fax 5 50 80 19
E-Mail: info@huetten.com
Internet: www.huetten.com

Anfahrt: Inntalautobahn A 12 über Kufstein in Richtung Innsbruck bis Ausfahrt Zillertal und auf der Zillertaler Bundesstraße bis Hippach. Zufahrt bis zur Hütte mit dem Pkw ist möglich, ein Parkplatz in 50 m Entfernung vorhanden.

Für Selbstversorger

Lage & Ambiente

Die Ferienhütte befindet sich auf der südlichen Seite des Zillertals in 1050 Meter Höhe. Vom sonnigen Hang aus bietet sich dem Urlauber eine herrliche Aussicht auf die umliegende Bergwelt der Zillertaler Alpen. Die nächste Ortschaft Hippach ist vier Kilometer entfernt.

Das Äußere der Ferienhütte ist noch im Originalzustand erhalten und mutet recht urig an. Das Innere wurde unlängst gründlich renoviert. Deshalb wohnt man hier nahe der Zillertaler Höhenstraße auch ausgesprochen komfortabel, fast schon luxuriös für Hüttenverhältnisse. Und die Sport- und Freizeitangebote im Zillertal liegen praktisch vor der Hüttentür.

Ausstattung & Preise

Das Innenleben dieser Hütte ist ausgesprochen gemütlich und komfortabel. In der Wohnstube gibt es einen Kachelofen und TV, dazu eine komplett ausgestattete Küche mit Geschirrspüler und Kaffeemaschine. Im Bad wärmt eine Bodenheizung. Zum Schlafen stehen zwei Zweibett- und ein Dreibettzimmer zur Verfügung. Der Preis für eine Woche mit Nebenkosten beginnt bei 929 €.

In der Umgebung

Im Sommer kann man vom Wandern und Biken bis Angeln oder Paragliden sehr viel unternehmen. Im Mietpreis enthalten sind der freie Eintritt ins Erlebnisbad in Hippach und die Benützung der Tennisanlage.

Im Winter sind es zum nächsten Skigebiet Zillertal 3000 mit herrlichen Pisten nur wenige Kilometer, die man auch mit dem Skibus absolvieren kann.

Urig

Kohler Hütte

A-6263 Fügen
Buchung über:
HMS
Feldkircher Str. 114
A-9020 Klagenfurt
Tel. 00 43/4 63/5 50 80,
Fax 5 50 80 19
E-Mail: info@huetten.com
Internet: www.huetten.com

Anfahrt: Inntalautobahn Ausfahrt Wiesing/Zillertal, weiter bis Fügen, von dort noch etwa 7 km bis zur Hütte auf 1200 m Höhe

Für Selbstversorger

Ausstattung & Preise

Die sorgfältig renovierte Hütte bietet Platz für maximal acht Personen und ist innen gemütlich nostalgisch eingerichtet. Sie befindet sich in Alleinlage und ist ganzjährig mit dem Auto erreichbar. Ein Parkplatz befindet sich etwa 100 Meter entfernt beim Kohlalmhof. Die zwei Schlafzimmer verfügen über jeweils zwei Schlafplätze, dazu gibt es ein Vierbettzimmer. Zur Wohnstube gehört ein Kachelofen. Die Kochecke ist modern ausgestattet mit Elektroherd, Kühlschrank und Kaffeemaschine. Geheizt wird mit Strom-Zentralheizung. Im Nassbereich mit Dusche und WC gibt es eine Fußbodenheizung. Außerdem besitzt die Hütte eine Sauna. Die Hütte kostet komplett für eine Woche ab 840 € im Sommer und 1500 € im Winter, Endreinigung sowie Wasser- und Holzration für eine Woche sind inklusive.

Lage & Ambiente

Diese Almhütte wie aus dem Bilderbuch befindet sich in einsamer Lage im Zillertal und bietet erstaunlichen Wohnkomfort. Hier herrscht echtes Almhütten-Feeling ohne Plumpsklo-Rustikalität. Im Sommer kann man herrliche Bergtouren unternehmen. Im Winter verläuft die Piste direkt vor dem Haus.

In der Umgebung

Man kann die Ruhe genießen, Bergtouren unternehmen oder auch einen Ausflug hinunter ins Tal wagen. Freizeitangebote gibt es im Zillertal für jeden Geschmack. Im Winter liegt das Skigebiet Spieljoch direkt vor der Haustüre. Alternativ kann man zu den nahen Skigebieten von Hochfügen oder Hochzillertal wechseln, die durch Bahnen miteinander verbunden sind.

Romantisch

Berggasthof Nieding

Oberer Sonnberg 52
A-6364 Brixen im Thale
Tel. 00 43/53 34/82 27
E-Mail: info@nieding.at
Internet: www.nieding.at

Anfahrt: Ohne Vignette auf der Inntalautobahn A 12 bis zur Ausfahrt Kufstein-Süd weiter Richtung Wörgl. Vor Wörgl links ab in Richtung Brixen. Mit Vignette und schneller auf der Autobahn bis Ausfahrt Wörgl-Ost, Bundesstraße in Richtung Kitzbühel und über Hopfgarten direkt nach Brixen im Thale

Ausstattung & Preise

Wie aus dem Bilderbuch wirkt der klassische und jahrhundertealte Berggasthof im Tiroler Stil. Seine Geschichte reicht bis ins frühe 19. Jahrhundert zurück. Die gemütlichen Gaststuben strahlen gediegene Behaglichkeit aus. Die relativ einfachen Zimmer, ebenfalls im typisch Tiroler Stil gehalten, sind rustikal und mit viel Massivholz eingerichtet. Alle Zimmer sind mit Dusche und WC ausgestattet. In Nieding kostet die Übernachtung mit Frühstück im Doppelzimmer pro Person ab 18 €.

Lage & Ambiente

Zum Bergasthof Nieding auf dem Sonnberg führt direkt von Brixen eine kurvenreiche Straße hinauf. Im Winter erreicht man den Gasthof auch auf Skiern. Das Haus steht direkt an der Talabfahrt zwischen Hochbrixen und Brixen.

So mag man sich einen Berggasthof in Tirol vorstellen: ein stattliches Anwesen, nicht luxuriös, aber sehr urwüchsig in herrlicher Panoramalage auf 1100 Meter Höhe weit über dem Tal, noch dazu auf der Südhangseite. Man wohnt in einem jahrhundertealten Hof mit schönem alten Mobiliar und der dazu passenden bäuerlichen Atmosphäre. Im Sommer zieren üppige Balkonblumen den schmucken Hof.

Gekocht wird hier natürlich auch auf ganz traditionelle Tiroler Art. Bodenständige Gerichte und die bekannt deftige Tiroler Küche, bei der viele Produkte aus der eigenen Landwirtschaft Verwendung finden, sorgen dafür, dass man nicht darben muss. Die zum Gasthof gehörende Landwirtschaft umfasst 20 Hektar Bergwiesen und Wald. Und wie es bei den Tirolern Brauch ist, gibt es auch den hausgebrannten Schnaps als Digestif oder zwischendurch.

In der Umgebung

Hochsaison ist hier oberhalb von Brixen im Thale zur Winterzeit. Kein Wunder, schließlich ist man mitten im Skigebiet Wilder Kaiser-Brixental, das zu den größten in ganz Österreich zählt. Über 90 Liftanlagen und rund 250 Pistenkilometer dürften für den durchschnittlichen Skifahrer mehr als genug sein. Abgesehen davon sind es von Brixen im Thale nur wenige Kilometer nach Kirchberg und Kitzbühel und damit zum nächsten Skizirkus. Im Berggasthof Nieding logiert man noch dazu mitten im Skigebiet, was auch für einen entsprechenden Zulauf an Gästen sorgt. Unten im Tal gibt es rund um Brixen auch einige Langlaufloipen. Wer es im Winter eher ruhig und gemütlich mag, dem sei ein Ausflug in die romantische Kelchsau empfohlen. Einige wenige Lifte gibt es dort, schöne Langlaufloipen und viel Ruhe und Natur.

Hexentopf im Themenpark

Alles aus Holz in der Tiroler Stube

Rund um Hochbrixen, Brandstadel und die markante Hohe Salve gibt es ein dichtes Netz an Fahrstraßen, die man im Sommer als Wanderwege nutzen kann. Entsprechend gut bestückt ist das Gebiet auch mit Einkehrmöglichkeiten. Ein Klassiker ist eine Wanderung hinauf zum Gipfel der Hohen Salve mit 1829 Meter Höhe. Dort hat man eine herrliche Aussicht auf die umliegenden Gipfel. Für Familien lohnt sich ein Abstecher zur Mittelstation auf der Nordseite und zum Erlebnispark Hexenwasser.

ÖSTERREICH

Extratipp

Hexenwasser Hochsöll Im Themenpark Hexenwasser drehen sich keine knallbunten Karussells, die einzig vernehmbare Musik ist das Plätschern der 30 Stationen, an denen Jung und Alt »Eleganz, Lebendigkeit und Kraft des Bergwasser«, so das Motto des Areals, für sich entdecken können. Ob am Hexenbach mit seiner Steinschleiferei, im geheimnisvollen Hexenwald mit Hexenwippe oder auf Österreichs längstem Barfußweg: Hier begreifen und erfühlen Kinder im wahrsten Sinne des Wortes ihre Umwelt neu. In der »Zeitreise Hochsöll« sind sie beim Brotbacken, Käsen und Honigschleudern mit Begeisterung dabei. Täglich werden verschiedene sachkundige und natürlich interaktive Führungen zu den verschiedensten Themen angeboten, der Park ist also durchaus auch mehr als einen Besuch während der Ferien wert.
Hexenwasser am Berg- und Skilift Hochsöll, Stampfanger 21, A-6306 Söll; Tel. 00 43/53 33/52 60, Fax 52 60 10; E-Mail: bergbahnen.soell@skiwelt.at, Internet: www.hexenwasser.at; Mitte Mai–Mitte Okt. tgl. 9–17.30 Uhr; Eintritt Erwachsene 9 €, Kinder 5 €

Urig

Vorderkaiserfeldenhütte

Kaisertal 15
A-6330 Ebbs
Tel. 00 43/53 72/6 34 82
E-Mail:
info@vorderkaiserfelden.com
Internet:
www.vorderkaiserfelden.com

Anfahrt: Inntalautobahn A 12 Ausfahrt Kufstein-Nord, am Kreisverkehr links, nach 1 km rechts in Richtung Kaisertal. Dort kommt man direkt zum Parkplatz und zum Aufstieg. Nach Vorderkaiserfelden geht man etwa 2 Stunden.

Ausstattung & Preise

Für eine Berghütte in solch einsamer Höhenlage besitzt Vorderkaiserfelden ein vergleichsweise attraktives und vielseitiges Angebot. Schön sitzt man auf der Aussichtsterrasse vor dem Haus und auch in den beiden nostalgischen Gaststuben mit geschnitztem Gebälk und einem Kachelofen. Drinnen gibt es deftige Tiroler und bayerische Küche, für die viele Zutaten von lokalen Betrieben verwendet werden. Eine Spezialität ist der nach altem bäuerlichen Rezept geräucherte Speck. Auf Wunsch werden auch Wildspezialitäten sowie Menüs und Buffets zubereitet. Eine andere Besonderheit in Vorderkaiserfelden sind die regelmäßigen Volksmusikveranstaltungen, die im Haus stattfinden.

Für die Logis stehen neben dem Matratzenlager auch Einbett-, Zweibett- sowie Drei- und Vierbettzimmer zur Verfügung. Dusche und WC befinden sich auf dem Flur. Den Hüttenschlafsack sollte man selbst mitbringen. Die Übernachtung kostet pro Person in den Zimmern 22 € ohne Frühstück.

Lage & Ambiente

Das Kaisertal, das sich zwischen Zahmem und Wildem Kaiser im Tiroler Unterland erstreckt, gehört zu den populärsten Wandergebieten zwischen München und Salzburg, nicht zuletzt, weil es keine lange Anreise erforderlich macht. Der Weg vom Parkplatz hinauf zur Hütte beginnt mit den Treppen ins Kaisertal und ist bis zur Abzweigung relativ leicht zu gehen. Danach wird es jedoch bis zur Ritzaualm etwas steiler. Auf Wunsch gibt es einen Gepäcktransport zunächst mit dem Lastenlift hinauf ins Kaisertal und dann weiter mit dem Geländewagen zur Hütte.

Von allen Berggasthöfen im Kaisertal hat die Vorderkaiserfeldenhütte zweifellos die schönste Lage am Südhang des Zahmen Kaisers auf 1384 Meter Höhe. Die Vorzüge liegen klar vor Augen: die Aussicht auf das Inntal mit der Stadt Kufstein und dazu das passende nostalgische Ambiente. Ganz besonders eindrucksvoll ist der Sonnenuntergang, den man von der Terrasse der Hütte aus bewundern kann. Für Hüttenromantik, wie man sie sich vorstellt, ist freilich ein relativ langer Fußmarsch erforderlich. Aber dieser lohnt sich.

Stubnmusi in luftiger Höhe

In der Umgebung

Das Kaisertal ist ein attraktives Wandergebiet. Man kann im Sommer das ganze Tal bis zum Hans-Berger-Haus oder zum Stripsenjoch durchwandern. Von Vorderkaiserfelden aus bietet sich eine anspruchsvollere Höhenwanderung auf den Zahmen Kaiser mit Überquerung der Pyramidenspitze bis zum Stripsenjochhaus an. Kürzer und ebenfalls landschaftlich sehr reizvoll ist der Rundweg von Vorderkaiserfelden zur Naun-

Willkommene Erfrischung beim Kajak fahren

spitze und zum Petersköpfl mit anschließendem Abstieg nach Hinterkaiserfelden und zurück zur Hütte. Wer es sportlicher mag, für den gibt es nur fünf Minuten von der Hütte entfernt den Klettergarten am Heimköpfl mit 14 verschiedenen Routen von Schwierigkeitsgrad III bis VII+.

Im Winter ist der Weg hinauf nach Vorderkaiserfelden eine beliebte Winterwandertour ebenso wie der Weg weiter unten im Kaisertal zum bewirtschafteten Pfandlhof. Des Weiteren bieten sich Schneeschuhwanderungen zur Naunspitze oder zum Petersköpfl an.

Extratipp

Kufstein Der Ausflug ins Kaisertal und nach Vorderkaiserfelden lässt sich gut mit einem Besuch der Stadt Kufstein verbinden. Sehenswert ist vor allem die Festung, das Wahrzeichen der Stadt, deren Ursprünge auf das frühe 13. Jahrhundert zurückgehen. Auf dem großflächigen Festungsgelände gibt es unter anderem den Kaiserturm mit dem ehemaligen Staatsgefängnis zu sehen, nebenan die Festungswirtschaft mit dem Schlossgarten und dann natürlich die berühmte Heldenorgel, die zu Ehren der Gefallenen des Ersten Weltkriegs errichtet wurde und täglich erklingt. Bei einem ausgiebigen Spaziergang über den schönen Unteren Stadtplatz und entlang der Promenade am Innufer kann man in vielen netten Straßencafés einkehren.

Urig

Stöcklalm

Salvenberg 24
A-6306 Söll in Tirol
Tel. 00 43/53 33/51 27, Fax 51 27 18
E-Mail: info@stoecklalm.com
Internet: www.stoecklalm.com

Anfahrt: Inntalautobahn A 12 bis Ausfahrt Kufstein-Süd und über den Eiberg Richtung St. Johann bis zur Abzweigung rechts nach Söll. Die Talstation der Gondelbahn links vom Dorf ist nicht zu verfehlen. Es gibt aber auch eine Fahrstraße von Söll hinauf zur Mittelstation und zum Haus.

Für Familien

Ausstattung & Preise

Die Stöcklalm ist ein klassischer Berggasthof, der neben einer großen Terrasse gemütliche, typische Tiroler Gaststuben beherbergt. Für einen Urlaubsaufenthalt bietet die Alm einige Ferienappartements an. Die Wohnungen sind betont rustikal eingerichtet und mit TV, Bad und WC sowie Kochgelegenheit ausgestattet. Die Preise für die Appartements beginnen bei 80 € pro Tag ohne Verpflegung. Im Winter wird nur mit Halbpension vermietet.

Lage & Ambiente

Die Stöcklalm befindet sich auf dem Salvenberg an der Hohen Salve. Sie liegt in unmittelbarer Nähe zur Mittelstation des Skigebiets an der Hohen Salve. Es gibt die Möglichkeit, mit der Gondelbahn von Söll aus bis zur Mittelstation der Hohen Salve auf 1120 Meter Höhe zu fahren und dann etwa fünf Minuten zu Fuß auf fast ebener Strecke zum Gasthof Stöcklalm zu laufen.

Klassisches Tiroler Ambiente verbindet sich hier mit einigen speziellen Angeboten wie der hauseigenen Käserei und der kleinen Backstube. Aufgrund des attraktiven Freizeitangebots ist die Stöcklalm ideal für den Familienurlaub mit Kindern. Im Winter ist auf der Alm relativ viel Trubel.

In der Umgebung

Im Sommer hat man viele Wanderwege vor der Haustür und dazu den Freizeitpark Hexenwasser am Berg- und Skilift Hochsöll in erreichbarer Nähe, der mit einer Mühle, einem Hexenwald und allerlei spielerischen Wasserstationen aufwartet. Im Winter befindet man sich mitten im Skigebiet und wohnt nur wenige Meter neben den Liften.

Romantisch

Angerer Alm

Almen am Kitzbüheler Horn 5
A-6380 St. Johann in Tirol
Tel. 00 43/53 52/6 27 46
E-Mail: office@angereralm.at
Internet: www.angereralm.com

Anfahrt: Inntalautobahn Ausfahrt A 12 Kufstein-Süd, Beschilderung nach St. Johann

Ausstattung & Preise

Die Angerer Alm befindet sich etwas oberhalb der Mittelstation der Seilbahn auf das Kitzbüheler Horn. Die einfachen, aber originell eingerichteten Gästezimmer sind an Wochenenden oft ausgebucht. Rechtzeitige Reservierung ist deshalb erforderlich. Pro Person zahlt man im Doppelzimmer mit Halbpension und Drei-Gänge-Menü ab 46 €, mit Gourmetmenü ab 70 €.

Lage & Ambiente

Der 200 Jahre alte Bergbauernhof in Traumlage an der Nordseite des Kitzbüheler Horns hat das ganze Jahr Saison. Von der Mittelstation geht man etwa eine Viertelstunde zu Fuß. Hausgäste können im Sommer per Sondergenehmigung mit dem Pkw auf einer gut ausgebauten Schotterstraße hinauffahren. Auf der großen Terrasse genießt man einen schönen Blick auf das Felsmassiv des Wilden Kaisers. In drei gemütlichen alten Gaststuben serviert Wirtin Annemarie Foidl neben Tiroler Spezialitäten abends Gourmetküche und als ausgebildete Sommeliere auch die entsprechenden Weine.

In der Umgebung

Von der Angerer Alm kann man über Hirschbichl, die Bergstation der Seilbahn, hinauf zum 2000 Meter hohen Gipfel des Kitzbüheler Horns wandern. Das ist allerdings eine recht anspruchsvolle Tour. Ein weiteres beliebtes Ziel für Bergtouren ist der Wilde Kaiser.

Für den eher gemütlichen Zeitvertreib gibt es in St. Johann die Panorama Badewelt zentrumsnah an der Kitzbüheler Ache. Direkt bei der Panorama Badewelt starten außerdem zwei Nordic-Walking-Rundkurse. Für Anhänger dieser neuen Sportart bietet der Tourismusverband dreimal wöchentlich geführte Nordic-Walking-Touren an.

Im Winter führt die Skiabfahrt vom Kitzbüheler Horn direkt an der Angerer Alm vorbei.

Romantisch

Berghotel Seidl-Alm

Schönleitenweg 175
A-5753 Saalbach-Vorderglemm
Tel. 00 43/65 41/72 29, Fax 72 29 77
E-Mail: info@berghotel.at
Internet: www.berghotel.at

Anfahrt: Von Norden ohne Vignette über die Autobahn A 8 München–Salzburg Ausfahrt Siegsdorf. Weiter auf der Deutschen Alpenstraße in Richtung Süden über Inzell und Schneizlreuth bis Lofer und Saalfelden. Auf halber Strecke in Richtung Zell am See rechts nach Saalbach ab.

Ausstattung & Preise

Die Seidl-Alm bietet insgesamt 40 komfortable Doppel- und Dreibettzimmer mit Dusche und WC. Ein Großteil der Zimmer besitzt auch einen Balkon. Familien können eines der vier Appartements mit jeweils zwei Schlafzimmern und getrenntem Wohnraum sowie Balkon mieten. Für das leibliche Wohl gibt es einen rustikalen Speisesaal mit separatem Stüberl sowie ein großes Selbstbedienungs-Restaurant mit Sonnenterrasse. Für Hausgäste stehen Sauna und Solarium zur Verfügung. Die Küche bietet gutbürgerliche Kost mit regionalen Spezialitäten der eher deftigen Art wie Pinzgauer Kasnocken oder Kaspressknödel.

Die Preise für die Übernachtung mit Frühstück im Doppelzimmer beginnen im Sommer bei 25 € pro Person, im Winter zur Skisaison, die in Saalbach Hochsaison bedeutet, bei 45 € pro Person mit Halbpension.

Speziell für Gruppen ist die Schönleitenhütte geeignet, die direkt neben der Seidl-Alm steht und zum Haus gehört. Hier gibt es Doppel-, Dreibett- und Vierbettzimmer sowie Matratzenlager für maximal 80 Personen und einen großen Aufenthaltsraum für abendliche Veranstaltungen.

Das Besondere Das Berghotel Seidl-Alm bietet entspannten Familienurlaub und Hüttenromantik. Im Winter praktisch: Man wohnt direkt an der Skipiste.

Lage & Ambiente

Mitten im Ski- und Wandergebiet von Saalbach steht die Seidl-Alm auf 1804 Meter Höhe. In Saalbach/Jausern kann man parken und sein Gepäck am hauseigenen Lift deponieren. Mit der Schönleitenbahn geht es dann hinauf und von dort weiter zum Hotel. Allerdings sollte man darauf achten, dass die Schönleitenbahn um 16 Uhr ihre letzte Fahrt macht.

Seidl-Alm: Wohnen direkt an der Skipiste

Das großzügige Haus ist mit typischer rustikaler Ausstattung eingerichtet. Die Seidl-Alm ist die ideale Unterkunft, wenn man im Winter etwa das große Skigebiet von Saalbach-Hinterglemm nutzen, den Rummel im Tal aber meiden will. Im Sommer logiert man natürlich entsprechend ruhig und naturnah.

In der Umgebung

In erster Linie ist Saalbach-Hinterglemm ein Wintersportort. Aber im Sommer kann man von der Seidl-Alm aus auch schöne Höhenwanderungen unternehmen. Relativ groß ist das Angebot für Aktivurlauber. So ist das Glemmtal ein beliebtes Biker-Revier mit einer abenteuerlichen Freeride-Strecke am Reiterkogel und zahlreichen Trails. Wer es gemütlicher mag, der nutzt die 9-Loch-Golfanlage in Saalbach.

Im Winter beginnt das Skivergnügen direkt vor der Haustüre. Rund 200 Pistenkilometer und 55 Liftanlagen verteilen sich auf die Gipfel rechts und links des Tales. Eher spärlich ist dafür das Langlaufangebot mit der Talschlussloipe und der Höhenloipe am Reiterkogel. Nachtrodelbahnen gibt es auf der Wieser Alm bei Hinterglemm sowie am Spielberghaus, auf der Waisalm und der Simalalm bei Saalbach.

Köstliches Souvenir: Schnaps aus Hinterglemm

Extratipp

Schnapsbrennerei Williams, Zwetschgenwasser oder Himbeerschnaps bekommt man in jedem Supermarkt in besserer oder schlechterer Qualität, aber Vogelbeerschnaps ist an sich schon etwas Besonderes. Wenn er dann aus einer winzigen Brennerei am Fuße des Reiterkogel stammt und von einem Schnapsbrenner destilliert wurde, der dieses Handwerk erst seit wenigen Jahren betreibt, aber schon etliche nationale und internationale Preise dafür eingeheimst hat, wird daraus eine Geschichte. Und weil diese so erfolgreich verläuft, umfasst die Produktpalette von Bertl Enn inzwischen außerdem Mirabellen-, Brombeer- und Quittenbrand, Orangenlikör und den so genannten Zigarrenbrand. Gerne veranstaltet er auf Anfrage Führungen und Verkostungen.
Schnapsbrennerei Bartl Enn, Hasenbachweg 475, A-5754 Hinterglemm; Tel. 00 43/65 41/81 33; Internet: www.enn-schnaps.at

Urig

Berghotel Rudolfshütte

A-5723 Uttendorf
Tel. 00 43/65 63/8 22 10, Fax 82 21 59
E-Mail: info@rudolfshuette.at
Internet: www.rudolfshuette.at

Anfahrt: Von Norden bzw. Westen über die Inntalautobahn A 12 und durch das Zillertal über den Gerlospass bis nach Uttendorf. Von Osten oder Nordosten über die Tauernautobahn A 10 bis Bischofshofen und Zell am See durch das Pinzgau bis Uttendorf. Von Uttendorf führt die Weißsee Gletscherbahn hinauf zur Rudolfshütte.

Für Familien

Ausstattung & Preise

Die Rudolfshütte ist ein Berghotel von stattlichen Ausmaßen und bietet Platz für viele Gäste und entsprechend umfangreiche Freizeitaktivitäten. Das Haus verfügt insgesamt über 70 Zimmer und drei Lager mit 14, 18 und 21 Schlafplätzen. Bei den Zimmern hat man die Wahl zwischen den »Weißsee-Zimmern« und den »Rudi-Zimmern«. Erstere sind mit Doppelbett und Klappbetten ausgestattet und bieten Platz für zwei bis vier Personen. In diesen Zimmern gibt es Dusche, WC und TV. Einfacher sind die »Rudi-Zimmer« mit Stockbetten und Etagenbädern. Außerdem gibt es in der Rudolfshütte eine Sauna, einen Ruheraum und ein Spielzimmer mit Billard, Dart, Tischfußball und Tischtennis. Seit kurzem gehört zum Haus auch ein Panorama-Hallenbad.

Die Preise für die Übernachtung betragen in den Rudi-Zimmern ab 23 € pro Person mit Halbpension, ab 33 € in den komfortableren Doppelzimmern. Außerdem gibt es regelmäßig günstige Pauschalangebote. Für Hausgäste ist der Parkplatz in Uttendorf kostenlos und die Berg- und Talfahrt mit der Gletscherbahn vergünstigt.

Das Besondere Ausgesprochen attraktiv ist der Winter am Weißsee für Familien. Denn auf der Rudolfshütte wohnen zwei Kinder bis zwölf Jahre im Elternzimmer gratis und können noch dazu kostenlos in der Weißsee Gletscherwelt Ski fahren.

Lage & Ambiente

Wer in einem Berghotel auf 2300 Meter Höhe in einsamer hochalpiner Lage am Gletscher Urlaub machen will, nimmt eine etwas aufwendigere

Anreise gerne in Kauf. Die Einsamkeit oberhalb der Baumgrenze inmitten der Hohen Tauern und nur einen Katzensprung vom Gipfel des Großglockner entfernt, der herrliche Blick auf die Gletscherwelt rund um

Wanderregion Hohe Tauern

den Weißsee entlohnt jedoch für alle Mühen. Hierher kommen all jene, die traditionelle Alpenatmosphäre und aktive Freizeitgestaltung suchen. Dazu passen das Interieur des recht urigen Berghotels sowie die abwechslungsreichen Sport- und Erholungsmöglichkeiten. Kletterer und solche, die es werden wollen, schätzen die Indoor-, Boulder- und Kletterwand. Außerdem kann man hier Ausrüstungen zum Bergsteigen und für Skitouren ausleihen. Sollte das Wetter mal nicht mitspielen, stehen im hauseigenen Kino Bergfilme auf dem Programm. Das gastronomische Angebot in den Restaurants, den gemütlichen Stuben und der Kaminbar ist ausgesprochen rustikal. Die Küche offeriert Pinzgauer Spezialitäten und deftiges Bergsteigeressen. Im Sommer lädt der eiskalte See vor dem Haus zur Erfrischung ein.

In der Umgebung

In der Nähe der Rudolfshütte befinden sich ein Klettergarten und ein Gletscherlehrpfad. Außerdem ist das Haus Ausgangspunkt für hochalpine Touren, etwa den relativ einfachen Weg ins Stubachtal über die Französachalm oder die anspruchsvollere Besteigung des Gipfels des Eiskögele. Im Winter gibt es rund um das Haus ein relativ kleines und eher leichtes Skigebiet mit 21 Pistenkilometern. Ein Höhepunkt der Saison ist das Internationale Eiskletterfestival an der vereisten Staumauer des Weißsees. Für Langläufer gibt es an der Mittelstation der Seilbahn eine Höhenloipe. Sehr umfangreich ist das Loipenangebot im Tal. Gute Schneeverhältnisse vorausgesetzt, bietet die Pinzga-Loipe über 200 Kilometer.

Extratipp

Keltendorf am Steinerbichl Die Lage Uttendorfs im oberen Salzachtal, schon in frühen Zeiten eines der wichtigen Durchgangs- und Handelstäler durch die Alpen, bringt es mit sich, dass hier schon früh Menschen siedelten. Aus der Hallstattzeit, die nach einem großen Gräberfeld bei Hallein am Dürnberg benannt wurde, ist in Uttendorf ein keltischer Friedhof erhalten, der seit 750 v. Chr. etwa 100 Jahre lang benutzt wurde. Die mehrheitlich in Urnen, also Brandgräbern, beigesetzten Toten erhielten Fibeln, Webgewichte, Gewandnadeln und Beile aus Eisen mit auf ihren letzten Weg. Im Rahmen einer Freilichtschau wird derzeit ein lebendiges Keltendorf mit Haus, Töpferstelle und Garten ins Leben gerufen, das gerade Kindern und interessierten Laien das tägliche Leben der damaligen Bewohner, von denen weder Schrift noch Sprache überliefert ist, näher bringen soll.

Führungen: Tourismusverband Uttendorf, A-5723 Uttendorf; Tel. 00 43/65 63/82 79; Fax 85 85; Internet: www.uttendorf.at

Romantisch

Pension Guggenbichl

Guggenbichl 11
A-5710 Kaprun
Tel. 00 43/65 47/85 78, Fax 8 57 84
Internet: www.guggenbichl.at

Anfahrt: Autobahn A 8 München–Salzburg Ausfahrt Siegsdorf über Lofer und Saalfelden, weiter bis Zell am See und nach Kaprun. Alternativ über die Tauernautobahn A 10 Ausfahrt Bischofshofen. Von dort über Schwarzach und Zell am See nach Kaprun.

Ausstattung & Preise

Die ehemalige Alm eines Kapruner Großbauern wurde von der Besitzerfamilie kontinuierlich zu einem stattlichen Berggasthof ausgebaut. Was ursprünglich als kleine Jausenstation begann, hat sich über die Jahre hinweg zu einer Pension mit Gastwirtschaft gemausert. Die sieben Doppelzimmer sind relativ einfach und rustikal eingerichtet, verfügen alle über Dusche und WC, teils auch über einen Balkon. Die Übernachtungspreise inklusive Frühstück beginnen bei 22 € pro Person im Doppelzimmer, für Halbpension zahlt man 9 € mehr.

Lage & Ambiente

Wenn man eine ruhige und aussichtsreiche Berglage bevorzugt, aber trotzdem nicht fernab der Zivilisation nächtigen möchte, dann ist dieser Berggasthof etwa fünf Autominuten oberhalb von Kaprun mit entsprechendem Ausblick auf den Ort gut geeignet. Man sitzt an schönen sonnigen Tagen auf der Aussichtsterrasse, sonst in der urigen Gaststube mit dem großen Kachelofen. Gegessen wird hier entsprechend deftig und herzhaft. Die Pension Guggenbichl ist kein Luxushaus, sondern ein bodenständiger Gastbetrieb mit sehr traditioneller Atmosphäre.

In der Umgebung

Die so genannte Europa Sportregion rund um Kaprun und Zell am See bietet ein reiches Angebot an Freizeitaktivitäten vom Baden am See in Zell über Nordic Walking und Fahrradtouren bis zum Freizeitzentrum Optimum mit Frei- und Hallenbad, Sauna und Minigolf. Wandern und Bergsteigen kann man am Kitzsteinhorn oder auf der Schmittenhöhe. Skifahrer zieht es nach Kaprun, wo man das ganze Jahr auf dem Gletscher am Kitzsteinhorn Ski fahren kann.

Arthurhaus

Mandelwandstr. 110
A-5505 Mühlbach am Hochkönig
Tel. 00 43/64 67/72 02
Internet: www.arthurhaus.at

Anfahrt: Tauernautobahn A 10 von Salzburg nach Süden bis Ausfahrt Bischofshofen, weiter auf der Bundesstraße bis Mühlbach am Hochkönig und auf der Mandlwandstraße zum Hotel

Ausstattung & Preise

Das Arthurhaus ist ein komfortables Hotel der Drei-Sterne-Kategorie mit gemütlichen Zimmern und einer eigenen kleinen Wellness-Abteilung. Außerdem gehören zum Haus eine Kegelbahn, ein Schießstand und ein Internet-Stüberl, dessen Benutzung für Hausgäste gratis ist. Für die Übernachtung mit Frühstück im Doppelzimmer zahlt man pro Person ab 40,50 €.

Lage & Ambiente

Die herrliche Lage in 1500 Meter Höhe auf einem Plateau zu Füßen des Hochkönigs ist nur ein Vorzug des Arthurhauses. Für die Höhenlage ist das Angebot des Hauses im Vergleich zu anderen Berggasthöfen ungewöhnlich komfortabel und vielseitig. Besonders gut geeignet ist das Arthurhaus für den naturverbundenen Familienurlaub.

Das Restaurant ist bekannt für seine gute Küche mit regionalen Spezialitäten. Das Frühstücksbüffet offeriert Produkte vom eigenen Bauernhof. Das Frühstücksei kann man sich selbst aus dem Hühnerstall holen. Wie es sich für eine Almwirtschaft gehört, wird im Sommer auch Käse gemacht.

In der Umgebung

Im Sommer ist das Arthurhaus ein beliebter Ausgangspunkt für Wanderungen von Alm zu Alm im Hochköniggebiet und für die Besteigung des knapp 3000 Meter hohen Gipfels. Zusätzlich zum Freizeitangebot im Arthurhaus gibt es noch einen Streichelzoo. Wer sich für Kultur interessiert, sollte dem Pongauer Heimatmuseum im stattlichen Schloss Goldegg oder dem Seelackenmuseum einen Besuch abstatten. Letzteres befindet sich in einem alten Bauernhaus und dokumentiert unter anderem Leben und Werk des Schriftstellers Thomas Bernhard, der hier oft seinen Urlaub verbrachte.

Luxuriös

Die Übergossene Alm

Sonnberg 54
A-5652 Dienten am Hochkönig
Tel. 00 43/64 61/23 00, Fax 2 30 62
E-Mail: info@uebergossenealm.at
Internet: www.uebergossenealm.at

Anfahrt: Mit Vignette über die Tauernautobahn A 10 von Salzburg bis zur Ausfahrt Bischofshofen. Dort rechts ab in Richtung Mühlbach am Hochkönig. Ohne Vignette auf der Autobahn A 8 München–Salzburg Ausfahrt Siegsdorf und nach Süden über Inzell und Lofer. Von Lofer über Saalfelden und den Dientner Sattel nach Mühlbach

Ausstattung & Preise

Alpinresort & Spa nennt sich das Vier-Sterne-Hotel. Die großzügige Anlage mit zwei Biotopen vor dem Haus bietet neben komfortablen Zimmern und gemütlichen Appartements einen großen Wellness-Bereich mit Hallenbad, Saunadörfl, Relax- und Wohlfühlbereich sowie Massage- und Beauty-Anwendungen. Die Übernachtung mit Wohlfühlpension inklusive Mittagsbuffet und Abendmenü kostet pro Person im Doppelzimmer ab 89 €.

Das Hotel bietet auch immer wieder günstige Pauschalarrangements an. Unter dem Motto »Rosige Tage zu zweit« offeriert die Alm etwa für einen spontanen Romantikurlaub in Verbindung mit preisgünstigen Flügen ein stilvolles Arrangement. Es besteht aus drei Übernachtungen mit Wohlfühlpension, dazu Rosenzauber mit Rosenblütenbad in der Doppelwanne, Rosenölvollmassage und Ausruhen im Himmelbett. Inklusive Flughafen-Transfer kostet das Vergnügen ab 425 € pro Person im Doppelzimmer.

Lage & Ambiente

Die Hotelanlage befindet sich in herrlicher Lage auf einer Almwiese in 1240 Meter Höhe. Sie liegt oberhalb von Mühlbach zu Füßen des Hochkönigs. Die Einrichtung ist sehr gediegen und im neuzeitlich-rustikalen Stil gehalten. Wellness und Sport werden hier groß geschrieben. Das Angebot ist so umfangreich, dass umständliche Fahrten mit dem Auto oder öffentlichen Verkehrsmitteln überflüssig sind. Hier ist alles im oder vor dem Hotel. Für sportlich Ambitionierte interessant sind der Fitnessbereich, Indoorgolf, Tennishalle und Tennisfreiplätze sowie

Squashanlage. Dazu gibt es zahlreiche Freizeitprogramme von geführten Wanderungen und Bike-Touren über Gymnastik, Tai-Chi und Nordic Walking bis zur Golfsafari mit dem Hausherren. Speziell für die kleinen Gäste wird ein Aktivprogramm organisiert. Die Küche der Übergossenen Alm offeriert neben klassisch österreichischen Gerichten vegetarische Menüs und Diätkost.

Dampfsauna im Wellness-Bereich

In der Umgebung

Neben dem umfangreichen Freizeitprogramm, das das Hotel bietet, kann man im Gebiet des Hochkönigs viele Bergwanderungen unternehmen. Der Aufstieg zum 2941 Meter hohen Gipfel des Hochkönig ist für trittsichere Alpinisten geeignet. Der einfachste Weg führt vom Arthurhaus über die Mitterfeldalm. Für Golfspieler gibt es sieben 18-Loch-Anlagen, die nächsten bei Goldegg und Saalfelden. Der Goldegger See ist im Sommer wegen seiner angenehmen Wassertemperaturen ein beliebter Badesee. Reizvoll ist auch ein Ausflug zum ursprünglichen Bauerndorf Dienten. Im Winter hat man einen direkten Zugang zum Skigebiet am Hochkönig, das sich nicht am Hochkönig selbst, sondern auf den gegenüber liegenden Gipfeln verteilt. Der Lift, der den Skifahrer hinaufbringt, befindet sich auf der anderen Straßenseite.

Langläufer finden in nur 200 Meter Entfernung den Einstieg in die sieben Kilometer lange Hochkönig Loipe, die bis zum 1379 Meter hohen Birgkar führt. Beim Hotel kann man Schneeschuhwanderungen unternehmen. Angeboten werden auch Fackel- und Laternenwanderungen.

Extratipp

Sennerinnen und Teufellöcher Damit es die Urlaubsgäste auf der Übergossenen Alm nicht zu bunt treiben, sollten sie sich unbedingt die Geschichte der Alm vor Augen halten: Statt des Gletscherfeldes, das heute die Gipfel des Hochkönig bedeckt, weideten hier einst glückliche Kühe auf einer von der Sonne verwöhnten grünen Alm. Lebenslustige Sennerinnen hüteten die Tiere und ließen es sich bei Wein und gutem Essen nicht schlecht gehen. So übermütig wurden sie, dass sie die Wege mit Käse pflasterten, in Milch badeten und den Kühen silberne Glocken umhängten. Als eines Tags ein alter Mann bei den Sennerinnen um Obdach bat, wurde er wegen seines verlotterten Aussehens kurzerhand weggeschickt. Am nächsten Tag büßten die lustigen Weiber für ihre Tat, denn ein gewaltiger Donnersturm fegte über die Wiesen und eine mächtige Regenflut erstarrte sogleich zu Eis. Es heißt, dass die Teufel schreiend durch Löcher in der Felswand fuhren. Dort sind sie noch heute zu sehen.

Originell

Alpengasthof Ammererhof

Kolmstr. 21
A-5661 Rauris
Tel. 00 43/65 44/81 12, Fax 8 11 24
Internet: www.ammererhof.at

Anfahrt: Tauernautobahn A 10 von Salzburg nach Süden bis Ausfahrt Bischofshofen und nach Westen in Richtung Zell am See. Bei Taxenbach rechts die Einfahrt ins Rauriser Tal. Von Rauris bis Kolm Saigurn noch ca. 20 km, das letzte Stück auf einer Mautstraße

Ausstattung & Preise

Im Alpengasthof, einer Kombination aus Berggasthof und Hotel, gibt es gemütliche rustikale Gaststuben, in denen typische regionale Gerichte serviert werden. Besonders schön sind die Gästezimmer, die mit stilvollen alten Möbeln und Dusche und WC ausgestattet sind. Für die Übernachtung mit Frühstück im Doppelzimmer zahlt man pro Person ab 32 €.

Lage & Ambiente

Das urwüchsige Rauriser Tal im Salzburger Land ist nicht ohne Grund in den letzten Jahren zu einem beliebten Drehort für die so genannten Alpendramen, moderne Neuverfilmungen alter Heimatromane, avanciert. Seinen Beinamen »Das goldene Tal« hat es von der Tradition des Goldbergbaus. Die unverfälschte Berglandschaft, dazu die alten Bergbauernhöfe sind eine ideale Kulisse. Ebenso urig präsentiert sich der Alpengasthof Ammererhof am Talschluss in Kolm Saigurn, einer ehemaligen Bergknappensiedlung im Gebiet des Nationalparks Hohe Tauern. Das über 100 Jahre alte Haus bietet neben der herrlichen Aussichtslage auch ungewöhnlich gediegene romantische Atmosphäre mit guter regionaler Küche.

In der Umgebung

Die eindrucksvolle Bergwelt im Rauriser Tal kann man auf zahlreichen Wanderwegen und Klettertouren erschließen. Über die Geschichte des Goldbergbaus informiert das Rauriser Talmuseum. Auf dem Lehrpfad Rauriser Urwald in nächster Nähe zum Ammererhof erlebt man uralte Baumbestände und kann ein Waldmuseum besichtigen. Eine Loipe verläuft direkt beim Ammererhof. Skifahrer können in Rauris mit der Hochalmbahn in ein schneesicheres und vielseitiges Skigebiet einsteigen.

Urig

Präau Hochalm

Luggau 19
A-5632 Dorfgastein
Tel. 00 43/64 33/2 00 59 und
00 43/6 99/11 17 63 66

Anfahrt: Von Salzburg auf der Tauernautobahn A 10 bis Ausfahrt Bischofshofen, über St. Johann im Pongau Richtung Bad Gastein

Ausstattung & Preise

Die bewirtschaftete Almhütte wie aus dem Bilderbuch liegt auf 1800 Meter Höhe im Gasteiner Tal. Luxus sucht man hier vergebens, bekommt dafür aber echte Almatmosphäre. Neben dem üblichen Matratzenlager bietet die Familie Rieser auch eine »Almsuite« an, ein kleines gemütliches Doppelzimmer. Die sanitären Einrichtungen bestehen aus Dusche und WC. Der Tag beginnt mit einem herzhaften Almfrühstück, das von der Bäuerin zubereitet wird. Käse, Butter, Topfen, Marmelade: Alles wird hausgemacht. Pro Person kostet die Übernachtung mit Halbpension 25 €.

Das Besondere Die urige und gemütliche Alm ist ein Fall für Romantiker und Naturliebhaber.

Lage & Ambiente

Von Dorfgastein zur Hütte geht man etwa 2,5 Stunden. Schneller und bequemer ist es, bis zur Strohlehenalm zu fahren und dann den zweistündigen leichten Aufstieg zu wählen. Im Notfall kann man sich auch fahren lassen. Das Gepäck wird in jedem Fall transportiert. Nach der Wanderung kommt eine Stärkung mit Kaffee und Kuchen gerade recht. Abends werden regionale Spezialitäten aufgekocht. Die deftige Bauernkost, die frischen, hausgemachten Spezialitäten vom Bergkäse bis zum Schnaps schmecken in dieser Umgebung einfach noch besser. Nach dem Mahl kann man die Abendstimmung genießen und den Blick über die Gipfel schweifen lassen, die von der Sonne in feuriges Rot getaucht werden. Während Vögel und Grillen bei ihrem Abendkonzert um die Wette zirpen, klingt der Abend ruhig aus.

In der Umgebung

Rund um die Alm gibt es schöne Wanderwege. Außerdem besteht die Möglichkeit, auch hochalpine Exkursionen zu unternehmen. Für Kinder reizvoll: Auf der Alm gibt es Kühe, Schweine, Pferde, Hund und Katzen zum Anfassen und Bestaunen.

41 Almgasthof Hauserbauer

Wellness

Almgasthof Hauserbauer

Maierhofen 25
A-5632 Dorfgastein
Tel. 00 43/64 33/73 39, Fax 73 39 33
E-Mail: info@hauserbauer.com
Internet: www.hauserbauer.com

Anfahrt: Ohne Vignette über die Autobahn A 8 München–Salzburg Ausfahrt Siegsdorf, auf der Deutschen Alpenstraße via Inzell in Richtung Lofer. Von dort über Saalfelden bis Zell am See und auf der Bundesstraße in Richtung Bischofshofen bis zur Einfahrt ins Gasteiner Tal. Alternativ mit Vignette auf der Tauernautobahn A 10 bis zur Ausfahrt Bischofshofen

Für Familien

Ausstattung & Preise

Oberhalb von Dorfgastein steht der stattliche Gasthof, genau genommen ein rustikales Vier-Sterne-Hotel mit umfangreichem Angebot. Die komfortablen und teils ganz neu angebauten Zimmer und Suiten sind im rustikalen Landhausstil gehalten, der auch im erst kürzlich fertig gestellten Wellness-Bereich mit Almsauna, Kneippbecken, Eisgrotte, Brechlbad, Steindampfgrotte und Alpengarten umgesetzt wurde. Im Außenbereich des Gasthofs stehen den Urlaubern eine weitläufige Liegewiese und eine gemütliche Sonnenterrasse zur Verfügung. Für die kleinen Gäste bietet das Haus einen Kinderspielplatz mit Karussell und Tret-Gokarts.

Für die Halbpension im Doppelzimmer zahlt man im Almgasthof Hauserbauer pro Person ab 50 €.

Das Hotel offeriert darüber hinaus auch spezielle Pauschalangebote, etwa das Wochenarrangement »Bergerlebnis Gastein«. Dieses umfasst eine Woche Logis, einen Grillabend, ein Schlemmermenü und eine Wanderung zur hauseigenen Alm sowie eine Wellness-Massage, ein Leih-Mountainbike mit Tourenkarte und ein Spezialitätenpaket für die Heimreise. Das Ganze kostet pro Person im Panorama-Doppelzimmer ab 391 €.

Das Besondere Wem das Vier-Sterne-Haus oberhalb von Dorfgastein noch zu nahe an der Zivilisation ist, der kann in einer etwa eineinhalbstündigen Wanderung hinauf zur hauseigenen Alm marschieren. Dort wird man mit Kaffee und frischen Krapfen belohnt.

Lage & Ambiente

Der Alpengasthof befindet sich oberhalb von Dorfgastein auf über 1000 Meter Höhe und bietet eine herrliche Aussicht auf die umliegenden Berggipfel. Das Interieur ist traditionell, aber weitestgehend auf modernem und komfortablem Niveau. Der Almgasthof ist ideal für Freunde alpin-romantischer Atmosphäre, die gehobenen Komfort nicht missen und die Ruhe und Natur genießen wollen.

In der Küche setzt man auf traditionelle bodenständige Gerichte und bietet zu den Pongauer Spezialitäten hausgebackenes Brot, Fleisch aus der eigenen Metzgerei und Gemüse aus dem eigenen Garten an. Nach dem Mahl sollte man sich einen der hausgebrannten Schnäpse gönnen.

In der Umgebung

Im Sommer ist das Gasteiner Tal vor allem wegen der Wellness-Angebote und der vielen Wandermöglichkeiten beliebt. Für Wohlbefinden sorgen die beiden neuen Thermen Alpentherme in Bad Hofgastein und Felsentherme in Bad Gastein. Für die Wanderfreunde bietet sich vom Gasthof Hauserbauer aus der Weg hinauf zur Gasteiner Höhe auf 2000 Meter an. Schön und einfach zu laufen ist auch der Gasteiner Höhenweg zwischen Bad Hofgastein und Bad Gastein. Im Winter gehört das Gasteiner Tal zu den größten und attraktivsten Skirevieren. Dieses umfasst das Skigebiet in Dorfgastein mit Anschluss nach Großarl, die Skischaukel Stubnerkogel-Angertal-Schloss-

Bäderarchitektur in Bad Gastein

alm und die eher anspruchsvollen Abfahrten in Sportgastein. Vom Hauserbauer aus kommt man mit einem Skibus bequem zur Talstation der Dorfgasteiner Seilbahn.

ÖSTERREICH

Extratipp

Casino Bad Gastein Im ehemaligen Grand Hotel l'Europe rollen heute die Roulettekugeln und wenden sich die Spielkarten zwischen den flinken Fingern der Croupiers. Obwohl das Haus vom Beginn des letzten Jahrhunderts erst seit Mitte der Achtzigerjahre das Casino beherbergt, weht hier immer noch k.-und-k.-Herrlichkeit und ein Hauch aus den vergangenen Glanzzeiten des Nobelbadeortes Bad Gastein. Man sollte also durchaus das »kleine Schwarze« und ein ansehnliches Jackett samt Krawatte im Gepäck haben, wenn man einen Ausflug in die Welt der Jetons und des Jetset plant. Ideal lässt sich der Casinoabend mit einem romantischen Dinner im Restaurant des Hauses verbinden, für das ein Package-Preis angeboten wird. Das Casino ist nicht durchgängig geöffnet, im Sommer kann man von Mitte Juli bis Ende September, im Winter von Weihnachten bis Ende März der Spiellust frönen.

Grand Hotel de l'Europe, Kaiser-Franz-Josef-Str. 14, A–5640 Bad Gastein; Tel. 00 43/64 34/24 65, Fax 24 65-2 22, E-Mail: badgastein@casinos.at, Internet: www.casinos.at

Luxuriös

Hoteldorf Grüner Baum

A-5640 Bad Gastein
Tel. 00 43/64 34/2 51 60, Fax 25 16 25
E-Mail: info@gruenerbaum.info
Internet: www.grunerbaum.com

Anfahrt: Tauernautobahn A 10 Ausfahrt Bischofshofen, nach St. Johann im Pongau und weiter bis Lend. Dort zweigt die Straße ins Gasteiner Tal ab. In Bad Gastein kurz nach dem Ortsschild links die Straße ins Kötschachtal. Nach rund 3 km kommt man zum Grünen Baum.

Ausstattung & Preise

Das Hoteldorf Grüner Baum besteht aus einer kleinen Siedlung mit fünf Häusern und insgesamt 80 Gästezimmern und umfasst ein Areal von 70 Hektar Gesamtfläche. Die Häuser wie auch die Zimmer sind sehr unterschiedlich. Das Angebot an Zimmern reicht von Standardräumen über Juniorsuiten bis hin zu großzügigen Appartements. Für die Gäste bietet das Hotel spezielle Arrangements mit Beauty- und Antistress-Behandlungen. Die Preise für eine Übernachtung mit Frühstück im Standard-Doppelzimmer beginnen bei rund 65 € pro Person.

Das Besondere Das Hoteldorf ist der ideale Kompromiss, wenn man Ruhe und Naturnähe sucht, auf die touristischen Angebote des Gasteiner Tals jedoch nicht zur Gänze verzichten möchte.

Lage & Ambiente

Das Gasteiner Tal ist eines der, wenn nicht das traditionsreichste Urlaubstal im Salzburger Land. Als Kurdestination hatte es bereits in früheren Zeiten zahllose prominente und bedeutende Gäste angezogen. Das Hoteldorf Grüner Baum gehört in der Gasteiner Hotellerie zu den besten Adressen und liegt versteckt im Kötschachtal auf knapp über 1000 Meter Höhe. Es ist der ideale Platz zum Erholen und zugleich günstiger Ausgangspunkt für Wandertouren im Sommer und Langlaufen im Winter.

Bei all der Abgeschiedenheit und Naturverbundenheit, die man sich für den Alpenurlaub wünscht, muss hier auf Komfort nicht verzichtet werden. Im Haupthaus gibt es Restaurants, eine Bar, eine Bibliothek sowie einen Kinoraum und den Mini-Club für Kinder. Speziell für die Familien unter den Gästen ist das Landhaus geeignet, in dem sich komfortable Zimmer und Appartements befinden.

Im Kösslerhaus sind das Thermalhallenbad sowie die Beauty-Farm und die Thermalabteilung untergebracht – hier befindet sich der perfekte Ort zum Relaxen und Genießen.

Das Hoteldorf Grüner Baum ist auch bei Hochzeitspaaren sehr beliebt. So gibt es spezielle Angebote für Brautpaare. Ein solches Arrangement umfasst drei Übernachtungen

Winterstimmung am Grünen Baum

im Superior Doppelzimmer inklusive Abendessen, Kosmetikbehandlungen und Friseurbesuch für die Braut, eine Fahrt mit dem Rolls-Royce, je nach Jahreszeit eine Fiaker- oder Schlittenfahrt, dazu das Hochzeitsmahl mit Torte, Champagner, Wein und Kaffee. Der Jubeltag beginnt für das Brautpaar mit einem Champagnerfrühstück. Danach begleitet ein Fotograf die Feierlichkeiten.

In der Umgebung

Das ruhige Kötschachtal ist ein idealer Ausgangspunkt für Wanderungen und Bergtouren. Der besondere Vorteil des Hoteldorfes ist, dass man

Außenbecken in der Alpen Therme

einerseits ruhig und abseits wohnt, aber sehr gute Anbindung an das Ferienangebot des Gasteiner Tals hat. Sehenswert ist zum Beispiel der alte Ortskern von Bad Gastein mit den herrschaftlichen alten Villen.

Im Winter kann man im Kötschachtal langlaufen. Außerdem besitzt das Gasteiner Tal eines der größten Skigebiete Österreichs. Direkt angrenzend an das Kötschachtal befinden sich das Skigebiet am Graukogel bei Bad Gastein sowie die Gebiete in Dorfgastein, Bad Hofgastein sowie am Talschluss das besonders schneesichere Sportgastein.

Extratipp

Alpen Therme 32 000 Quadratmeter Wasservergnügen und Erholung verspricht die Thermenwelt der Alpen Therme in Bad Hofgastein, die erst vor wenigen Jahren neu eröffnet wurde. Auf den Wasserrutschen für die Kinder, im Erlebnisdom, der gläsernen Sky Bar, einem Saunadorf mit Bergsee zur Abkühlung, Beauty-Anwendungen und Peelings können Eltern wie Kinder locker den ganzen Tag verbringen, ohne zweimal ins gleiche Becken tauchen zu müssen. Die Felsentherme in Bad Gastein hat nicht viel weniger im Angebot, ist allerdings deutlich kleiner und ruhiger.

Alpen Therme, Sen. W. Wilflingplatz 1, A-5630 Bad Hofgastein; Tel. 00 43/64 32/82 93-0, Fax 83 93 14; Internet: www.alpentherme.com; tgl. 9–21 Uhr, Do, Fr 9–22 Uhr

Felsentherme, Bahnhofplaz 5, A-5640 Bad Gastein; Internet: www.felsentherme.com; April–Nov. tgl. 9–21 Uhr, Dez.–März tgl. 9–22 Uhr

43 Hungarhubhütte

Urig

Hungarhubhütte

A-5611 Großarl
Buchung über:
HMS
Feldkircher Str. 114
A-9020 Klagenfurt
Tel. 00 43/4 63/5 50 80,
Fax 5 50 80 19
E-Mail: info@huetten.com
Internet: www.huetten.com

Anfahrt: Tauernautobahn A 10 Ausfahrt Bischofshofen und weiter nach St. Johann im Pongau. Von dort direkt ins Tal bis nach Großarl. Vom Ort noch 5 km bis zur Hütte, die man mit dem Auto erreichen kann.

Für Selbstversorger

Ausstattung & Preise

Die Hungarhubhütte ist nicht groß, dafür aber mit viel Stil und interessanten Ausstattungsdetails eingerichtet. Platz ist für vier bis sechs Personen. Es gibt eine gemütliche Wohnküche mit offenem Kamin und TV. Der Küchenbereich verfügt über einen Elektro- und Holzherd mit Backrohr sowie Kaffeemaschine, Mikrowelle und Toaster. Im Nebenraum gibt es einen Kühl- und Gefrierschrank. Auch eine Dusche mit WC ist vorhanden. Ein Highlight ist zweifellos die schöne Sauna mit Farblichttherapie. Die Kosten für die Hütte belaufen sich auf mindestens 519 € pro Woche im Sommer und 613 € im Winter. Die Nebenkosten werden extra abgerechnet.

Lage & Ambiente

Die Hütte befindet sich auf 1280 Meter Höhe oberhalb von Großarl, bietet eine herrliche Aussicht, dazu stilvolle Ausstattung mit gutem Komfort. Hier gibt es alles, was man sich für einen gelungenen Hüttenurlaub wünschen kann. Sogar ein Bauernhof, der hofeigene Produkte verkauft, ist nur 300 Meter entfernt. Im Sommer kann man am Abend vor dem Haus grillen und in der dunklen, klaren Bergluft die Sternschnuppen zählen.

In der Umgebung

Jede Menge Wanderwege und bewirtschaftete Almhütten warten im Sommer im so genannten Tal der Almen auf unternehmungslustige Urlauber. Im Winter steigt man im fünf Kilometer entfernten Großarl ins Skigebiet ein oder unternimmt Winterwanderungen und Skitouren in der näheren Umgebung der Hütte.

Urig

Radlehenhütte

A-5611 Großarl
Buchung über:
HMS
Feldkircher Str. 114
A-9020 Klagenfurt
Tel. 00 43/4 63/5 50 80,
Fax 5 50 80 19
E-Mail: info@huetten.com
Internet: www.huetten.com

Anfahrt: Tauernautobahn A 10 von Salzburg bis zur Ausfahrt Bischofshofen und weiter über St. Johann im Pongau in das nach Süden verlaufende Tal. Die Hütte ist ganzjährig mit dem Pkw anzufahren.

Für Familien/Selbstversorger

Ausstattung & Preise

Die alte Almhütte wurde vor einigen Jahren renoviert und bietet eine schöne gemütliche Wohnstube mit alten Holzbänken und Tischen sowie drei Schlafräume für maximal zwölf Personen. Die Küche ist modern eingerichtet und weist Elektroherd, Geschirrspüler, Kühlschrank und Kaffeemaschine auf. Außerdem gibt es zwei Duschen und WCs und vor allem eine Sauna mit Whirlpool. Zur weiteren Ausstattung gehören auch ein Kinderspielplatz und eine Liegewiese mit Gartengrill. Pro Woche kostet die Hütte bei Belegung bis zu acht Personen ab 838 €; die Endreinigung ist im Preis mit eingeschlossen.

Lage & Ambiente

Die 300 Jahre alte Radlehenhütte befindet sich im Großarltal auf 1325 Meter Höhe. Abgesehen von der ruhigen Lage und einer herrlichen Aussicht auf das Tal und die umliegenden Gipfel kann sie mit viel Atmosphäre und sehr komfortabler Ausstattung aufwarten. In der geräumigen Almhütte fühlt man sich der Natur sehr nahe, ohne auf den gewohnten Komfort verzichten zu müssen. Die Radlehenhütte liegt außerdem mitten in einem Wander- und Jagdgebiet.

In der Umgebung

Im Sommer gibt es viele Wanderwege in der näheren Umgebung der Almhütte. Ideal ist die Hütte im Winter für Skitourengänger. Das Großarltal ist bekannt für seine schönen Skitouren. Für den Alpinskifahrer bieten sich mehrere Skigebiete an, von denen das nächste nur fünf Kilometer entfernt ist.

Urig

Der Almstadl

Grießenkareck 16
A-5602 Wagrain
Tel. 00 43/64 13/74 44

Anfahrt: Tauernautobahn A 10 von Salzburg her kommend bis Ausfahrt Flachau und weiter bis Wagrain. Sommers wie winters Auffahrt zur Hütte mit der Gondelbahn Flying Mozart. Ab der Mittelstation schöne Wanderung zur Hütte oder Weiterfahrt und Ausstieg an der Bergstation der Gondelbahn.

Ausstattung & Preise

Der Almstadl ist eine klassische Ski- und Berghütte. Im typisch rustikalen Stil neu aufgebaut, bietet sie urige Gaststuben, vor dem Haus eine große Sonnenterrasse und dazu die typische bodenständige österreichische Küche. Für die Logisgäste gibt es in der Hütte einige Doppelzimmer mit Dusche und WC, die ganz klassisch mit Holz eingerichtete sind. Was sich leicht mit einem altmodischen Plumpsklo verwechseln lässt, ist die kleine Outdoor-Sauna. Für die Übernachtung mit Halbpension zahlt man im Winter ab 40 € und im Sommer ab 32 € pro Person.

Lage & Ambiente

Der Almstadl befindet sich auf rund 1650 Meter Höhe inmitten des Skigebiets von Flachau und Wagrain. Im Sommer verlaufen Wander- und Bike-Strecken direkt vor der Hüttentür. Der Weg hinauf zum Almstadl lässt sich nur zu Fuß oder – bequemer und schneller – mit der Gondelbahn bewerkstelligen. Wer sich für die Bahn entscheidet, aber nicht ganz auf körperliche Ertüchtigung verzichten möchte, kann auch ab der Mittelstation zu Fuß gehen.

Wer Rustikalität und Urtümlichkeit mag, für den ist der Almstadl genau das Richtige, denn er entspricht in seinem doch eher deftigen bäuerlichen Stil ganz dem Klischee einer, wenn auch modernen Almhütte.

In der Umgebung

Im Winter ist natürlich das Ski fahren das Hauptthema. Schließlich liegt der Almstadl direkt an der Piste und mitten im großen Skizirkus von Flachau-Wagrain.

Im Sommer lassen sich schöne Wanderungen zum Beispiel zum Rupertisee unternehmen oder mit dem Bike die Gegend erkunden. In Wagrain lockt außerdem das Erlebnisbad Wasserwelt Amadé.

Alpengasthof Mahdegg-Alm

Maier 15
A.5452 Pfarrwerfen
Tel. 00 43/64 68/71 10
E-Mail: info@mahdegg-alm.at
Internet: www.mahdegg-alm.at

Anfahrt: Tauernautobahn A 10 von Salzburg bis Ausfahrt Pfarrwerfen. Dort nach Werfenweg und an der Bushaltestelle links in Richtung Samergut und Zistelberghof abbiegen. Hinauf zum Gasthof kommt man dann nur zu Fuß oder im Winter mit dem Pferdeschlitten.

Ausstattung & Preise

Nicht weit von der Autobahn und trotzdem ruhig und idyllisch liegt das einstige historische Jagdhaus, heute ein beliebter Berggasthof. Das stattliche Haus mit schöner alter Fassade, einem Gastgarten vor dem Eingang und recht nostalgischen Gaststuben ist ein populäres Ausflugsziel und Schauplatz regelmäßiger musikalischer Veranstaltungen. Im Haus gibt es sechs Doppelzimmer und sechs Mehrbettzimmer. Pro Nacht zahlt man inklusive Frühstück ab 18 € pro Person.

Lage & Ambiente

An einer Waldlichtung auf 1200 Meter Höhe an der Südseite des Tennengebirges steht dieses Traditionsgasthaus. Den Urlauber erwartet keine nachgemachte Rustikalität, sondern echte bergbäuerliche Romantik mit der dazugehörigen typischen Pongauer Küche. Diese wartet mit Traditionsgerichten wie Fleischkrapfen, Mehlspeisen und Muas auf.

Den abgeschieden gelegenen Gasthof kann man nur zu Fuß oder im Winter mit dem Pferdeschlitten erreichen.

In der Umgebung

Rund um Pfarrwerfen gibt es nicht nur schöne Wanderwege, sondern auch einige sehr interessante Sehenswürdigkeiten. Dazu gehört ganz besonders die mächtige und unüberschbare Burg Hohenwerfen mit Waffenausstellung und Falknereimuseum sowie die unterirdische Eisriesenwelt oberhalb von Werfen. Einen Besuch wert sind auch die restaurierten Wassermühlen bei Pfarrwerfen und das Skimuseum in Werfenweng. Im Winter gibt es in Pfarrwerfen einen Skilift und in Werfenweng ein Skigebiet, das mit leichten Pisten aufwartet.

47 Gersbergalm

Romantisch

Gersbergalm

Gersberg 37
A-5020 Salzburg
Tel. 00 43/6 62/64 12 57, Fax 64 42 78
E-Mail: office@gersbergalm.at
Internet: www.gersbergalm.at

Anfahrt: In Salzburg auf der Straße in Richtung Fuschl nach Osten an den grünen Wegweisern mit rotem Feld des Hotelleitsystems orientieren. Außerhalb von Salzburg bei Guggenthal rechts ab und bergauf auf der Gaisbergstraße, bis links die Zufahrt zum Hotel kommt.

Ausstattung & Preise

Das traditionsreiche Gebäude wurde 1990 umfassend renoviert und beherbergt heute ein Komforthotel der Romantik-Gruppe. Es gibt 46 sehr elegant und dezent rustikal eingerichtete Zimmer und Appartements der Vier-Sterne-Kategorie. Für eine Übernachtung mit Frühstück in einem Standard-Doppelzimmer zahlt man pro Person ab 67 €.

Lage & Ambiente

Der Gaisberg ist praktisch der Hausberg der Salzburger. In früheren Zeiten wurden auf der Gaisbergstraße, die sich unweit des östlichen Stadtrands hinaufschwingt, legendäre Autorennen gefahren. Heute mag man es gemütlicher. Die Gersbergalm ist deshalb ein ideales Ziel für stadtnahe Ausflüge und auch bestens geeignet als Urlaubsdomizil.

Im Restaurantbereich hat man die Wahl zwischen klassischem Restaurant, Almstüberl und Zirbenstube. Die Küche bietet vor allem traditionelle österreichische Spezialitäten, darunter insbesondere die bekannten Mehlspeisen, die man unbedingt probieren sollte, aber auch internationale Gerichte.

Besonders angenehm sitzt man im Sommer im großen Gastgarten unter schattigen Bäumen, genießt das gediegene Ambiente mit feinem gastronomischen Angebot und erfreut sich am herrlichen Blick über den Talkessel von Salzburg und den stolzen Gipfeln von Untersberg, Hohen Göll und dem Watzmann im Hintergrund.

In der Umgebung

Von der Gaisbergspitze aus kann man Paraglideflüge oder eine Tour in Richtung Gipfel mit dem Mountainbike unternehmen. Man kann auch ganz klassisch Wandern gehen und auf diese Weise die Gegend erkunden. Von der Gersbergalm ist man auch in wenigen Minuten im Zentrum von Salzburg. Zu den berühmten Sehenswürdigkeiten, denen man einen Besuch abstatten sollte, gehören die Festung Hohensalzburg, der Residenzplatz mit dem Dom, das

Sonnenplätzchen auf der Terrasse

Mozarthaus in der quirligen Getreidegasse und natürlich die vielen klassischen Kaffeehäuser, die bei keinem Stadtrundgang vergessen werden dürfen.

Der Gaisberg ist außerdem jedes Jahr Ende Mai Schauplatz einer spektakulären Oldtimer-Veranstaltung, bei der man von der Gersbergalm aus einen erstklassigen Logenplatz hat. In Gedenken an das legendäre Gaisberg-Rennen, das von 1929 bis 1969 stattfand, treffen sich Oldtimerbesitzer aus aller Herren Länder zu Ausfahrten am und rund um den Gaisberg. Das Programm geht über mehrere Tage, die Oldtimer fahren

Gästezimmer im dezenten Landhausstil

dabei durch die historische Innenstadt von Salzburg und steuern hinauf zum Gaisberg, wo schon Caracciola, Hans Stuck sen. und Jochen Rindt unterwegs waren. Auch ein Abstecher zum nahen Salzburgring steht auf dem Programm. Das Zuschauen bereitet fast so viel Vergnügen wie das Fahren der betagten Fahrzeuge. Und vor allem hat man vom Gaisberg die einzigartige Aussicht auf Salzburg und die zahlreichen Berggipfel in der Umgebung.

Extratipp

Das Sattler Panorama Hier handelt es sich nicht um eine Aussichtsterrasse, sondern um eine riesige Stadtansicht auf Leinwand, die der Maler Johann Michael Sattler ab 1825 auf Anregung von Kaiser Franz I. erschuf. Das rund 130 Quadratmeter große und 26 Meter lange Gemälde entstand nach etlichen Vorzeichnungen. Mit großer Liebe für Details und unglaublicher Genauigkeit in der Abbildung der Stadt und der näheren Umgebung – auch der Gaisberg ist selbstverständlich zu sehen – ist das Sattler Panorama ein unschätzbares Dokument der Biedermeierzeit in Salzburg. Nach einer gründlichen Restaurierung des Bildes wird es in einigen Jahren wieder der Öffentlichkeit zugänglich sein. Wer etwas in die Tasche greift und zur Kostendeckung der Restaurierung mit einer Spende beiträgt, der kann das im eigens errichteten Museum in einer Rotunde aufgebrachte Stück vorab begutachten.
Museum Carolino Augusteum, Alpenstr. 75, A-5020 Salzburg; Tel. 00 43/6 62/62 08 08-100; Internet: www.smca.at

Luxuriös

Kurhotel Vollererhof

Am Thurnberg 158
A-5412 Puch bei Salzburg
Tel. 00 43/62 45/89 91
E-Mail: kurhotel@vollererhof.at
Internet: www.vollererhof.at

Anfahrt: Tauernautobahn A 10 Ausfahrt Salzburg-Süd oder Hallein. Von der Autobahnausfahrt Hallein nach Norden in Richtung Salzburg bis zur Ortschaft Puch. Von Puch etwa 2,5 km in Richtung Nordosten hinauf zum Kurhotel

Ausstattung & Preise

Das Kurhotel befindet sich oberhalb des Salzachtals südlich von Salzburg. Im Vollererhof wohnt man auf Vier-Sterne-Niveau in hübschen Zimmern und Suiten, die im typischen Salzburger Landhausstil eingerichtet sind. Die Zimmer sind komfortabel ausgestattet. Die Suiten und Appartements weisen zum Teil Kachelöfen und Whirlwannen auf.

Im Hotel gibt es ein spezielles Gesundheitszentrum, das über Hallenbad, Sauna, Dampfbad, Sole-Inhalation, Fitness und Solarium verfügt und umfangreiche Aktiv-Sportprogramme anbietet, die von Waldlauf und Gymnastik über Aqua-Jogging, Wirbelsäulen- und Entspannungstraining bis zu Qi Gong und geführten Wanderungen reicht. Zum Angebot gehören außerdem Beauty-Behandlungen und neuerdings auch kosmetische Chirurgie. Ein Schwerpunkt im Gesundheitszentrum sind Therapien nach F. X. Mayr und Applied Kinesiologie sowie Behandlungen nach der traditionellen chinesischen Medizin. Ergänzt wird das reichhaltige Gesundheitsangebot durch Vorträge von Ärzten zu verschiedensten gesundheitlichen Themen, etwa gesundheitsbewusste Ernährung. Zur geistigen Erbauung werden außerdem Stadtfahrten mit Besichtigungen oder Konzertfahrten nach Salzburg organisiert.

Im Restaurantbereich werden neben typisch regionalen Spezialitäten auch Entschlackungs- und Regenerationskost angeboten. Die Preise für Übernachtung inklusive Halbpension beginnen bei 96 € pro Person im Doppelzimmer.

Das Besondere Gesund leben ist das zentrale Thema im Vollererhof. Das Kurhotel sorgt dafür, dass dies nicht in Kasteiung ausartet, sondern viel Spaß macht.

Lage & Ambiente

Charakteristisch für den Vollererhof ist die einsame Höhenlage auf rund 800 Meter Höhe über dem Salzachtal und dazu nur zehn Kilometer von der Stadt Salzburg entfernt. Das Hotel

Architektur im Salzburger Landhausstil

befindet sich innerhalb eines 20 Hektar großen Areals mit Wäldern und Wiesen. Das elegante Interieur, dazu die ruhige Lage und das umfassende Angebot an Wellness- und Gesundheitsbehandlungen machen es zum idealen Ort, wenn man Erholung sucht und neue Kräfte tanken will. Die Behandlungen und Einrichtungen werden auch als Tages-Spa angeboten, Besucher können also hierher kommen und ohne Logis nur für ein paar Stunden entspannen und sich behandeln lassen.

In der Umgebung

Rund um das Kurhotel gibt es zahlreiche Wanderwege und Radstrecken. Auf dem großen Gelände tummeln sich im Gehege sogar Dam- und Rotwild. Neben Ruhe und Natur kann man hier aber auch die Nähe zu Salzburg und den zahlreichen klassischen Sehenswürdigkeiten genießen. Nur wenige Minuten fährt man in die Mozartstadt und kann dort die Altstadt mit Kapuzinerplatz, Getrei-

Terrasse mit Blick auf das Salzachtal

degasse, dem Geburtshaus von Mozart und zahlreichen anderen Attraktionen besuchen. In Hallein gibt es außerdem das Salzbergwerk am Dürnberg und das Keltenmuseum. Für Golfspieler stehen insgesamt sechs Golfplätze im Umkreis von 35 Kilometern zur Verfügung.

ÖSTERREICH

Extratipp

Stadt Salzburg Wo soll man in Salzburg, der Mozartstadt, der Festspielstadt, der Stadt des Weltkulturerbes an der Salzach, anfangen? Vielleicht doch beim Dom, dessen strahlend weiße frühbarocke Fassade über den weitläufigen Domplatz blickt, auf dem jährlich zur Weihnachtszeit der weithin bekannte Christkindlmarkt stattfindet. Drinnen ist das Taufbecken Wolfgang Amadeus Mozarts erhalten, des bedeutendsten Sohns der Stadt, der hier in seiner Eigenschaft als Hoforganist und Konzertmeister zahlreiche unvergängliche Werke der Kirchenmusik geschaffen hat. Danach eine Melange im Café Sacher oder in einem der zahlreichen anderen Traditionshäuser der Stadt, und als Mitbringsel, natürlich, die echten Salzburger Mozartkugeln.
Tourismus Salzburg GmbH, Auerspergstr. 6, A-5020 Salzburg; Tel. 0043/662/88987-0, Fax 88987-32; E-Mail: tourist@salzburg.info, Internet: www.salzburg.info

Romantisch

Hotel Schafbergspitze

A-5360 St. Wolfgang
Tel. 00 43/61 38/35 42
E-Mail: harald_pasch@a1.net
Internet: www.schafberg.net

Anfahrt: Autobahn A 1 Salzburg–Wien Ausfahrt Thalgau über Fuschl und St. Gilgen nach St. Wolfgang

Ausstattung & Preise

Das Haus wurde 1862 erbaut und war damals das erste Berghotel Österreichs. Entsprechend nostalgisch ist auch das Ambiente. Gastzimmer, Jagdstüberl und Restaurant sind traditionell eingerichtet, teils mit Holzdecken, dunklen alten Holzvertäfelungen an den Wänden und stilvoller Dekoration. Die Küche des Hauses ist gutbürgerlich und bietet typische regionale und klassisch österreichische Gerichte. Die Gästezimmer (insgesamt 60 Betten) sind mit Dusche und WC sowie südseitigem Balkon ausgestattet. Für die Übernachtung mit Frühstück inklusive der Fahrt mit der Schafbergbahn zahlt man pro Person im Doppelzimmer ab 53 €. Die Schafbergbahn ist nur während der Sommersaison in Betrieb ebenso wie das Hotel.

Das Besondere Nicht erst der Aufenthalt in einem stilvollen Berghotel mit langer Tradition, sondern bereits die Anreise mit der berühmten Schafbergbahn lässt den Urlaub zu einem besonderen Erlebnis werden.

Lage & Ambiente

Besser kann eine Aussichtslage im Salzkammergut kaum sein als auf dem markanten Schafberg oberhalb des Wolfgangsees. Passend zum Ort und zur Historie des Wolfgangsees logiert man im Hotel nostalgisch und dabei eher bodenständig. Im Sommer ist natürlich die Terrasse der begehrteste Platz. Dort genießt man eine herrliche Aussicht auf den Wolfgangsee und die Gipfel des Salzkammerguts. Allerdings sollte man bedenken, dass zur Hochsaison an schönen Tagen der Schafberg sehr stark frequentiert wird. Dafür wird es dann abends wieder schön ruhig.

Die Anfahrt zum Hotel Schafbergspitze ist schon ein Erlebnis für sich. Um zum Hotel auf der Spitze des Schafbergs auf 1780 Meter Höhe zu gelangen, muss man mit der berühmten Schafbergbahn von St. Wolfgang aus hinauffahren. Diese ist 1892 in nur einjähriger Bauzeit von St. Wolfgang bis zur Bergspitze erbaut worden. Davor ließen sich die »besseren« Leute von Einheimischen in Sesseln auf den Berg tragen. Die so genannten Sesselträger waren damals ein seriöser Berufsstand. Heute fährt man mit kohlengefeuerten Dampfloks aus der Frühzeit der Eisenbahnen, mit Dieseltriebwagen aus den Sechzigerjahren und modernen, mit Öl betriebenen Dieseldampflokomotiven.

Badesteg am »Weißen Rössl«

In der Umgebung

Zwischen Schafberg und St. Wolfgang gibt es schöne, aber auch recht lange Wanderwege. Ein Besuch des berühmten Urlaubsortes ist fast obligatorisch, auch wenn die Operette vom Weißen Rössl wohl nur noch ältere Generationen kennen.

Im Sommer besteht die Möglichkeit, als Hobby-Lokführer mit der Schafbergbahn mitzufahren und den Arbeitsalltag hautnah mitzuerleben.

Mit der Schafbergbahn zum Gipfel

Als Belohnung gibt es ein Lokführerdiplom. Und eine Fahrt mit dem Schiff auf dem Wolfgangsee ist natürlich auch ein Klassiker, den man sich nicht entgehen lassen sollte.

In der näheren Umgebung gibt es noch zahlreiche andere Sehenswürdigkeiten wie das nostalgische Bad Ischl, einst Sommerresidenz des österreichischen Kaisers, oder die nahen Mondsee, Attersee und Fuschlsee. Ein beliebtes Ziel für Wanderungen ist das große Almengebiet auf der Postalm an der Südseite des Wolfgangsees.

Extratipp

Felsenkeller im Weißen Rössl Wohl kein Hotel Österreichs ist bekannter, und das nicht nur wegen der Operette von Ralph Benatzky, die überraschenderweise in Berlin, nicht in Wien oder Salzburg 1930 Premiere feierte. Noch heute ist das Romantikhotel unterhalb der Wallfahrtskirche St. Wolfgang beliebtes Ziel für Nostalgiker, hat sich aber über die Jahre mit Seebad, Wellness-Angeboten und guter österreichischer Küche einen Namen gemacht. In den Felsenkeller, einen 45 Meter langen Muschelkalkstollen am Haus, wurde 2003 das bestens gepflegte Weindepot des Hotels umgesiedelt, seither finden hier im originellen Rahmen Verkostungen von Rot- und Weißweinen aus Österreich statt. Anmeldung an der Hotelrezeption.

Romantikhotel Im Weißen Rössl, A-6350 St. Wolfgang; Tel. 00 43/61 38/2 30 60, Fax 2 30 41; E-Mail: office@weissesroessl.at, Internet: www.weissesroessl.at

Romantisch

Familiendorf Feuerkogel

A-4802 Ebensee am Traunsee
Buchung über:
HFG Feuerkogel GmbH
Feldkirchner Str. 114
A-9020 Klagenfurt
Tel. 0043/463/55 08 00
E-Mail: info@huetten.com
Internet: www.huetten.com

Anfahrt: Von Salzburg auf der Westautobahn A1 bis Ausfahrt Thalgau und über Fuschlsee, Wolfgangsee und Bad Ischl bis Ebensee. Von Osten Ausfahrt Gmunden, weiter am Westufer des Traunsees bis nach Ebensee

Für Familien/Selbstversorger

Ausstattung & Preise

Die Hüttensiedlung besteht aus 13 Holzhütten, die jeweils bis zu zwölf Personen Platz bieten und 150 Quadratmeter Wohnfläche aufweisen. Die Innenausstattung ist zweckmäßig und rustikal. Es gibt vier Doppelzimmer, ein Vierbettzimmer mit Stokkbetten und dazu ein Gitterbett. Jede Hütte hat drei Duschen, WC und eine Sauna. Im Wohnzimmer befindet sich ein Schwedenofen. TV ist ebenfalls vorhanden. Die Küche ist mit Elektroherd und Backrohr, Kühlschrank, Geschirrspüler und Mikrowellenherd sowie einer Kaffeemaschine durchaus komfortabel ausgestattet. Bettwäsche kann ausgeliehen werden.

Die Preise für die Hütten sind jahreszeitlich sehr unterschiedlich gestaffelt. Im Sommer kann man die Hütte schon ab 359 € die Woche mieten, im Winter hingegen beginnen die Preise bei 1082 €. Die Nebenkosten fallen jeweils extra an.

Das Besondere Das Familiendorf ist ideal für stressfreie Ferien. Im Winter schläft man praktisch an der Piste.

Lage & Ambiente

Am Südufer des Traunsees im Salzkammergut gelegen, ist die Ortschaft Ebensee dennoch kein klassischer Ferienort, sondern ein traditionsreicher Industriestandort. Die Talstation der Seilbahn zum Feuerkogel beginnt etwas südwestlich vom Zentrum und ist leicht zu erreichen. Von der Bergstation sind es nur wenige Meter bis zur Hüttensiedlung direkt am Nordrand der Hochfläche. Für die Logisgäste gibt es einen Gepäck-transport. Den Schlüssel zur Hütte erhält man an der Bergstation.

Das Familiendorf befindet sich auf 1590 Meter Höhe. Auch wenn der Feuerkogel nicht zu den ganz bekannten Ausflugsbergen gehört, die Lage und die Aussicht sind sehr beeindruckend. Die Hütten stehen zudem direkt am Nordrand der Hochfläche, also dort, wo die Aussicht am besten ist und der Blick weit in das Alpenvorland bis ins Mühlviertel reicht.

Die einzelnen Häuser des Familiendorfs stehen relativ eng beieinander. Sie sind ganz aus Holz errichtet und recht rustikal, aber auch sehr zweckmäßig eingerichtet. Sie eignen sich bestens für den naturverbundenen Urlaub ohne Lärm und Stress und gänzlich ohne Autoverkehr. So kann man auch Kleinkinder ohne Sorge vor der Hütte springen und spielen lassen.

In der Umgebung

Man wohnt mitten im Wander- und Skigebiet auf dem Feuerkogel. Direkt von der Hütte aus kann man zu eher gemütlichen Höhenwanderungen rund um den Feuerkogel starten. Wenn in der Hütte einmal die Vorräte zur Neige gehen oder man Lust auf Skihüttenromantik hat, verspricht das Gasthaus, das nur wenige Meter von der Siedlung entfernt am Berg liegt, gute Traditionskost.

Die Ferienregion Traunsee hat zahlreiche Sehenswürdigkeiten zu bieten. Dazu gehören die Gassel-Tropfsteinhöhle bei Ebensee, das sehr idyllische kleine Traunkirchen mit der Fischerkanzel und der schönen Kirche oder auch das Heimatmuseum im Ort. Eine andere Attraktion wartet in Gmunden mit dem Schloss Orth, das als Drehort der TV-Serie »Schlosshotel Orth« berühmt wurde.

Im Winter gibt es auf der sonnenreichen Hochfläche sehr abwechslungsreiche Skiabfahrten und kaum Wartezeiten an dem Doppelsessellift und den vier Schleppliften. Ein Babylift für Kinder beginnt direkt bei der Hüttensiedlung. Außerdem ist der Feuerkogel Ausgangspunkt für schöne und teils auch recht einfache Skitouren. Wer höhere Ansprüche hat, kann sich an der Talabfahrt hinunter nach Ebensee versuchen, die allerdings ausgesprochen steil und unpräpariert ist – ein Fall für Freerider und Buckelpistenfans.

Extratipp

Kripperlroas Was ein Kripperl ist, verstehen selbst Nicht-Bayern oder -Österreicher. Beim Wort »Roas« wird es schon schwieriger, denn das hat nichts mit rasen zu tun, im Gegenteil: Die »Reise«, so die korrekte Übersetzung des Mundartausdrucks, führt Besucher zur Weihnachtszeit ins Heimathaus und in zahlreiche Ebenseer Privathaushalte, die die Tradition der »Ebenseer Landschaftskrippe« am Leben erhalten. Die figurenreichen, oft zimmerfüllenden Krippen – die nicht selten mehrere hundert Figuren umfassen und in denen die Ebenseer Krippenbauer ihre geliebte Heimat darstellen und mit ihnen lieb gewonnenen Gestalten aus den Hirtenliedern bevölkern – sind oft seit Generationen in Familienbesitz. Im Winter, wenn es in der Landwirtschaft oder im Bergbau nicht viel zu tun gab, wurden die Figuren seit jeher von Handwerkern und Salinenarbeitern aus dem Ort angefertigt.

Informationen zu Standorten und Öffnungszeiten: Tourismusbüro Ebensee, Hauptstr. 34, A-4802 Ebensee; Tel. 00 43/61 33/80 16; E-Mail: ebensee@traunsee.at; Internet: www.traunsee.at

Urig

Loserhütte

Fischerndorf 81
A-8992 Altaussee
Tel. und Fax 00 43/36 22/7 12 02
E-Mail: loserhuette@aon.at
Internet:
members.aon.at/loserhuette

Anfahrt: Von Salzburg oder Wien über Bad Ischl bis Altaussee. In Altaussee links der Straße Richtung Loser folgen bis zur Mautstation. Nun Straße steil bergauf bis kurz unterhalb des Gipfels zur Loserhütte auf 1540 m

Ausstattung & Preise

Die Loserhütte bietet schlichte, aber gemütliche holzgetäfelte Zwei- und Mehrbettzimmer, allerdings wird man sich die überwiegende Zeit eher im Freien und abends in der Gaststube aufhalten. Für die Übernachtung in den Gästezimmern zahlt man mit Frühstück etwa 25 €.

Lage & Ambiente

Das Ausseerland, der südliche und zur Steiermark gehörende Teil des Salzkammerguts, wird vom Loser überragt, gleichsam das Wahrzeichen der Region. Die Aussicht vom Loser ist einzigartig: unten der Altausseer See, dahinter der Grundlsee und als Kulisse im Hintergrund das mächtige Dachstein-Massiv.

Am Gipfel des Loser steht der wohl bekannteste und beliebteste Berggasthof im Ausseerland – die Loserhütte, ein beliebtes Ausflugsziel, wo man deftig und gut tafeln kann.

In der Umgebung

Einer der schönsten Badeplätze in der Gegend ist die Seewiese am hinteren Uferbereich des Altausseer Sees. Auch die Besichtigung der drei anderen Seen ist sehr zu empfehlen. Es gibt eine organisierte 3-Seen-Tour (Info: Schifffahrtsunternehmen Zimmermann; Tel. 00 43/36 22/86 13), bei der man mit dem Motorschiff über den Grundlsee fährt, etwa 20 Minuten zum Toplitzsee wandert und schließlich mit dem Motorboot an den Wasserfällen vorbei zum einsamen Kammersee kommt.

Im Winter befindet man sich direkt am Skigebiet des Loser. Eine neun Kilometer lange Rodelbahn führt entlang der Panoramastraße hinunter ins Tal. Zurück kommt man mit dem Sessellift. Unten bei der Talstation führt außerdem eine der schönsten Loipen zur Blaa-Alm.

Romantisch

Alpengasthof Hierzegger

Tauplitz 7
A-8982 Tauplitz
Tel. 00 43/36 88/23 16
Internet: www.hierzegger.at

Anfahrt: Von Norden über die Tauernautobahn A 10 bis Altenmarkt, dort auf der Ennstal Bundesstraße nach Osten. Bei Irdning links abbiegen und noch etwa 5 km in Richtung Bad Aussee nach Norden bis nach Tauplitz fahren

Für Familien

Ausstattung & Preise

Das familienfreundliche Haus bietet komfortable Zimmer mit Dusche, WC und TV. Das Restaurant serviert steirische Hausmannskost, klassisch österreichische und internationale Gerichte. Vor dem Haus liegt eine große Terrasse. Für die Übernachtung im Doppelzimmer mit Halbpension zahlt man pro Person ab 57 €.

Das Besondere Der Alpengasthof hat sich auf Familienferien spezialisiert: Es gibt viel Platz zum Spielen, sehr übersichtliches Terrain, auf dem niemand so schnell verloren geht, und im Winter keinen Autoverkehr.

Lage & Ambiente

Der Gasthof befindet sich in schöner und sehr sonniger Lage auf der rund 1600 Meter hohen Tauplitzalm. Die Almhochfläche mit ihren sechs Bergseen ist ein beliebtes Ausflugsziel und über die Mautstraße von der Ortschaft Tauplitz aus erreichbar. Allein die Anfahrt auf der Mautstraße ist im Sommer wegen der herrlichen Aussicht auf das Tal und die umliegenden Berge ein Genuss.

In der Umgebung

Die hügelige Hochalm mit ihren Almwiesen und Bergwäldern scheint wie geschaffen für Wanderungen. Der Klassiker ist die Seenwanderung, die über die Tauplitzalm zu allen sechs Seen führt. Für sportlich Ambitionierte bieten sich auch Gipfeltouren an. Für alle, die es lieber bequem haben wollen, fährt der Hausherr die Gäste dreimal pro Woche mit seinem nostalgischen Bummelzug zu den schönsten Aussichtsplätzen auf der Tauplitz.

Im Winter hat man das weitläufige und in den letzten Jahren aufwendig erweiterte Skigebiet mit 40 Pistenkilometern direkt vor der Haustür. Ideal ist die Tauplitz auch für Langläufer.

Urig

Holzhackerstube

Harreiterweg 59
A-8971 Rohrmoos-Fastenberg
Tel. 0043/3687/23463, Fax 234634
E-Mail: holzhackerstube@utanet.at
Internet: www.holzhacker.net

Anfahrt: Von Norden auf der Tauernautobahn A 10 von Salzburg bis Ausfahrt Altenmarkt und auf der viel befahrenen Ennstal Bundesstraße Richtung Graz. Schladming-Rohrmoos liegt direkt an der Straße. Etwas östlich vom Ort auf der Planaistraße direkt zum Gasthof

Ausstattung & Preise

Der klassische Berggasthof bietet sehr gemütliche rustikale Stuben mit viel Holz und nostalgischem Mobiliar. Dazu gehört natürlich auch ein Kachelofen, der an kalten Tagen für wohlige Wärme sorgt, ebenso wie die schweren Holztische, an denen sich die Gäste zum geselligen Beisammensein treffen können.

Der schmucke Gasthof verfügt außerdem über neun komfortable Zimmer für insgesamt 24 Gäste, die ebenfalls sehr ländlich mit Holzmöbeln eingerichtet und jeweils mit Dusche und WC ausgestattet sind. In den liebevoll eingerichteten Zimmern ist man gut gebettet, um am nächsten Tag erholt und mit frischen Kräften zu einer Wandertour aufbrechen zu können, eine Rutschpartie auf der Piste zu absolvieren oder was auch immer sonst auf dem Programm steht.

Die Küche setzt auf gehobenes Niveau, offeriert regionale Spezialitäten ebenso wie internationale Gerichte. Gekocht wird stets mit frischen Zutaten, die viermal wöchentlich geliefert werden, was auf über 1000 Meter Höhe keine Selbstverständlichkeit ist. Und jeden Sonntag gibt es ein liebevoll zubereitetes »Sonntagsbratl«. Im Winter kann man tagsüber à la carte essen, für den Abend ist allerdings eine Reservierung notwendig.

Für die Übernachtung mit Halbpension im Doppelzimmer zahlt man pro Person ab 43 €.

Lage & Ambiente

Die Adresse der Holzhackerstube ist zumindest unter den Skisportlern bestens bekannt. Der Berggasthof steht direkt an der berühmten Planai, der Skiweltcup-Abfahrtsstrecke im Skigebiet von Schladming, Schauplatz vieler Skirennen. Die Lage des

Gasthofs auf 1050 Meter Höhe etwa 300 Höhenmeter über Schladming und dem Ennstal ist im Sommer wie im Winter besonders reizvoll und auch sehr vorteilhaft. Einmal hat man die schöne Aussicht auf das Ennstal und die Dachsteinregion im Norden. Und zum anderen ist man mitten im Wander- und Skigebiet – Tür auf und raus in die Natur.

Darüber hinaus bietet die Holzhackerstube ein gepflegtes Ambiente mit heimeligen Zimmern und eine gute Küche, eine nicht zu vernachlässigende Tatsache, die in Höhenlagen nicht immer selbstverständlich ist. Der Rummel unten im Tal und auf der Bundesstraße ist, zumindest, wenn nicht gerade der jährliche Nachtslalom an der Planai stattfindet, weit entfernt.

In der Umgebung

Die Dachstein-Tauern-Region mit dem Dachstein nördlich des Tales und den Niederen Tauern in südlicher Richtung ist ein großes und sehr beliebtes Urlaubsgebiet. Von der Holzhackerstube aus erschließt sich ein dichtes Netz an Wanderwegen vor allem rund um die Planai. Die Region wirbt mit 770 Kilometer Wanderwegen und Klettertouren, mit über 300 Bergseen und vier Bergbahnen, die auch im Sommer in Betrieb sind.

Eine schöne Wandertour ist der Weg vom Planaigipfel hinüber zum 2134 Meter hohen Krahbergzinken. Danach kann man sich einen Abstecher ins Erlebnisbad von Schladming gönnen. Nicht versäumen sollte man einen Ausflug ins Dachsteingebiet und eine Fahrt hinauf zum höchsten Berg der Region mit der Seilbahn von der Ramsau aus. Erfahrene Alpinisten können von der Bergstation auf 2694 Meter den Aufstieg zum Gipfel wagen.

Im Winter ist die Gegend um Schladming eines der größten Skigebiete Österreichs. Von der Reiteralm im Westen bis zum Hauser Kaibling erstrecken sich die Pisten, von denen die Planai natürlich die berühmteste ist. Im Januar ist die Planai Schauplatz des legendären Weltcup-Nachtslaloms, der, vielleicht einmal abgesehen vom Hahnenkammrennen in Kitzbühel, mehr Besucher als jedes andere Rennen anzieht. Für Langläufer ist die nahe Ramsau das ideale Ziel. Auf der Hochfläche zu Füßen des Dachsteins sind erstklassige Loipen, dort trainieren nicht umsonst viele Profisportler.

Extratipp

Die Dachsteinrunde 170 Kilometer und 4600 Höhenmeter: kein Weitwanderweg, sondern eine Mountainbike-Tour rund um den Dachstein. Seit einigen Jahren gibt es diese ausgeschilderte Strecke, und sie ist schon ein Klassiker. Von der Ramsau oberhalb von Schladming fährt man auf Radwegen rüber ins idyllische Filzmoos und weiter nach Norden bis Annaberg. Über den Gosaukamm und Rußbach kommt man zur Zwieselalm und schließlich über den Pass Gschütt zum schönen Hallstätter See. Nächste Station ist dann Bad Goisern, von wo aus es ins Ausseerland geht und schließlich nach Süden bis Bad Mitterndorf. Dann folgt eine lange Bergfahrt zur romantischen Viehbergalm und anschließend eine Abfahrt über die Öfen nach Gröbming und entlang des Ennstals wieder in die Ramsau. Drei Tage dauert die Tour normalerweise, für gemütliche Radler können es auch vier sein. Schließlich kommt man an etlichen außergewöhnlichen Sehenswürdigkeiten vorbei.

Urig

Grabergalm

A-8965 Pruggern
Buchung über:
Urlaub am Bauernhof
Hamerlinggasse 3
A-8010 Graz
Tel. 00 43/316/80 50 12 91
E-Mail: uab@lk-stmk.at
Internet:
www.tiscover.at/grabergalm

Anfahrt: Tauernautobahn A 10 von Salzburg Ausfahrt Altenmarkt, Richtung Graz auf der Ennstal-Bundesstraße direkt nach Schladming. Von dort etwa 7 km bis zur Hütte, davon 5 km auf einer asphaltierten Straße und 2 km auf einer Schotterstraße

Für Familien/Selbstversorger

Ausstattung & Preise

Die Almhütte, die im Ursprung gut 400 Jahre alt ist, verströmt ein typisch alpenländisches Flair. In der gemütlichen Stube gibt es eine behagliche Sitzecke, in der Küche der Selbstversorgerhütte steht ein Holzherd für die Zubereitung der Mahlzeiten zur Verfügung. Auch ein Badezimmer mit Dusche und WC ist im Erdgeschoss vorhanden. Im Obergeschoss befinden sich zwei Schlafräume, davon einer mit vier Betten und einer als Matratzenlager genutzt. Insgesamt finden also maximal acht Personen in der Hütte Platz. Im Außenbereich gibt es Sitzbänke, um das Alpenpanorama genießen zu können, einen Brunnen und einen Grillplatz sowie eine Schaukel für die Kinder. Pro Tag kostet die Hütte ab 60 €. Strom, Heizung und Endreinigung werden extra berechnet.

Lage & Ambiente

Die Grabergalm liegt auf einem sonnenseitigen Hang auf 1300 Meter oberhalb des bekannten Urlaubsorts Schladming im Ennstal. Sie ist ganzjährig mit dem Pkw zu erreichen. Von der kleinen gemütlichen Hütte hat man einen schönen Blick auf das Tal und die Schladminger Tauern. Man befindet sich inmitten der Natur mit viel Platz zum Spielen und Relaxen.

In der Umgebung

Rund um die Grabergalm gibt es schöne Wanderwege. Etwa 100 Meter entfernt fließt ein Gebirgsbach vorbei. Zum benachbarten Bauernhof führt ein gut 30-minütiger Fußweg.

Im Winter ist das große Skigebiet auf der Planai nur zwei Kilometer entfernt.

Urig

Galsterbergalm

A-8962 Pruggern
Buchung über:
Urlaub am Bauernhof
Hamerlinggasse 3
A-8010 Graz
Tel. 00 43/3 16/80 50 12 91
E-Mail: uab@lk-stmk.at
Internet: www.tiscover.com/steiermark-bauernhofurlaub

Anfahrt: Tauernautobahn A 10 von Salzburg bis Ausfahrt Altenmarkt und auf der Ennstal-Bundesstraße in Richtung Graz bis Pruggern. Von der Ortschaft Pruggern am Parkplatz beim Bottinghaus im Sommer viertelstündiger Fußweg. Im Winter gibt es einen Sessellift für den Transport.

Für Selbstversorger

Ausstattung & Preise

Sehr viel Platz und eine komfortable Ausstattung bietet diese neu gebaute Almhütte. Im Innenbereich gibt es eine schöne Stube mit einem Kaminofen, den man an kalten Tagen anschüren kann. In der Wohnküche findet man Kühlschrank, Kaffeemaschine, Geschirrspüler und Mikrowelle. TV und Radio sind ebenfalls in der Hütte vorhanden. Drei Schlafräume bieten Platz für maximal 14 Personen. Auch an sanitären Einrichtungen ist die Hütte gut ausgestattet. Es gibt zwei Duschen und drei WCs. Einen besonderen Luxus stellt die hütteneigene Sauna dar, in der man nach einem langen Wander- oder Skitag die müden Glieder in der wohligen Wärme regenerieren kann. Auch ein Trockenraum ist vorhanden. Pro Tag kostet die Hütte bei Belegung mit fünf Personen ab 75 €, bei Belegung mit zehn Personen ab 140 €.

Lage & Ambiente

Die Almhütte steht auf einem Aussichtsplatz auf 1800 Meter Höhe. Nur 50 Meter entfernt gibt es eine bewirtschaftete Hütte mit Kühen, Schweinen und Ziegen, bei der man sich mit frischer Milch und Brot versorgen kann. Dort besteht auch die Möglichkeit, Frühstück und Abendessen auf Bestellung zu erhalten.

In der Umgebung

Im Sommer ist der Galsterberg ein beliebtes Wandergebiet. Im Winter wohnt man direkt an dem kleinen Familienskigebiet. Dazu gibt es noch eine fünf Kilometer lange und abends beleuchtete Rodelbahn.

Romantisch

Salzburger Dolomitenhof

Steuer 13
A-5524 Annaberg
Tel. 00 43/64 63/81 39, Fax 81 39 39
E-Mail: gasthof@dolomitenhof.at
Internet: www.dolomitenhof.at

Anfahrt: Tauernautobahn A 10 von Salzburg in Richtung Süden. Bei Golling die Autobahn verlassen und über Abtenau nach Annaberg. Alternativ Autobahn A 10 bis Ausfahrt Hüttau/Lammertal, nach Norden über Lungötz bis Annaberg.

Ausstattung & Preise

Der Dolomitenhof ist ein familiengeführtes Ferienhotel der Mittelklasse und bietet neben der schönen Lage auch ein umfassendes Freizeitangebot. Die solide eingerichteten Zimmer, die alle mit Dusche/WC, Balkon und Kabel-TV ausgestattet sind, entsprechen der übrigen, ländlich rustikalen Einrichtung des Hauses. Im Hotel befindet sich außerdem eine Sauna. Bei schönem Wetter sind die Sonnenterrasse mit Blick auf die Bischofsmütze und ein Pool mit Liegewiese beliebter Treffpunkt für die Gäste. Im Juli und August wird außerdem für die kleinsten Bergfans ein Kinderclub mit fachkundiger Betreuung angeboten. Für die Übernachtung mit Halbpension zahlt man im Dolomitenhof pro Person im Doppelzimmer ab 36 €.

Lage & Ambiente

Umgeben von Almwiesen und Wäldern befindet sich auf einem sanft geschwungenen Gelände der Dolomitenhof etwas außerhalb von Annaberg im Ortsteil Astauwinkel am Tennengebirge. Das Lammertal, in dem die Ortschaft Annaberg liegt, ist ein bodenständiges und ruhiges Tal am Rande des Tennengebirges.

Im Dolomitenhof wohnt man in einem Mittelklassehotel mit guter Ausstattung und zu vergleichsweise günstigen Preisen. Einmal wöchentlich versammeln sich die Gäste zum großen Grillabend. Da der Dolomitenhof Mitglied der Angebotsgruppe Mountain Bike Holidays ist, werden spezielle Leistungen für Bergradler angeboten. Dazu gehören der Radkeller mit Servicestation sowie Landkartenverleih, Wäscheservice und geführte Touren. Dies ist Bestandteil spezieller Bikerpauschalen. Wer nicht auf zwei Rädern die Gegend erkunden will, kann sich den geführten Wanderungen anschließen.

Eine etwas ungewöhnliche Freizeitbeschäftigung spielt im Dolomitenhof außerdem eine wichtige Rolle: eine hochmoderne unterirdische Schießanlage mit sechs Zehn-Meter-Schießständen für Luftgewehr und Pistolen sowie drei 100-Meter-Ständen für Kleinkaliber, Großkaliber und Armbrust. Alles ist vollautomatisch geregelt und mit automatischen Haltepunkten und speziellen Scheibenbeleuchtungen ausgestattet. Hier kann man also auch als Laie das ganze Jahr über nach internationalen Wettbewerbsbedingungen Schießübungen machen. Natürlich ist die Anlage videoüberwacht. Der hiesige Schützenverein stellt auf Anfrage Kleinkalibergewehre zur Verfügung.

In der Umgebung

Rund um Annaberg sind die Berge noch eher gemütlich und zum beschaulichen Wandern geeignet. Erst zum Gosaukamm hin wird es schroff und felsig – ein ideales Terrain für Kletterer und Alpinisten. Eine beliebte Tour führt von Lungötz aus auf den 2247 Meter hohen Tauernkogel. Bis zum Gipfel des beliebten Aussichtsberges ist es aber eine lange und anspruchsvolle Tour. Für Mountainbiker dürfte interessant sein, dass Annaberg an der Dachsteinrunde liegt. Diese führt einmal rund um den berühmten Gipfel, wobei 173 Kilometer und 4600 Höhenmeter zurückgelegt werden. Wer es besinnlicher angehen will, der kann sich von der hiesigen gotischen Pfarrkirche, in der die heilige Anna verehrt wird, auf der Via Sacra, der Wallfahrerroute nach Mariazell, auf Pilgerpfade begeben.

Und dann sind natürlich von Annaberg aus einige klassische Sehenswürdigkeiten in Reichweite, zum Beispiel das idyllische Gosau mit dem Gosausee. Nicht weit ist es auch ins Innere Salzkammergut nach Hallstatt und Obertraun. Und über allem thront der mächtige Dachstein.

Im Winter wohnt man in nächster Nähe zum weitläufigen Skigebiet Dachstein West, das von Annaberg über die Zwieselalm bis nach Gosau reicht und immerhin 45 Liftanlagen sowie 140 Pistenkilometer umfasst, von denen der Großteil leicht bis mittelschwer ist. Darüber hinaus gibt es in Annaberg noch einige Winterwanderwege und eine schöne Langlaufloipe, die in Richtung Lungötz verläuft. Von Rußbach aus hat man außerdem Zugang zum Skigebiet auf der Postalm.

Extratipp

Salzburger Freilichtmuseum Wenn Häuser auf die Reise gehen, also Stein für Stein und Planke für Planke auseinandergenommen und wie ein riesiges Puzzle an anderer Stelle wieder zusammengesetzt werden, dann wird daraus meist ein Freilichtmuseum. Sechzig original erhaltene Bauernhäuser, eine Schule, Mühlen und Handwerksbetriebe aus dem Salzburger Land fanden so wenige Kilometer vor der Stadt ein neues »Zuhause«. In Vorführungen von Müllern, Töpfern, Imkern und sogar Regenmachern erweckt sich ein ganzer Ort selbst zum Leben, den es so eigentlich nie gab. Gerade für Kinder sind die alten Traktoren, das Gefängnis oder das Haus der Geräusche, in dem heute nur noch selten gehörte Töne – Sensewetzen oder Nähmaschinenrattern – wieder erklingen, das Größte.

Salzburger Freilichtmuseum, Hasenweg, A-5084 Großgmain; Tel. 00 43/6 62/85 00 11; E-Mail: salzbuger@freilichtmuseum.com, Internet: www.freilichtmuseum.com; Mitte März–Okt. Di–So 9–18 Uhr; Eintritt Erwachsene 7 €, Kinder (ab 6 Jahren) 3,50 €

Wellness

Alpenhotel Gösing

A-3221 Gösing an der Mariazellerbahn
Tel. 00 43/27 28/2 17, Fax 21 71 16
E-Mail: alpenhotel@goesing.at
Internet: www.goesing.at

Anfahrt: Westautobahn A 1 Salzburg–Wien über Scheibbs in Richtung Mariazell. Beim Gasthaus Wastl am Wald rechts in die Straße nach Gösing. Nach rund 3 km erreicht man das einsam im Wald gelegene Hotel.

Ausstattung & Preise

Das an einem sonnenreichen Südhang gelegene Hotel mit seinen drei Häusern bietet insgesamt 73 Zimmer, die sehr traditionell, aber auch komfortabel eingerichtet sind und Bad oder Dusche und WC, Vollholzmöbeln, TV und teils auch Balkon oder Erker aufweisen. Besonders empfehlenswert sind die Zimmer zur Südseite, die mit einem herrlichen Bergblick aufwarten. Im Erdgeschoss der »Villa«, einem der drei Häuser, ist der Massage- und Kosmetikbereich eingerichtet. Im Untergeschoss befinden sich Sauna, Hallenbad und Dampfbad. Es gibt, wie es sich für ein Hotel dieser Art gehört, drei verschiedene sehr stilvolle Speisesäle. Die Preise für eine Übernachtung mit Frühstück im Doppelzimmer beginnen bei 57 € pro Person. Darin enthalten sind auch die Benutzung von Hallenbad, Sauna, Dampfbad sowie Tennisplatz.

Das Besondere In Gösing findet der Gast Ruhe und Einsamkeit im Stil des Fin de Siècle – die vornehme Art, einfach abzuschalten und dem Alltagsstress zu entkommen.

Lage & Ambiente

Gösing liegt im Naturpark Ötscher-Tormäuer südöstlich von Linz in den Voralpen. Stilgerecht nostalgisch, sehr bequem und eine schöne Alternative zum eigenen Pkw, dafür aber etwas zeitraubend ist die Anreise mit der Mariazellerbahn. Die Schmalspureisenbahn verkehrt zwischen St. Pölten und dem Wallfahrtsort Mariazell und hat in Gösing eine eigene Haltestelle. Die Fahrtzeit von St. Pölten nach Gösing beträgt etwa zwei Stunden.

Das Alpenhotel selbst ist ein romantischer Bau im Stil der Jahrhundertwende, der sich in den Wäldern des Naturparks Ötscher-Tormäuer in den Voralpen Niederösterreichs versteckt. Schon in den Zwanzigerjahren des letzten Jahrhunderts war es ein beliebter Erholungsort, und auch heute noch ist es ideal zum Entspannen und für Ausflüge in die urtümliche Landschaft der Umgebung – kurzum: das perfekte Refugium zum Abschalten und für Antistressferien. Das Interieur ist gediegen nostalgisch, dazu passt der architektonische Rahmen. Gelungen ist die Aufteilung in drei Gebäudekomplexe: dem Haupthaus, dem Neubau und der Villa.

Behagliche Gästezimmer zum Wohlfühlen

In der Umgebung

Was man an diesem romantischen Fluchtort besonders schätzt, das sind natürlich die Ruhe und die herrliche Natur in Verbindung mit einem gediegenen Hotel. An erster Stelle stehen bei den Freizeitaktivitäten im Sommer Wandertouren in der Umgebung. Eine leichte Wanderug – eigentlich eher ein Spaziergang – führt zum Beispiel zur Gösinger Waldhütte und weiter bis zur Ochsenburg, einem urigen Gasthof in der Nähe des Hotels.

Außerdem werden im Naturpark Ötscher-Tormäuer, der mit rund 17 000 Hektar der größte Naturpark Österreichs ist, auch geführte Ausflüge zu einigen der zahlreichen Höhlen oder zum Ötschergraben, dem österreichischen Grand Canyon, angeboten. Wer es sich zutraut, kann auch den mächtigen Gipfel des 1893 Meter hohen Ötschers bezwingen.

Im Winter finden sich in der näheren Umgebung zahlreiche Langlaufloipen gespurt. Vom Hotel führt eine Loipe zum Wegscheidhäusl, wo man auf eine weitere eher anspruchsvolle, acht Kilometer lange Loipe trifft. Zudem kann man im Hotel Schneeschuhe und Teleskopstöcke ausleihen. Und am Ötscher gibt es im Winter ein Skigebiet mit acht Liften und rund 20 Kilometer Pisten.

Extratipp

Mariazell Nicht nur eine Schlechtwetteralternative ist ein Ausflug ins rund 30 Kilometer entfernte Mariazell, einem der bekanntesten Wallfahrtsorte Österreichs. Der Ort geht auf eine Zellengründung eines Benediktinermönchs aus Sankt Lambrecht aus dem Jahr 1157 zurück. Die Wallfahrtskirche in ihrer heutigen Form wurde in großen Teilen im 14. Jahrhundert erbaut. Schon von weitem sieht man die dreitürmige Basilika über die Stadt ragen. Das spätromanische Gnadenbild der Gottesmutter ist jedes Jahr Ziel tausender Wallfahrer, die auf quer durch Österreich verlaufenden Pilgerwegen hier zusammenkommen. Die Basilika ist täglich von 6 bis 20 Uhr geöffnet. Messfeiern, Andachten und der Empfang des Bußsakramentes sind in dieser Zeit (außer zwischen 12 und 14 Uhr) möglich.

Tourismusverband Mariazeller Land, Hauptplatz 13, A-8630 Mariazell; Tel. 00 43/38 82/23 66, Fax 39 45; E-Mail: tourismusverband@mariazellerland.at, Internet: www.mariazellerland.at

Urig

Stabant Hütte

St. Andrä 60 a
A-9974 Prägraten
Tel. 00 43/6 64/2 20 75 77,
Fax 2 00 72
Internet:
www.praegraten.at/stabanthuette

Anfahrt: Inntalautobahn A 12 bis Ausfahrt Kufstein-Süd, weiter über Kitzbühel und Mittersill zum Felbertauerntunnel. An der Südseite des Tunnels nach Matrei. Dort rechts ab ins Virgental

Ausstattung & Preise

Die Stabant-Hütte ist eine ausgesprochen große und komfortable Hütte mit einem turmartigen Anbau. Es gibt Zwei- und Vierbettzimmer sowie ein Gruppenlager für zehn Personen. Vor dem Haus befindet sich ein Gastgarten mit schönem Ausblick auf das Tal, die Schobergruppe und die Lasörlinggruppe. Für die kleinen Gäste steht ein Kinderspielplatz zur Verfügung. Die Hütte ist auch für kleinere Gesellschaften gut geeignet. Auch Firmen können sich einmieten und im Seminarraum für maximal zehn Personen konferieren. Im Sommer findet jeden Freitag ein Almfest mit Livemusik statt. Für die Übernachtung zahlt man im Zweibettzimmer pro Person mit Frühstück ab 14 €, im Lager ab 12 €.

Lage & Ambiente

In das ursprüngliche Virgental in Osttirol kommt man von Norden über die Felbertauernstraße. Kurz nach der Ortschaft Prägraten im Ortsteil Bichl lässt man das Auto stehen und geht auf einem leichten Weg etwa eine Stunde hinauf zur Hütte. Auf Wunsch wird das Gepäck zur Hütte transportiert. Die Stabant Hütte befindet sich an einer Waldlichtung auf 1800 Meter Höhe. Die neue und rustikal eingerichtete Hütte, auch liebevoll »Schlössl« genannt, bietet viel Platz und ist besonders während der Wandersaison ein beliebtes Ausflugsziel.

In der Umgebung

Das Virgental ist ein schönes und sehr ursprüngliches Wandergebiet. Rund um Großvenediger und Großglockner gibt es viele Touren. Sehenswert sind außerdem das Heimatmuseum Oberbichl, der Mitterkratzerhof in Prägraten mit der Nationalpark-Informationsstelle und die Schnapsbrennerei Oberbichl.

Romantisch

Gasthof Islitzer

Hinterbichl 15
A-9974 Prägraten
Tel. 00 43/48 77/52 06, Fax 5 20 66
E-Mail: gasthof@islitzer.at
Internet: www.islitzer.at

Anfahrt: Auf der Felbertauernstraße durch den Felbertauerntunnel ins Virgental, über Matrei und Prägraten nach Hinterbichl

Ausstattung & Preise

Der Gasthof Islitzer ist ein stattlicher Landgasthof der Drei-Sterne-Kategorie in schöner ruhiger Lage. Die mit viel Holz ausgestatteten Gästezimmer verfügen über Dusche/WC, TV und Balkon. Außerdem gibt es einige geräumige Ferienwohnungen, die auch mit Frühstücksbuffet oder Halbpension gebucht werden können. Zum Gasthof gehören eine Bauernstube mit Kachelofen für die kalten Tage und weitere gemütliche Gaststuben. Die Küche des Hauses bietet klassische Tiroler Spezialitäten. Für die Übernachtung mit Frühstück zahlt man im Doppelzimmer pro Person ab 29 €. Die Appartements kosten bei einer Belegung mit zwei Personen pro Tag ab 44 €.

Lage & Ambiente

Etwa drei Kilometer außerhalb von Prägraten liegt Hinterbichl, ein kleiner Weiler im Virgental. Dieses noch sehr ursprüngliche Tal befindet sich in Osttirol.

Der Gasthof Islitzer bietet eine ruhige und schöne Aussichtslage und ist dennoch nicht weit vom nächsten Dorf entfernt. Hier verbinden sich klassische Tiroler Wirtshausatmosphäre mit komfortablen Unterkünften und traditioneller Küche. Das Haus gehört zur Vereinigung »Tiroler Wirtshaus«, bei der man besonders auf authentische Küche achtet.

In der Umgebung

Der Gasthof ist im Sommer idealer Ausgangspunkt für Bergwanderungen im Gebiet des Großvenediger. Immer wieder wird man auf seinen Wanderungen mit großartigen Blicken auf diesen Bergriesen für die Mühen belohnt.

Im Winter gibt es in Prägraten ein kleines Skigebiet mit zwei Liften. Das nächste größere Skigebiet befindet sich in Matrei in 17 Kilometer Entfernung. Der Skibus hält beim Gasthof. In nächster Nähe wird außerdem bei ausreichender Schneelage eine Langlaufloipe gespurt.

Originell

Gannerhof

A-9932 Innervillgraten 93
Tel. 00 43/48 43/52 40, Fax 55 06
E-Mail: gannerhof@aon.at
Internet: www.gannerhof.at

Anfahrt: Von Lienz oder von Südtirol her kommend in das Hochpustertal und zwischen Sillian und Heinfeld nach Norden. Auf der knapp 10 km langen Strecke über Ausservillgraten hinauf nach Innervillgraten. Der Gannerhof steht an einer Kreuzung nicht weit von der Dorfkirche entfernt.

Ausstattung & Preise

Das alte Bauernhaus der Familie Ganner verfügt über zwölf stilvoll eingerichtete Gästezimmer der Drei-Sterne-Kategorie. Die Zimmer weisen Holzvertäfelungen auf und sind mit vielen Details, etwa den schmiedeeisernen Lampen, liebevoll dekoriert. Das Aushängeschild des Gannerhofs ist aber die Küche, die immerhin eine Haube von Gault Millau und drei Sterne des Gourmetführers À la Carte erhalten hat. Im Gannerhof werden vor allem bäuerliche Gerichte zubereitet, deren Zutaten zum großen Teil aus der eigenen Landwirtschaft stammen. Im ehemaligen Gemüsekeller des Hauses, der zur Sauna umgebaut wurde, kann man nach der Wanderung oder dem Skiausflug gründlich entspannen. Für eine Übernachtung mit Halbpension zahlt man pro Person ab 72 €.

Das Besondere Der Gannerhof ist ein Gasthaus ganz im Stil der Villgratener Bauernhöfe, der es freilich geschafft hat, auch anspruchsvollste Gourmets zu begeistern. Die Kombination aus nostalgischem Bergbauernambiente mit einer verfeinerten bäuerlichen Küche und dazu schöne komfortable Gästezimmer ist ebenso ungewöhnlich wie reizvoll. Die Spezialitäten aus der Küche kann man nicht nur bei Tisch genießen, sondern auch mit nach Hause nehmen, zum Beispiel den Speck, die Hauswürsteln, Bauernbrot, Honig und Marmeladen sowie Holler- und Vogelbeersaft.

Lage & Ambiente

Auf 1400 Meter Höhe verteilen sich die Bauernhäuser von Innervillgraten, einem urigen Dorf mit 991 Einwohnern. Eines dieser alten Häuser ist der Gannerhof. Außen präsentiert sich immer noch die jahrhundertealte Holzfassade, das Innere wurde jedoch mit Sorgfalt restauriert, ohne den Charakter des Hauses zu verändern. Villgraten, das Seitental des Hochpustertals in Osttirol, das bis zum Bauerndorf Innervillgraten hinaufreicht, hat immer noch den Status eines Geheimtipps.

Die Gaststube: Tradition und Flair

Das, was das uralte Bauernhaus ganz besonders auszeichnet und auch von diversen Gourmetführern bestätigt wird, ist neben dem Ambiente vor allem die hervorragende Küche. In diese können sich die Gäste bei den mehrtägigen Kochkursen einweihen lassen, die die Wirtsleute Monika und Josef Mühlmann anbieten. Da geht es jeweils nach dem Frühstück in die Küche zur Vorbesprechung, werden einfachere Speisen zubereitet und später auch feinere und raffiniertere Details gelernt. Dazu gehören natürlich regionale Spezialitäten wie Schlipfkrapfen, Lammbraten oder Sülzen, aber auch internationale, vor allem italienische Gerichte, da die Grenze ja nicht weit ist. Nach dem Kochen wird mittags gemeinsam gegessen. Der Nachmittag steht zur freien Verfügung, ebenso wie der Abend. Die Kurse sollen ja nicht unbedingt in richtige Arbeit ausarten, sondern vor allem Spaß machen.

In der Umgebung

Innervillgraten ist ein perfekter Ausgangspunkt für Bergwanderungen, zum Beispiel auf dem Bonner Höhenweg zur romantischen Oberstaller Alm oder auf dem grenzüberschreitenden Weg ins Gsieser Tal auf der Südtiroler Seite. Mountainbiker können ebenfalls schöne Touren unternehmen, etwa die Strecke hinauf zur Oberstalleralm und zurück nach Innervillgraten auf dem alten Schmugglersteig. Wer sich für die Geschichte des Tals interessiert, sollte das Bäuerliche Gerätemuseum in Innervillgraten besuchen. Während der Wintersaison ist Innervillgraten vor allem bei Skitourengängern beliebt. Für Langläufer gibt es eine 12 Kilometer lange Loipe, die dank der Höhenlage sehr schneesicher ist. Das nächste Skigebiet in Sillian ist in wenigen Minuten mit dem Auto oder dem Bus erreichbar.

Extratipp

Bauernmuseum Im Dorfmuseum im »Zacheler Stadl« wird die bäuerliche Lebensweise im ehemals doch sehr abgeschiedenen Osttirol für Besucher lebendig. Viele der ausgestellten Exponate sind Geräte aus dem damaligen einfachen, oft kargen und von harter Arbeit geprägten Leben. Auch Transportgeräte, Behältnisse oder Möbel sind unter den Ausstellungsstücken. Sogar eine alte Tischlerwerkstatt und eine Küche mit einem offenen Herd kann besichtigt werden und zeigt, wie mühsam selbst die Zubereitung einfacher Speisen oder das Heizen im Winter waren.

Bäuerliches Gerätemuseum, A-9932 Innervillgraten; Juli–Mitte Sept. Mi, Do, So 15–18 Uhr und nach Anmeldung im Gannerhof

Originell

Neue Sajathütte

Stefan Kratzer
A-9974 Prägraten
Tel. 00 43/48 77/53 69
E-Mail: kratzer@sajathuette.at
Internet: www.sajathuette.at

Anfahrt: Inntalautobahn A 12 bis Ausfahrt Kufstein-Süd, weiter über Kitzbühel und Mittersill zum Felbertauerntunnel. An der Südseite des Tunnels nach Matrei. Dort rechts ab ins Virgental. Von Prägraten im Virgental entweder mit dem Pkw bis Bichl und zu Fuß in 3 Stunden auf dem Blumenweg zur Hütte oder ab Parkplatz Wallhornermähder auf dem Prägrater Höhenweg in 4 Stunden. Der kürzeste Weg: Venedigertaxi bis zur Johannishütte und auf dem Sajat Höhenweg in 2,5 Stunden zur Hütte

Ausstattung & Preise

Die Sajathütte wurde 2001 von einer Lawine zerstört und im darauf folgenden Sommer neu aufgebaut. Sie ist von Mai bis Oktober geöffnet und bietet neben 31 Betten und 16 Lagerplätzen noch vier Komfortzimmer. Beliebter Treff für die Gäste sind die schöne Gaststube mit offenem Kamin und die zwei Sonnenterrassen mit herrlicher Aussicht. Die Küche bietet deftige Tiroler Kost und ist für ihre Mehlspeisen und Wildgerichte bekannt. Für die Übernachtung zahlt man ab 14 € pro Person.

Lage & Ambiente

Wie ein Schloss thront die mächtige Hütte auf einem Vorsprung oberhalb von Prägraten im Virgental – ein Schloss auf 2600 Meter im Sajatkar: Das klingt verlockend und will erobert werden. Denn der Weg dorthin ist mühsam, kann nur zu Fuß zurückgelegt werden und bedeutet im günstigsten Fall immer noch zweieinhalb Stunden Marsch.

Der großzügige Bau mit den beiden Ecktürmen entspricht so gar nicht dem üblichen Hüttenklischee. Im Innenbereich ist die Ausstattung aufgrund des Neubaus vergleichsweise modern.

In der Umgebung

Ideal ist die Neue Sajathütte für Kletterer und Bergsteiger. In der näheren Umgebung gibt es einige Dreitausender zu bezwingen, wie etwa die Rote Saile. Außerdem gibt es einen Indoor-Kletterturm – eine gute Alternative für Regentage.

Urig

Oberstalleralm

A-9932 Innervillgraten
Buchung über:
Tourismusverband
A-9932 Innervillgraten
Tel. 00 43/48 43/51 94, Fax 53 17 10
E-Mail:
innervillgraten@hochpustertal.com
Internet: www.innervillgraten.info

Anfahrt: Inntalautobahn A 12 bis Kufstein-Süd und über Kitzbühel zur Felbertauernstraße und dem Felbertauerntunnel. Dort auf der Bundesstraße B 108 über Matrei bis nach Lienz. In Lienz Richtung Sillian bis kurz vor Sillian, wo rechts die Straße nach Innervillgraten abzweigt. Die Oberstalleralm ist von Innervillgraten aus auf einer 7 km langen Güterstraße erreichbar.

Für Selbstversorger

Ausstattung & Preise

Die Oberstalleralm ist eine Siedlung von 16 Almhütten oberhalb von Innervillgraten, die sich um eine kleine Kirche scharen. Da die Hütten verschiedenen Bergbauern gehören und von diesen auch individuell angeboten werden, ist die Ausstattung unterschiedlich. Generell handelt es sich um eher einfache Unterkünfte, die zudem nur über den Sommer vermietet werden. Oft gibt es nur einen Holzherd in der Küche, ein Plumpsklo und Petroleumleuchten, doch dafür wird man mit dem einzigartigen Flair uralter Bergbauernromantik entschädigt. Die Preise für die Hütten bzw. Wohnungen in den größeren Hütten rangieren um ca. 40 € pro Tag. Genaue Auskünfte gibt der Tourismusverband.

Lage & Ambiente

Das kleine Almhüttendorf oberhalb von Innervillgraten befindet sich in schöner Hanglage auf 1864 Meter Höhe. Innervillgraten ist das höchstgelegene Dorf im Villgratental in Osttirol. Die Gegend ist bekannt für ihre schönen und authentischen Almhütten, die hier zum Großteil nicht dem Fortschritt geopfert wurden.

In der Umgebung

Es gibt viele schöne Wanderwege in der Umgebung der Oberstalleralm wie etwa den alten Schmugglersteig nach Innervillgraten. Im Winter ist das Villgratental ein beliebtes Ziel von Tourengängern. Auch eine Langlaufloipe findet man hier. Das nächste Skigebiet liegt in Sillian.

Romantisch

Plonerhof

Plon 4
A-9961 Hopfgarten im Defereggental
Tel. 00 43/48 72/54 09, Fax 2 00 44
E-Mail: grimm.plonerhof@tirol.com
Internet: www.plonerhof.at

Anfahrt: Inntalautobahn A 12 bis Kufstein-Süd, über Kitzbühel zur Felbertauernstraße und dem Felbertauerntunnel. Weiter bis Matrei und auf der Bundesstraße B 108 bei Huben rechts in das Defereggental bis nach Hopfgarten. Der Plonerhof steht etwa 3 km außerhalb vom Dorf in schöner Hanglage.

Für Familien/Selbstversorger

Ausstattung & Preise

Der stattliche Bauernhof verfügt über zwei Ferienwohnungen, die jeweils bis zu vier bzw. fünf Personen Platz bieten. Die geräumigen Wohnungen sind gemütlich und im typisch alpenländischen Stil eingerichtet. Ideal ist der Plonerhof für Familien mit Kindern. Hier gibt es einen naturorientierten Kinderspielplatz mit Baumhaus, Schaukeln und Rutsche sowie eine Spielhütte. Die Preise für die Wohnungen beginnen je nach Belegung ab 45 € pro Tag.

Lage & Ambiente

Das Defereggental in Osttirol gehört zu den besonders urtümlichen Bergtälern in Österreich. Charakteristisch sind kleine Bauerndörfer mit uralten Höfen in einer wildromantischen Landschaft. Der Plonerhof steht in ruhiger und aussichtsreicher Lage an einer wenig befahrenen Straße ohne Durchgangsverkehr. Er bietet einerseits sehr viel Ruhe und Nähe zur Natur, liegt andererseits jedoch nicht völlig abgeschieden, so dass man schnell im Dorf ist oder ohne größeren Aufwand Ausflüge unternehmen kann. Wer möchte, kann sich täglich vom Bäcker versorgen lassen und auch Milch und Eier sowie selbst gebackenes Brot am Hof erhalten.

In der Umgebung

Vom Plonerhof aus lassen sich verschiedene Almwanderungen unter anderem zur hauseigenen Almhütte auf der Kleinitzalm unternehmen. Wer das Landleben hautnah erleben möchte, kann auch am Hof mitarbeiten. Damit es auch im Winter nicht langweilig wird, gibt es in der Nähe einige Rodelbahnen und bei St. Jakob auf der Brunnalm ein mittelgroßes Skigebiet.

Urig

Wallner Kasa

A-9844 Heiligenblut
Buchung über:
Rosmarie Bernhardt
Tel. 00 43/48 24/20 76
oder
Urlaub am Bauernhof
A-9020 Klagenfurt
Tel. 00 43/4 63/33 00 99
E-Mail:
office@urlaubambauernhof.com
Internet:
www.urlaubambauernhof.com

Anfahrt: Im Sommer von Norden über die Glocknerstraße und im Winter über die Felbertauernstraße oder die Tauernautobahn A 10 bis Heiligenblut. Von Heiligenblut sind es bis zur Hütte 3,6 km.

Für Selbstversorger

Ausstattung & Preise

Die Wallner Kasa, eine ehemalige Sennhütte, ist umfassend renoviert und besitzt eine moderne Küche mit Elektroherd, Geschirrspüler und Kühlschrank. In der Stube gibt es einen gemauerten Ofen, eine Ofenbank und eine gemütliche Sitzgruppe. Vier Schlafzimmer bieten Platz für maximal zehn Personen. Zur Hütte gehört eine Sauna, die vor allem im Winter nach einem Tag in klirrender Kälte gerne genutzt wird. Für eine Woche Aufenthalt in der Hütte zahlt man je nach Saison und Personenzahl zwischen 60 und 120 € pro Tag, Strom, Ortstaxe und Endreinigung nicht mitgerechnet.

Lage & Ambiente

Die schmucke Almhütte steht etwas abseits von der alten Glocknerstraße auf der Gippenalm in 1600 Meter Höhe. Sie liegt auf einer romantischen Waldlichtung neben einer alten Kapelle. Auf einer schmalen Asphaltstraße ist sie gut mit dem Pkw erreichbar. Trotz des urigen Charmes müssen die Gäste auf der Alm nicht auf komfortable Ausstattung verzichten.

In der Umgebung

Im Sommer bieten sich zahlreiche Wanderwege und Bergtouren im Glocknergebiet und rund um Heiligenblut an. Im Winter ist das attraktive und besonders schneesichere Skigebiet von Heiligenblut nicht weit und mit dem Auto in wenigen Minuten erreichbar. Dieses ist allerdings nur für geübte Skifahrer empfehlenswert.

65 Hotel Schöne Aussicht

Romantisch

Hotel Schöne Aussicht

Hollbruck 10
A-9941 Kartitsch
Tel. 00 43/48 48/52 47, Fax 5 24 71
E-Mail:
info@hotel-schoeneaussicht.at
Internet:
www.hotel-schoeneaussicht.at

Anfahrt: Von Norden über Kufstein und Kitzbühel bis zur Felbertauernstraße. Durch den Felbertauerntunnel nach Osttirol und über Lienz weiter ins Hochpustertal bis Tassenbach vor Sillian. Dort links ins Lesachtal und hinauf nach Kartitsch. Vom Dorf geht es hinauf zum höher gelegenen Weiler Hollbruck.

Ausstattung & Preise

Das Hotel Schöne Aussicht ist ein gutbürgerliches Drei-Sterne-Hotel, das sich ganz besonders für den ruhigen und naturverbundenen Urlaub eignet. Das Interieur ist klassisch rustikal. Es gibt eine gemütliche Bauernstube mit Kachelofen und einen Speisesaal, von dem aus man eine schöne Aussicht auf das Pustertal genießt. Die Küche ist bekannt für ihre Osttiroler Spezialitäten und vor allem für die hausgemachten Kuchen und Torten, denen man kaum widerstehen kann. Außerdem gibt es klassisch österreichische Gerichte sowie vegetarische Speisen und Vollwertkost. Die Zimmer im Hotel sind rustikal eingerichtet und bieten neben Dusche/WC und TV auch jeweils einen Balkon. In der Kristallwelt, einem neuen kleinen Wellness-Bereich, in dem sich eine Stubensauna, ein Kräuterdampfbad und ein Ruheraum befinden, kann man sich nach einem Wander- oder Skitag regenerieren. Für die Übernachtung im Standard-Doppelzimmer samt Halbpension zahlt man pro Person ab 37 €. Es gibt überdies auch neue und geräumigere Zimmer, die ab 43 € pro Person kosten.

Lage & Ambiente

Der Hotel-Gasthof macht seinem Namen alle Ehre. Im kleinen Weiler Hollbruck oberhalb von Kartitsch hat man einen einzigartigen Ausblick auf die Bergwiesen rund um das Tal und die umliegenden Gipfel. Hollbruck ist ein traditionsreicher Wallfahrtsort. Das Hotel steht direkt neben der alten Kirche von Hollbruck und bietet nicht nur klassisch Osttiroler Atmosphäre, sondern dazu einen guten Wohnkomfort.

In der Umgebung

Nachdem sich 1650 in Hollbruck ein Wunder zugetragen haben soll, errichtete man zum Gedenken daran eine Kirche, die wegen des großen Andrangs an Pilgerfahrern 1680 ausgebaut wurde. Die Maria Hilf Kirche, die vom Baumeister Michael Niedergatscher aus Stegen bei Bruneck erbaut wurde, ist noch heute ein beliebter und bedeutender Marien-Wallfahrtsort.

Daneben bietet sich Hollbruck natürlich auch als Ausgangspunkt für schöne Wanderungen in der Umgebung von Kartitsch an. Einen Ausflug wert ist im Sommer die alte Walchermühle in Kartitsch. Die uralte Getreidemühle wird immer noch mit Wasserkraft betrieben, allerdings nur noch zu touristischen Zwecken.

Lädt zum Relaxen ein: die Kristallwelt

Wie sich die Bergbauern damals mit der simplen und eindrucksvollen Mechanik der alten Mühle behalfen, ist jedenfalls heute noch bewundernswert. Jeden zweiten Donnerstag wird

Wie der Name sagt: Schöne Aussicht

die Mühle im Sommer normalerweise in Betrieb genommen. Genaue Termine erfährt man beim Tourismusverband Kartitsch.

Im Winter findet man in der Umgebung sehr schöne Langlaufloipen. Zudem gibt es ein kleines Skigebiet in Kartitsch, ein etwas größeres im benachbarten Obertilliach. Deutlich größer und umfangreicher sind die Pisten bei Sillian im Hochpustertal. Wer lieber auf dem Rodel ins Tal saust, findet in Kartitsch am Bärenloch und mit der Seelandbahn zwei Naturrodelbahnen.

Extratipp

Grenzlandloipe Für Langläufer ist das Tal ein kleines Paradies, was einmal an der ungewöhnlichen Schneesicherheit und dann an der Ursprünglichkeit des Tals liegt. Das Hotel Schöne Aussicht ist für einen Langlaufurlaub ein idealer Ausgangspunkt, denn die Grenzlandloipe, die insgesamt 60 Kilometer lang ist, startet hier oben in Hollbruck. Von dort führt sie in leichter Steigung hinauf zum Kartitscher Sattel und dann auf einem romantischen Streckenabschnitt durch den Wald leicht bergab bis zum Biathlonzentrum bei Obertilliach und weiter leicht abfallend bis auf die Kärntner Seite des Tals zum Wallfahrtsort Maria Luggau. Allerdings sollte man die Loipe nicht unterschätzen. Auf den vielen Bergauf- und Bergab-Passagen kommt man mächtig ins Schnaufen, und wer sich zu weit in Richtung Osten gewagt hat, der muss für den Rückweg den anstrengenden Weg hinauf zum Kartitscher Sattel in Betracht ziehen.

Urig

Moos-Stadel Almhütte

Schlossberg 14
A-9555 Lienz
Tel. 00 43/48 52/6 36 39

Anfahrt: Von Norden auf der Inntalautobahn A 12 bis Ausfahrt Kufstein-Süd (vignettenfrei), über Kitzbühel und Mittersill zum Felbertauerntunnel. Südlich des Tunnels führt die gut ausgebaute Bundesstraße direkt nach Lienz. Von dort mit dem Pkw hinauf auf den Schlossberg

Für Familien/Selbstversorger

Ausstattung & Preise

Die Moos-Stadel Almhütte ist eigentlich mehr als eine Hütte, eher ein Ferienhaus im Hüttenstil. Es gibt drei Schlafzimmer, die maximal acht Personen Platz bieten. Die gemütliche Wohnstube ist mit einem Kachelofen ausgestattet, der im Winter die Kälte vertreibt. Für die tägliche Hygiene gibt es eine Dusche mit WC. Im Obergeschoss kann man von einem geräumigen Balkon aus die Aussicht genießen. Pro Tag kostet die Hütte bei Belegung bis fünf Personen ab 50 €. Für jede weitere Person zahlt man zusätzliche 8 €.

Lage & Ambiente

Die Moos-Stadel Almhütte liegt auf dem Schlossberg direkt oberhalb von Lienz, der größten Stadt Osttirols. Umgeben von einer Almwiese erhebt sie sich in rund 1020 Meter Höhe. Das sehr geräumige und recht urige Haus ist aufgrund seiner Lage und Ausstattung gut für einen Familienurlaub geeignet. Zudem ist die Almhütte leicht mit dem Pkw erreichbar, liegt ruhig und wartet mit einem vielseitigen Freizeitprogramm in der Umgebung auf.

In der Umgebung

Am Hochstein, dem Hausberg von Lienz, gibt es im Sommer ideale Wandermöglichkeiten, im Winter ist man hier mitten im Skigebiet. Nicht weit von der Hütte liegt das Familienhotel gleichen Namens, das besonders wegen seines Streichelzoos bei Kindern gut ankommt. Nicht versäumen sollte man einen Abstecher nach Lienz, das mit attraktiven Sehenswürdigkeiten aufwartet. Zum Besichtigungsprogramm sollte das Schloss Bruck gehören und die historische Altstadt mit Fußgängerzone, in der gerade im Sommer nette Cafés und Läden zum ausgiebigen Bummel einladen.

Urig

Warscher Hütte

Zettersfeld 23
A-9900 Lienz/Thurn
Buchung über:
Siegfried Warscher
Moarfeldweg 23
A-9900 Lienz
Tel. und Fax 00 43/48 52/6 87 55
E-Mail: Warscher.siegfried@aon.at
Internet: www.tiscover.at/almhuette-warscher

Anfahrt: Von Norden über die Inntalautobahn A 10 bis zur vignettenfreien Ausfahrt Kufstein-Süd und über Kitzbühel und Mittersill zum Felbertauerntunnel. Auf der Südseite auf der Bundesstraße direkt nach Lienz

Für Selbstversorger

Ausstattung & Preise

Die Warscher Hütte ist eine neu gebaute und komfortabel ausgestattete Hütte in Bio-Blockhausbauweise. Es gibt vier Schlafzimmer für maximal acht Personen. Für Wärme sorgt eine Zentralheizung. Ideal für kalte Wintertage sind die hauseigene Sauna und das Solarium. Pro Tag kostet die Hütte im Sommer ab 129 €, im Winter ab 186 €, Nebenkosten und Endreinigung extra.

Lage & Ambiente

Die Warscher Hütte befindet sich auf 1800 Meter Höhe am Zettersfeld oberhalb von Lienz. Von der größten Stadt Osttirols aus kann man im Sommer an der Pfarrkirche St. Andrä vorbei direkt zur Hütte fahren. Im Winter ist die Anfahrt mit dem Pkw nicht möglich. Doch kommt man mit dem Lift bequem hinauf und erreicht in etwa fünf Minuten vom Skigebiet die Hütte.

Von der Hütte eröffnet sich eine herrliche Aussicht auf das Tal und die nahen Lienzer Dolomiten. Trotz der alpinen Lage wohnen die Gäste hier in gemütlichen Vollholzstuben sehr komfortabel und stilvoll.

In der Umgebung

Im Winter liegt das Skigebiet Zettersfeld und im Sommer viele Wanderwege direkt vor der Tür. Eine schöne und gemütliche Wanderung auf dem Zettersfeld führt hinauf zu den Neualplseen auf 2433 Meter Höhe. Im Winter bieten sich viele schöne und nicht allzu schwere Abfahrten oberhalb der Baumgrenze an. Möchte man urbanes Flair genießen, ist man mit der Seilbahn in wenigen Minuten in Lienz und kann durch die hübsche Altstadt bummeln.

Originell

Gasthof Gribele
Schlossberg 9–11
A-9900 Lienz
Tel. 00 43/48 52/6 21 91, Fax 7 00 30
E-Mail: gribelehof@onemail.at
Internet: www.tiscover.at/gribelehof

Anfahrt: Inntalautobahn A 10 bis zur Ausfahrt Kufstein-Süd (vignettenfrei), über Kitzbühel und Mittersill auf der Felbertauernstraße, durch den Felbertauerntunnel nach Lienz

Für Familien

Ausstattung & Preise
Der historische Gasthof geht bis auf das 17. Jahrhundert zurück und bietet ein entsprechend nostalgisches Ambiente. Es gibt 16 Gästezimmer mit 50 Betten. Alle Zimmer wurden vor wenigen Jahren renoviert. In der Küche werden hofeigene Produkte und hausgemachte Mehlspeisen angeboten. Besonders schön sitzt es sich auf der Terrasse, von der man einen eindrucksvollen Ausblick auf die Stadt Lienz hat. Eine finnische und eine Kräuterdampfsauna mit Ruheraum sorgen für Wohlgefühl nach einem ausgiebigen Stadtbummel. Für die Übernachtung mit Frühstück zahlt man pro Person ab 36 €.

Das Besondere Wer gern dort logiert, wo einst hochgestellte Persönlichkeiten abstiegen, ist im Gasthof Gribele richtig. Hier kann man sich einreihen in eine Schar illustrer Gäste, die einst am Hofe der Görzer Grafen in Schloss Bruck verkehrten.

Lage & Ambiente
Völlig problemlos ist die Fahrt zum Gasthof Gribele. In Lienz muss man sich lediglich an der Beschilderung zum Schloss Bruck orientieren und kommt automatisch an den richtigen Ort. Denn der Gasthof steht etwa 100 Meter oberhalb des Schlosses. Lienz ist der Hauptort Osttirols und von Norden her über die Felbertauernstraße und den Felbertauerntunnel erreichbar.

Wenn man eine schöne Aussichtslage gepaart mit leichter Erreichbarkeit und Nähe zur Stadt sucht, ist man im Gribelehof richtig. Von Lienz sind es nur wenige Minuten mit dem Auto hinauf zum Gasthof, und dennoch genießt man hier idyllische Ruhe und eine traumhafte Aussicht. Dazu bietet der Gasthof ein gediegen nostalgisches Interieur und ist mit Kinderspielplatz, Spielwiese und einem Bauernhof mit Kleintieren nebenan gut für Familien geeignet.

In der Umgebung

Allein die Nähe zur Stadt Lienz sorgt dafür, dass es an Freizeitmöglichkeiten nicht mangelt. Den Wandersfreund locken sicherlich die umliegenden Gipfel, die sich für schöne Wanderausflüge eignen. Eine klassische Tour führt zum Beispiel auf die Lienzer Hütte in 1977 Meter Höhe. Dazu fährt man mit dem Auto über Nussdorf-Debant zum Parkplatz Seichenbrunn. Von dort geht man eine Stunde auf dem Wirtschaftsweg oder 1,5 Stunden auf dem Natur- und Kulturlehrpfad zur Hütte.

In Lienz gibt es auch das Erlebnisbad Dolomitenbad mit Wasserrutschen und Kinder-Erlebniswelt. Ein Muss ist ein Besuch der Altstadt von Lienz mit dem Hauptplatz, der im Sommer als Fußgängerzone fungiert. Und dann sollte man vom Gribelehof aus natürlich dem Schloss Bruck einen Besuch abstatten. Der ehemalige Sitz der Görzer Grafen wurde Anfang des 13. Jahrhunderts erbaut und thront erhaben über dem Lienzer Talboden. Sehenswert sind die alte Schlosskapelle sowie das im Schloss untergebrachte Heimatmuseum der Stadt Lienz.

Das weite und flache Talbecken rund um Lienz ist ideales Terrain für Nordic Walking. Das haben sich auch die Touristiker in Lienz gedacht und den Nordic Fitness Sports Park Lienzer Dolomiten eingerichtet. Hier hat man die Wahl zwischen acht verschiedenen Strecken für Nordic-Walking-Ausflüge rund um Lienz, ange-

Hotel Traube in Lienz

fangen von der leichten Amlacher Runde mit vier Kilometern Länge bis zur Tristacher See Runde, die mit über 13 Kilometern Länge und 680 Höhenmetern sportliche Ansprüche stellt. Alle Touren befinden sich nah an der Stadt Lienz. Den Streckenverlauf und weitere Infos findet man im Internet unter www.nordic-fitness-park.de.

ÖSTERREICH

Extratipp

Zum Weinhändler Schon immer machten Reisende auf dem Weg nach Italien Halt in Lienz, und schon früh übernahm man diesseits der Grenze gerne italienisches Lebensgefühl und Gaumenfreuden. Im Hotel Traube in der schmucken Altstadt von Lienz trifft im Restaurant »Zum Weinhändler« das Beste aus beiden Ländern zusammen: die gute österreichische Küche und Wein aus aller Herren Länder, bevorzugt aber aus Österreich und Italien. Chef Andrä Vergeiner ist Vollblut-Weinhändler in der dritten Generation, seine Kellerei und sein Online-Vertrieb setzen aber ebenso auf italienische Grappe, Olivenöl, Pasta und Espresso.

Restaurant »Zum Weinhändler« im Hotel Traube, Am Hauptplatz 14, A-9900 Lienz; Tel. 00 43/48 52/6 44 44, Fax 6 41 84; Internet: www.tiscover.at/romantikhotel-traube; Online-Handel: www.vergeiner.com

Romantisch

Oswalderhof

Kartitsch 19
A-9941 Kartitsch
Tel. 00 43/48 48/52 05, Fax 5 20 53
E-Mail: oswalderhof@netway.at
Internet: www.oswalderhof.com

Anfahrt: Inntalautobahn A 10 bis zur Ausfahrt Kufstein-Süd (vignettenfrei), über Kitzbühel und Mittersill auf der Felbertauernstraße durch den Felbertauerntunnel. Über Lienz ins Gailtal und nach Kartitsch

Ausstattung & Preise

Der Oswalderhof ist ein gutbürgerlicher Gasthof der Drei-Sterne-Kategorie. Im Haus gibt es insgesamt 13 Doppel- und drei Einzelzimmer, die alle in hell-rustikalem Stil eingerichtet sind und über Dusche und WC verfügen. Auch ein Südbalkon gehört zu jedem Zimmer. Im kleinen Wellness-Bereich mit Sauna, Dampfbad und Sanarium, einer Niedertemperatursauna mit angenehmen 60 °C, lösen sich Verspannungen wie von selbst. Auch um Familienfreundlichkeit ist man bemüht und hält für die kleinen Gäste jede Menge Spielzeug bereit. Obwohl die Küche des Oswalderhofs vor allem auf traditionell Tirolerisches setzt, bekommt man auch klassische österreichische Gerichte und Vegetarisches serviert. Eine Übernachtung mit Halbpension kostet pro Person ab 37 €.

Das Besondere Der Oswalderhof ist ein klassisch ländlicher Gasthof mit typisch rustikalem Ambiente und Bergwiesen und Almen vor der Haustür. Er befindet sich im Gailtal in Osttirol – immer noch ein Geheimtipp unter den zahlreichen österreichischen Urlaubsgebieten, vielleicht weil es keine Durchgangsstrecke ist, sondern ein stilles Nebental in den Lienzer Dolomiten.

Lage & Ambiente

Ins urige, ausgesprochen idyllische Gailtal gelangt man auf der Fahrt herauf vom Hochpustertal nach etlichen Kurven und Anstiegen. In Lienz folgt man der Beschilderung nach Sillian und Südtirol bis kurz vor Sillian. In Tassenbach zweigt links die Straße ins Gailtal in Richtung Kartitsch und Obertilliach ab. Das kleine Bauerndorf Kartitsch ist die erste Ortschaft im Gailtal. Hier, am Ende der Welt, liegt auf 1350 Meter Höhe der Oswalderhof, der ganz im klassischen Tiroler Stil gehalten ist.

In der Umgebung

Von Kartitsch aus hat man eine reichhaltige Auswahl an Wandertouren. Sehr schön ist der Gailtaler Höhenweg, eine leichte Höhenwanderung durch das Lesach- und Gailtal. Beliebt sind auch Führungen durch die Obstanser Eishöhle von der Obstanser Seehütte aus. Nur wenige Kilometer entfernt im Hochpustertal verläuft außerdem der Radweg zwischen Lienz und Innichen auf der Südtiroler Seite.

Im Winter gibt es in Kartitsch ein kleines Skigebiet mit zwei Liften und Donnerstagabend Nachtskilauf. Auch in Obertilliach bietet sich ein weiteres kleines Skigebiet an. Deutlich größeres Pistenangebot gibt es in Sillian.

Ausgesprochen gut ist das Langlaufangebot. Das Lesachtal ist im Winter geradezu ein Dorado für Langläufer. Die Loipe entlang des Tales in Richtung Obertilliach und Untertilliach ist nicht nur dank der Höhenlage sehr schneesicher. Sie ist auch aufgrund des recht hügeligen und abwechslungsreichen Geländes durchaus sportlich. Kein Wunder, dass hier auch zahlreiche Spitzensportler aus dem nordischen Bereich trainieren. Dazu bietet das neue Biathlonzentrum zwischen Kartitsch und Obertilliach zusammen mit der kürzlich gebauten Sommer-Rollerbahn ganz erstklassige Voraussetzungen. Nicht zufällig hat die norwegische Biathlonlegende Ole Einar Björndalen im nahen Obertilliach seinen Wohnsitz. Man kann hier also nicht nur den Stars in der Loipe und im Sommer auf der Rollerbahn zwischen Kartitsch und Obertilliach begegnen, sondern auch selbst Biathlon testen. Dazu gibt es im benachbarten Obertilliach spezielle Angebote, bei denen man unter fachkundiger Aufsicht im Biathlonzentrum bei Obertilliach seine ersten Biathlonerfahrungen machen kann. Man dreht eine Runde auf der Loipe, kommt dann ins Biathlonstadion und schießt anschließend unter fachkundiger Aufsicht auf die Scheiben. Es sieht zwar leicht aus, ist aber in der Realität überraschend schwierig, mit zittrigen Armen das Gewehr zu halten und zu zielen. Treffer sind da meistens Glücksache.

Klein und gemütlich: das Dorf Kartitsch

ÖSTERREICH

Extratipp

Wallfahrt Maria Hilf Die kleine Kirche im Ortsteil Hollbruck geht auf ein Wunder zurück, das sich Mitte des 17. Jahrhunderts ereignet haben soll. Bald strömten Wallfahrer in den Ort, und schon ab 1680 wurde die gedrungene kleine Kirche Maria Hilf im frühbarocken Stil errichtet. Im Inneren ist das Gnadenbild der Gottesmutter in der Monstranz des Hochaltars sehenswert. Und nebenan im Gasthof »Zur schönen Aussicht« lässt sich die kleine Pilgertour bei Kaffee, selbst gemachten Kuchen und der herrlichen Aussicht auf das Pustertal zu einem Nachmittagsausflug verlängern.

Wellness

Almwellness-Hotel Tuffbad

Tuffbad 3
A-9654 St. Lorenzen
Tel. 00 43/47 16/6 22, Fax 6 22-55
E-Mail: info@almwellness.com
Internet: www.almwellness.com

Anfahrt: Inntalautobahn A 10 Ausfahrt Kufstein-Süd (vignettenfrei), über Kitzbühel und Mittersill auf der Felbertauernstraße durch den Felbertauerntunnel. Über Lienz und Tassenbach ins Gailtal und nach St. Lorenzen

Ausstattung & Preise

Das große und gut ausgestattete Vier-Sterne-Hotel in herrlicher Hanglage bietet 38 geräumige Doppelzimmer und zwölf gemütliche Ferienwohnungen. Das Restaurant verarbeitet Produkte der eigenen Landwirtschaft und bietet regionale Spezialitäten und klassische österreichische wie auch internationale Küche. Als Zusatzangebot gibt es vegetarische Speisen und Vollwertkost. Das Aushängeschild ist, wie der Name schon sagt, die Wellness-Abteilung, die mit dem Mineralwasser aus der Tuffbad-Quelle versorgt wird.

Wer sich hier einquartiert, zahlt für die Nacht im Doppelzimmer mit Vollpension und Benutzung der Wellness-Anlagen ab 85 €.

Das Besondere Urlauber, die einen Wellness-Urlaub ohne Trubel in einem romantischen und vor allem ruhigen Gebirgstal verbringen wollen, sind hier richtig. Das Gailtal bietet unverfälschte bäuerliche Kultur und idyllische Atmosphäre.

Lage & Ambiente

Das Gailtal im Südwesten Kärntens gehört zu den schönsten und naturbelassensten Tälern Österreichs. Das Tal verläuft von Ost nach West entlang der Grenze zu Italien und geht auf der Osttiroler Seite ins Lesachtal über. Um dorthin zu gelangen, fährt man über die Felbertauernstraße und den Felbertauerntunnel bis Lienz. Dort geht es dann weiter in Richtung Sillian und Südtirol bis Tassenbach kurz vor Sillian. Hier biegt man links ab und fährt über Kartitsch und Obertilliach durch das ursprüngliche Tal mit seiner schönen und kurvenreichen Straße bis St. Lorenzen an der Talstraße. Zum Tuffbad muss man weitere drei Kilometer zurücklegen.

Die Tuffquellen, die die umfangreiche Wellness-Abteilung des Hotels versorgen, wurden einst von den Patern des Wallfahrtsortes Maria Luggau entdeckt, als sie auf der Suche nach Kräutern waren. Das Wasser entspringt aus über 200 Meter tiefem Gestein mit einer Temperatur von rund 12 °C. Das erste Badehaus wurde hier schon 1765 erbaut. Helfen soll das Mineralwasser zur Reinigung der Atemwege sowie zum Ent-

Bei einem Schwitzbad den Körper regenerieren

schlacken des Körpers. Wer das Wellness-Angebot nutzen möchte, hat die Wahl zwischen Schönheitsbädern, Kräuterbädern, Bierbädern, Beauty-Behandlungen, Massagen oder einer Behandlung auf dem Alm Schwebebett. Darüber hinaus stehen Hallenbad, Sauna, Solarium und Fitnessraum zur Verfügung.

In der Umgebung

Die herrliche Bergwelt im Gailtal eignet sich bestens für Wanderausflüge. Dazu bietet das Almwellness-Hotel auch Almwalking an. Beliebte Touren sind auch die geführten Kräu-

Urlaub in romantischer Umgebung

terwanderungen und Ausflüge zur Lackenalm. Nur wenige Kilometer entfernt befindet sich der berühmte Wallfahrtsort Maria Luggau mit der prachtvollen Basilika.

Im Winter gibt es im Lesachtal auf der Osttiroler Seite bei Obertilliach schöne und anspruchsvolle Langlaufloipen. Dort existiert auch ein kleines Skigebiet.

Wer etwas erleben, aber nicht weit fahren will, kann die hoteleigene Rodelbahn ausprobieren oder an geführten nächtlichen Fackelwanderungen teilnehmen.

Extratipp

Fasten nach dem Mond Abnehmen, wer wünscht sich das nicht. Vielleicht hilft da ja eine etwas ungewöhnliche Methode, die im Almwellness-Hotel angeboten wird. Hier gibt es neuerdings die Energie-Fastenwoche bei abnehmender Mondphase. Eine ganze Woche also wird man von einer diplomierten Fastenleiterin betreut, ernährt sich von Tees, Säften und Suppen. Dazu wird gewandert, übt man sich im Nordic Walking, bewegt sich also recht viel an der frischen Luft. Für das Almwalking, wie das Nordic Walking in diesem Fall heißt, werden Pulsuhren und Stöcke zur Verfügung gestellt. Begleitend gibt es Vorträge zur Ernährungslehre, Aromatherapie und Wassergymnastik sowie Stretching und ein Meeressalz-Aromabad. Und dann steht ja auch noch der hauseigene Wellness-Bereich zur Verfügung. Der Preis für die Fastenwoche liegt bei 760 € pro Person inklusive Übernachtung. Frühstück und sonstige Mahlzeiten fallen in diesem Fall ja aus.

Romantisch

Gasthof-Pension Lahnerhof

Obergail 8
A-9653 Liesing
Tel. 00 43/47 16/2 39, Fax 2 18
E-Mail: lahnerhof@utanet.at
Internet:
www.lesachtal.com/lahnerhof

Anfahrt: Von Norden via Inntalautobahn A 10 bis Ausfahrt Kufstein-Süd (vignettenfrei), über Kitzbühel und Mittersill zur Felbertauernstraße, durch den Felbertauerntunnel weiter bis nach Matrei und Lienz. Hier entweder in Richtung Sillian und dann in Tassenbach links ins Lesachtal. Die kurvenreiche und teils etwas alpine Strecke führt direkt nach Liesing. Oder etwas einfacher zu fahren: von Lienz über Oberdrauburg und Kötschach-Mauthen ins Gailtal und nach Liesing

Für Familien

Ausstattung & Preise

Der einsam am Hang gelegene und über 200 Jahre alte Bergbauernhof bietet für seine Gäste schöne und sehr gemütliche Zimmer, die auf rustikale Art eingerichtet sind. Für Familien steht außerdem eine recht geräumige Ferienwohnung mit Wohn- und Esszimmer, großem Panoramafenster und eigener Terrasse zur Verfügung. In der Wohnung ist auch ein Anschluss für den Laptop vorhanden.

Der Gasthof hat zwei rustikale Stuben, wo in geselliger Runde die Mahlzeiten eingenommen werden. Die Küche liefert ein umfangreiches kulinarische Angebot bestehend aus heimischen Gerichten und Wildspezialitäten. Die hauseigene biologische Landwirtschaft sorgt für die entsprechenden Zutaten wie Lesachtaler Bauernbrot, Milch, Topfen, Joghurt, Butter und Käse. Die Logispreise beginnen im Lahnerhof bei 28 € pro Person für die Halbpension im Doppelzimmer.

Lage & Ambiente

Das ursprüngliche Gailtal verläuft ganz im Süden Kärntens praktisch parallel zur Grenze nach Italien. Im Westen geht das Tal auf der Osttiroler Seite in das Lesachtal über. Wie auf einem Balkon thront der Gasthof auf einem Wiesenvorsprung auf knapp 1200 Meter Höhe im oberen Gailtal, noch immer eine der ursprünglichsten Regionen Österreichs. Dazu passt perfekt der Urlaub auf dem Bergbauernhof in typisch ländlicher Atmosphäre und sehr familiärer Betreuung.

Eine Stärke des Lahnerhofs ist das umfangreiche Freizeitangebot, das speziell für den Familienurlaub konzipiert ist. Auf der Wiese vor dem Haus kann man nach dem Bad im Swimmingpool ausgiebig relaxen. Wer gerne mit anderen Hausgästen ins Gespräch kommen möchte, hat dazu bei den regelmäßig organisierten Hüttenabenden mit deftiger Jause Gelegenheit.

In der Umgebung

Was liegt hier näher als Ausflüge und Wanderungen in der herrlichen Bergwelt? Das Angebot an Bergtouren umfasst alle Schwierigkeitsstufen und reicht von einfachen Varianten wie etwa der Wanderung zur Steineckenalm, auf die Obergailer Alm oder auf dem Talweg in rund drei Stunden zum Wallfahrtsort Maria Luggau bis zu anspruchsvollen Exkursionen. Die Raudenspitze ist in einer Tagestour über die Raudenscharte zu besteigen.

Darüber hinaus bieten die Gastgeber auch spezielle Ausflüge an: Der Hausherr bringt die Gäste mit dem Traktor zu schönen Plätzen und Ausgangsorten für Wanderungen. Oder man nimmt an einer der gemeinsamen Laternenwanderungen teil. Im Winter ist das Gailtal ein ideales Ziel für Langläufer. Zwischen Hollbruck und Untertilliach ist auf der Osttiroler Seite die Grenzlandloipe gespurt. Und im kürzlich errichteten Biathlonzentrum in Obertilliach können sich Gäste einmal im Biathlon versuchen und werden feststellen, dass

Wallfahrtsbasilika Maria Luggau

die Hand nach einem Spurt auf der Loipe am Schießstand doch recht zittrig ist. In Obertilliach wohnt und trainiert übrigens auch der norwegische Biathlonstar Ole Einar Björndalen. Für Skifahrer gibt es in Obertilliach am Golzentipp ein kleines Skigebiet, nicht sehr umfangreich mit nur fünf Liften und 16 Pistenkilometern, dafür aber aufgrund der Höhenlage sehr schneesicher.

ÖSTERREICH

Extratipp

Maria Luggau Nur wenige Kilometer vom Lahnerhof entfernt und auf einem schönen Wanderweg erreichbar liegt die Wallfahrtskirche Maria Luggau auf 1170 Meter Höhe. Sie wurde 1986 von Papst Johannes Paul II. zu Kärntens einziger Basilika erhoben. Das dazu gehörende Kloster wird vom Servitenorden bewirtschaftet und umfasst auch ein Bildungszentrum. Im Bauernladen gleich beim Kloster kann man Produkte aus der hiesigen Landwirtschaft erwerben. Wer hier noch einige besinnliche Urlaubstage anhängen möchte, kann dies im Rahmen von Exerzitien und Erholungswochen nach Rücksprache und Anmeldung tun. Nach Maria Saal ist Maria Luggau der meistbesuchte Wallfahrtsort Kärntens mit bis zu 40 000 Besuchern im Jahr.
Servitenkloster Maria Luggau, A-9665 Maria Luggau; Tel. 00 43/47 16/6 01

Romantisch

Eggelerhof

Obergail 6
A-9653 Liesing
Tel. 00 43/47 16/2 96, Fax 2 00 21
E-Mail: eggeler@lesachtal.com
Internet: www.familienwanderhof.at

Anfahrt: Von Norden über die Inntalautobahn A 10 bis Ausfahrt Kufstein-Süd (vignettenfrei), über Kitzbühel und Mittersill auf der Felbertauernstraße durch den Felbertauerntunnel. Auf der Südseite weiter nach Lienz und entweder die schönere Variante in Richtung Sillian über Obertilliach und Maria Luggau wählen oder über Oberdrauburg und Kötschach-Mauthen fahren

Für Familien

Ausstattung & Preise

Der Eggelerhof bietet seinen Gästen schöne und gemütliche Doppel- und Dreibettzimmer sowie großzügige Appartements, die über zwei Schlafräume, Dusche/WC, TV und Balkon verfügen. Besonders idyllisch wohnt man nebenan im original renovierten, 200 Jahre alten Kastl, einem ehemaligen Getreidespeicher, der zur gemütlichen Ferienwohnung mit zwei Schlafräumen und Wohnküche umgebaut wurde. Die Küche bietet regionale Spezialitäten und viele hausgemachte Produkte, wie etwa »Omas Bauernbrot«, Joghurt und diverse Aufstriche. Am Hof gibt es einen Streicheltiergarten mit Ziegen, Kaninchen und Katzen und natürlich einen Spielplatz für die Kinder. Für eine Woche Übernachtung mit Frühstück zahlt man pro Person ab 220 €.

Lage & Ambiente

Der stattliche Bergbauernhof steht an einem herrlichen Aussichtspunkt oberhalb von Liesing im Lesachtal. Als idealer Ort für den Familienurlaub hat er sich ganz auf diese Zielgruppe spezialisiert. Im gemütlichen Inneren mit den alten, liebevoll dekorierten Bauernstuben, den Holzdecken und den Stockbetten für die Kinder fühlt man sich sofort wohl.

In der Umgebung

Im Sommer gibt es viele Wandermöglichkeiten. Über 300 Kilometer markierte Spazier-, Wander- und Klettertouren bieten für alle Bergfreunde die richtige Mischung. Zudem organisieren die Gastgeber Fackelwanderungen, Ausflüge zum nahen Heilbad Tuffstein und Traktorfahrten in der Umgebung.

Urig

Almhaus Traudi

A-9620 Nassfeld
Buchung über:
Waltraud Umfahrer
Tel. 00 43/42 86/4 41
oder
Urlaub am Bauernhof
A-9020 Klagenfurt
Tel. 00 43/4 63/33 00 99
Internet:
www.urlaubambauernhof.com

Anfahrt: Von der Tauernautobahn A 10 bei Villach auf die A 2 bis Ausfahrt Arnoldstein. Ins Gailtal und über Hermagor nach Nassfeld

Für Selbstversorger

Ausstattung & Preise

Insgesamt acht Personen haben Platz in der Hütte, die im klassischen Blockhausstil gebaut ist. Drinnen gibt es drei Schlafzimmer, eine moderne Küche mit Elektroherd, Geschirrspüler, Kühlschrank und Mikrowelle. Im Wohnraum sorgt ein offener Kamin an kalten Tagen für Behaglichkeit. Das Bad ist mit Dusche und extra WC ausgestattet. Außerdem besitzt das Almhaus eine Sauna. Rauchen ist in der Hütte untersagt. Pro Tag zahlt man ab 73 €.

Lage & Ambiente

Das Nassfeld an der österreichisch-italienischen Grenze im Süden Kärntens ist ein beliebtes Skigebiet im Winter und im Sommer ideal für Wandertouren. Man erreicht es von Hermagor aus auf einer gut ausgebauten Straße. Vom Zentrum Nassfeld ist es dann noch ein knapper Kilometer auf einer schmalen Straße bis zur Hütte, die sich auf 1600 Meter Höhe in herrlicher Hanglage befindet und mit einem schönen Ausblick auf die Karnischen Alpen aufwartet.

Das romantische Almhaus ist komplett neu gebaut, komfortabel ausgestattet und sehr geräumig. Es eignet sich daher bestens für den Familienurlaub.

In der Umgebung

Im Sommer befindet man sich inmitten eines weitläufigen Wandergebiets. Aber vor allem im Winter hat die Lage ihre Vorzüge: Eine Langlaufloipe führt direkt vor der Hütte vorbei, dazu hat man direkten Zugang zum Skizirkus am Nassfeld. Hat man einmal genug vom Selberkochen, gelangt man in nur wenigen Minuten zu Fuß zum Zentrum von Nassfeld und in eines der Gasthäuser vor Ort.

Romantisch

Haus Lärchenegg

A-9620 Nassfeld
Buchung über:
Hubert Kuplitsch
Tel. 00 43/42 56/30 32
oder
Urlaub am Bauernhof
A-9020 Klagenfurt
Tel. 00 43/4 63/33 00 99
Internet:
www.urlaubambauernhof.com

Anfahrt: Tauernautobahn A 10, bei Villach auf die A 2 bis Ausfahrt Arnoldstein, weiter bis Hermagor-Gailtal und Hoteldorf Nassfeld

Für Selbstversorger

Ausstattung & Preise

Das Haus Lärchenegg wurde erst kürzlich neu erbaut, deshalb sind die Wohnungen entsprechend modern und komfortabel ausgestattet. Es gibt einen Elektroherd, Zentralheizung und ein Bad mit WC und Dusche. Ein besonderer Luxus ist die hauseigene Sauna. Platz ist für zwei bis vier Personen. Bei Bedarf lassen sich die Wohnungen auch miteinander verbinden. Die Preise rangieren zwischen 40 und 75 € pro Tag je nach Belegung und Saison.

Lage & Ambiente

Von Hermagor fährt man auf einer gut ausgebauten Straße hinauf zum Nassfeld, einem Hoteldorf auf rund 1600 Meter Höhe. Dort sind es etwa 800 Meter auf einer Schotterstraße bis zum Haus Lärchenegg. Im Winter muss man das letzte Stück zu Fuß zurücklegen, dafür wird das Gepäck mit dem Motorschlitten bis zum Haus transportiert.

Das komfortable Ferienhaus in schöner Hanglage besteht aus vier Almwohnungen, die jeweils für zwei bis vier Personen geeignet sind. Nicht zuletzt wegen des weiten Blicks auf die umliegenden Berggipfel empfiehlt es sich für einen stressfreien Urlaub mit schönen Wandermöglichkeiten im Sommer. Im Winter hat man eines der besten Skigebiete Kärntens direkt vor der Tür.

In der Umgebung

Im Sommer locken schöne Bergtouren, darunter der Karnische Höhenweg. Im Winter ist man praktisch mitten im Skigebiet Nassfeld. In nächster Umgebung befinden sich auch zahlreiche bewirtschaftete Hütten und Gasthöfe. Falls der Proviant ausgehen sollte, steht einer zünftigen Einkehr also nichts im Weg.

Luxuriös

Hotel Wulfenia

Sonnenalpe Nassfeld 7
A-9620 Hermagor
Tel. 00 43/42 85/81 11, Fax 81 24
E-Mail: info@wulfenia.at
Internet: www.wulfenia.at

Anfahrt: Von Norden auf der Tauernautobahn A 10 bis Ausfahrt Paternion/Feistritz kurz nach dem Millstätter See. Dort Richtung Hermagor über die Windische Höhe und auf die Gailtaler Bundesstraße. Nach 7 km auf die B 90 in Richtung Tröpolach und Nassfeld, auf der gut ausgebauten Nassfeldstraße hinauf bis zur Sonnenalpe

Ausstattung & Preise

Das stilvolle Hotel mit komfortablen, gediegen eingerichteten Zimmern und einer soliden Wellness-Abteilung bestehend aus Hallenbad, Wildbach, Whirlpool, Saunawelt und umfangreicher Gesundheits- und Beauty-Abteilung bietet Wohlfühlurlaub pur. Die Küche von Arnold Pucher ist betont mediterran und propagiert Olivenöl als zentrales Thema mit einer eigenen Olivenölkarte, inspiriert immerhin von keinem Geringeren als dem italienischen Gourmetpapst Luigi Veronelli. Für die Übernachtung im Doppelzimmer mit Halbpension zahlt man pro Person ab 100 €.

Lage & Ambiente

Nur wenige Meter von der österreichisch-italienischen Grenze entfernt, befindet sich das elegante Hotel inmitten des Skigebiets von Nassfeld. Die Gäste wohnen in 1500 Meter Höhe auf der Sonnenalpe Nassfeld, die ihren Namen zu Recht trägt, denn hier hat man reichlich Sonne und dazu die herrliche Höhenlage mit schönem Rundumblick. Das Wulfenia ist zweifellos das beste Haus am Nassfeld. Vier Sterne und drei Hauben kann das Hotel vorweisen, in dem der Shootingstar der österreichischen Gourmetküche, Arnold Pucher, am Herd Köstlichkeiten zaubert. Einziger Nachteil: Das Haus ist nur zur Wintersaison geöffnet.

In der Umgebung

Idealer als vom Hotel Wulfenia aus kann man kaum ins Skivergnügen starten. Die Skiarena Nassfeld mit über 100 Kilometer Pisten liegt direkt vor der Hoteltür. Wer möchte, kann auf einem winterlichen Spaziergang auch einen kleinen Abstecher ins nahe Italien machen.

76 Berggasthof Mösslacher

Romantisch

Berggasthof Mösslacher

Guggenberg 10
A-9620 Hermagor
Tel. 00 43/42 82/22 89, Fax 49 33
E-Mail:
berggasthof@moesslacher.at
Internet: www.moesslacher.at

Anfahrt: Tauernautobahn A 10 Ausfahrt Feistritz über die Windische Höhe und St. Stefan nach Hermagor. Alternativ auf der A 10 weiter bis Villach,dort auf die A 2 Richtung Italien bis Ausfahrt Arnoldstein, weiter ins Gailtal bis Hermagor

Für Familien

Ausstattung & Preise

Im Gasthof gibt es gemütliche Gaststuben, die mit viel Holz und einem Kachelofen Behaglichkeit und heimelige Atmosphäre ausstrahlen. Die Küche bietet regionale Hausmannskost und vegetarische Gerichte. Für die Übernachtung hat man die Wahl zwischen Doppel- und Dreibettzimmern mit Dusche/WC und Balkon sowie vier Appartements, die liebevoll »Blumengartl«, »Schwalbennest«, »Gartnerkofel« und »Gänseblümchen« genannt werden. Diese eignen sich besonders für die Familien unter den Gästen. Im Haus befindet sich auch eine Sauna mit Sanarium, wo man nach einem ausgiebigen Wander- oder Skitag die wohlverdiente Erholung findet. Vor der Tür liegen ein Kinderspielplatz und ein Volleyballfeld. Besonderer Anziehungspunkt vor allem an heißen Tagen ist der schöne Naturbadesee vor dem Haus. Für die Übernachtung mit Halbpension im Doppelzimmer zahlt man pro Person ab 43 €.

Das Besondere Vor allem für Familien mit Kindern ist der Alpengasthof Mösslacher die ideale Ferienadresse. Auf dem Guggenberg gibt es nicht nur viel Platz zum Spielen, sondern auch eine speziell familienfreundliche Ausstattung und zahlreiche Freizeitmöglichkeiten.

Lage und Ambiente

Der Berggasthof Mösslacher befindet sich auf dem Guggenberg, einer idyllisch gelegenen Hochfläche auf über 1100 Meter Höhe. Zur nahe gelegenen Stadt Hermagor sind es etwa fünf Kilometer. Nach Hermagor kommt man entweder über die Felbertauernstraße und Lienz über Oberdrauburg und Kötschach oder über die Tauernautobahn bis zur

Ausfahrt Feistritz zwischen Spittal und Villach und weiter über die Windische Höhe und St. Stefan. Im Zentrum Hermagors, beim Postamt, sind Guggenberg und Gasthof Mösslacher ausgeschildert. Der gepflegte Gasthof mit rustikalem Ambiente und familienfreundlichen Angeboten

Familienappartements zum Wohlfühlen

ist ideal, wenn man in den Ferien das Auto stehen lassen will. Es ist der richtige Ort für einen naturverbundenen Urlaub mit vielen Freizeitmöglichkeiten und einer eindrucksvollen Aussicht. Der sich an den Gasthof anschließende Bauernhof ist vor allem für Kinder interessant. Dort werden Kühe, Schweine, Schafe und Pferde gehalten, die man aus nächster Nähe begutachten kann.

In der Umgebung

Man muss nicht weit fahren, um ein umfangreiches Freizeitangebot zu haben. Im Sommer lockt der Badesee vor dem Haus. Dazu gibt es Waldlauf- und Mountainbike-Strecken direkt beim Haus. Die Gastgeber bieten überdies Traktorfahrten, Ausflüge mit Haflingerpferden und geführte Wanderungen an. Der Guggenberg ist auch gut geeignet für Nordic-Walking-Touren.

Im Winter kann man auf zahlreichen geräumten Wegen Wanderungen durch die verschneite Landschaft rund um den Gasthof unternehmen. Für die kleinen Gäste steht eine Kinderrodelbahn hinter dem Haus zur Verfügung. Rodel verleiht der Gasthof.

Nicht weit ist die Fahrt zum Weißensee, der für seine erstklassigen Eislaufmöglichkeiten und Langlaufloipen bekannt ist. Dort gibt es auch ein Skigebiet. Für anspruchsvolle Skifahrer lohnt ein Ausflug zum nahen Nassfeld, das man vom Guggenberg aus gut erreichen kann. Bei Tröpolach, nur wenige Kilometer von Hermagor entfernt, geht es mit dem Millennium-Express in wenigen Minuten hinauf in das Skigebiet mit 30 Liftanlagen und über 100 Pistenkilometern.

Extratipp

Speck- und Käsestraße Gailtal, Lesachtal, Gitschtal und Weißensee firmieren unter dem Namen Naturarena Kärnten. Nicht nur, aber besonders im Juni schöpft die Region während des Gailtaler Speckfests in Hermagor kulinarisch aus dem Vollen. Dabei kommt natürlich nicht nur der feine Speck, der ausschließlich von Familienbetrieben vor Ort produziert wird, auf den Tisch, sondern auch viele weitere kulinarische Köstlichkeiten. Die Milch für den würzigen Almkäse stammt hier tatsächlich noch von glücklichen Kühen, und die Nähe zu Italien tut ein Übriges, dass Feinschmecker den Urlaub im wahrsten Sinne des Wortes genießen können. Den Kärntner Almschotten, eine aus Molke gewonnene Käsespezialität mit jahrhundertealter Tradition, wird man andernorts vergeblich suchen, sollte also die Gelegenheit zur Kostprobe nutzen.
Weitere Infos: Naturarena Kärnten, Hauptstr. 14, A-9620 Hermagor; Tel. 00 43/42 82/31 31, Fax 31 31 31; Internet: www.naturarena.com

Originell

Cube Nassfeld

Tröpolach 152
A-9620 Hermagor
Tel. 00 43/42 85/8 41 20 20,
Fax 8 41 20 30
E-Mail:
info.nassfeld@cube-hotels.com
Internet: www.cube-hotels.com

Anfahrt: Von Norden über die Inntalautobahn A 12 bis Kufstein-Süd (vignettenfrei) und über Kitzbühel und den Felbertauerntunnel. Richtung Süden über Matrei bis Lienz, dann bis Oberdrauburg und Kötschach-Mauthen, durch das Obere Gailtal und nach Hermagor. Eine Variante führt über Salzburg auf der Tauernautobahn A 10 nach Süden bis Spittal an der Drau und über den Weißensee bis nach Hermagor.

Ausstattung & Preise

Das Cube Hotel wendet sich in erster Linie an junge und jung gebliebene Gäste. Es gibt insgesamt 156 so genannte Cube Boxes, die hoteleigene Bezeichnung der Gästezimmer. Man kann die Cube Boxes je nach Bedarf und Budget für zwei, drei, vier bis maximal acht Personen mieten. Die Zweier-Box ist entsprechend für zwei Personen gedacht und mit Dusche und WC ausgestattet. Die Achter-Box ist sozusagen eine Sparversion, die sich acht Personen teilen können. Dabei muss man sich jedoch mit Etagendusche und -WC bescheiden.

Für das leibliche Wohl der Gäste bietet das Cube eine 24-Stunden-Bar, in der man Drinks und Snacks zu sich nehmen kann. Im Selbstbedienungsrestaurant werden Frühstück, Mittagessen und Abendessen serviert. Außerdem gibt es die Sports Bar mit Sonnenterrasse sowie den Cube Club, in dem sich das Nachtleben abspielt.

In der Relax Area mit Sauna und Dampfbad werden Wellness und Wohlbefinden groß geschrieben. Zum abendlichen Zeitvertreib stehen in der Gaming Zone Videospiele, Tischfußball oder Dart bereit. Für die Übernachtung im Cube zahlt man in der Zweier-Box mit Frühstück pro Person ab 33 €, in der Achter-Box pro Person ab 17 €.

Das Besondere Im Cube Nassfeld kann man in einem extravaganten Ambiente einen Urlaub der besonderen Art erleben, die so gar nichts mit der sonst üblichen alpenländischen Idylle zu tun hat. Unter dem

Motto »Sport ohne Grenzen, Entertainment ohne Ende und Design ohne Kompromisse« ist hier ein einzigartiges und neues Konzept verwirklicht, das vor allem junge Menschen anspricht.

Lage & Ambiente

Das Nassfeld ist eines der größten und beliebtesten Skigebiete Kärntens und liegt an der Landesgrenze zu Italien. Das Cube Nassfeld befindet sich etwa 50 Meter von der Talstation des Millennium-Express entfernt, mit dem man in wenigen Minuten mitten ins Skigebiet am Nassfeld kommt.

Auch wenn die ungewöhnliche Unterkunft nicht auf dem Berg, sondern nur am Berg liegt, so präsentiert sie doch eine neue und jugend-

Originelle Möblierung im Stil der Sechzigerjahre

liche Art des Bergurlaubs. Man wohnt in einem Hotel, das moderne loftartige Architektur mit Elementen aus Glas, Beton und Licht und zeitgemäßer Möblierung mit Stilelementen der Sechzigerjahre verbindet. Überdies schätzen Gäste den Zugang zu verschiedensten Sportgeräten, die man individuell oder in Gruppen testen kann. Wer sein eigenes Sportgerät mitbringt und sich partout nicht davon trennen will, kann dieses im so genannten Showroom, der belüftetet und im Winter beheizt ist, unterstellen.

In der Umgebung

Das Hotel bietet ein spezielles Sports Programm an, bei dem man unterschiedlichste Sportgeräte inklusive Ausrüstung testen kann. Im Sommer und im Winter hat man die Wahl zwischen neun verschiedenen Sportarten, darunter Carving, Snowboard, Skifox, Snowcyle oder Snowscooter. Im Sommer stehen das Mountainbike, Mountainroller oder Mountainboard hoch im Kurs. Die Geräte kann man entweder individuell oder auch in der Gruppe testen. Und weil nicht jedes Sportgerät gleichermaßen dazu geeignet ist, dass man allein und ohne Übung losstartet, werden auch kurze Einführungen ebenso wie professionelle Kurse angeboten.

Abgesehen von den hoteleigenen Programmen bietet auch die Umgebung zahlreiche Möglichkeiten. Mit dem Millennium-Express kann man auf die 1590 Meter hohe Tressdorfer Alm fahren. Dort gibt es viele markierte Wander-, Berg- und Klettertouren. In der Nähe der Bergstation wird in der Schaukäserei Tressdorfer Alm der berühmte Gailtaler Almkäse hergestellt. Ganz besondere Eindrücke verspricht der Wünschelruten-Wanderweg von Obervellach nach Hermagor. Am Pressegger See, übrigens einem der wärmsten in Kärnten, gibt es einen Erlebnispark. Und der Weg durch die sechs Kilometer lange Garnitzenklamm verlangt zwar teils etwas Trittsicherheit, ist aber sehr eindrucksvoll. Allerdings ist die Klamm nur von Juni bis September geöffnet.

Im Winter steht natürlich das Skigebiet auf dem Nassfeld ganz oben auf dem Programm. 30 Liftanlagen und über 100 Pistenkilometer reichen auch für höchste Ansprüche. Ein Muss ist die lange Carnia-Talabfahrt nach Tröpolach. Langläufer finden ein gutes Loipenangebot im Gailtal.

Urig

Wurzelhütte

A-5582 St. Margarethen
Tel. 0043/6476/313
Internet: www.schloegelberger.at

Anfahrt: Tauernautobahn A10 von Salzburg Richtung Villach bis Ausfahrt St. Michael im Lungau und weiter nach St. Margarethen. Im Sommer mit dem Auto, im Winter mit Skilift und Motorschlitten erreichbar

Für Selbstversorger

Ausstattung & Preise

Einen schönen Bergurlaub kann man in der Wurzelhütte verbringen, einer besonders urigen Almhütte, die überraschend viel Komfort bietet. Im Inneren der Hütte gibt es eine gemütliche Stube mit Kachelofen, der an kalten Tagen Wärme verbreitet und für typische Hüttenatmosphäre sorgt. Für die Verköstigung steht eine gut bestückte Küche mit Elektroherd und Geschirrspüler zur Verfügung. Außerdem gibt es ein Duschbad, ein separates WC und, was besonders im Winter angenehm ist, eine Sauna. Über eine steile Holztreppe erreicht man zwei sehr behagliche Schlafräume mit jeweils einem Doppelbett. Ein weiterer Schlafraum im Erdgeschoss verfügt über sechs weitere Schlafmöglichkeiten. Ein besonderer Pluspunkt der Hütte ist die große Terrasse.

Die Preise für die Wurzelhütte beginnen bei Belegung mit vier Personen bei 60 € pro Tag. Für jede weitere Person zahlt man 10 € dazu. Nebenkosten werden extra berechnet.

Lage & Ambiente

Die Wurzelhütte steht an einem schönen Aussichtsplatz auf einer Almwiese. Sie befindet sich in 1450 Meter Höhe oberhalb der Ortschaft St. Margarethen. Trotz der herrlichen und ruhigen Lage ist die Hütte ausgesprochen verkehrsgünstig gelegen und eignet sich bestens für den urigen und gemütlichen Hüttenurlaub mit relativ viel Komfort.

In der Umgebung

Die Wurzelhütte ist eine ideale Unterkunft im Winter, da sie direkt an der Piste des Skigebiets Aineck-Katschberg liegt. Im Sommer gibt es eine Reihe schöner Wanderwege. Ein hübscher Spaziergang ist es zum einen Kilometer entfernten Gasthof Schlögelberger, wo man Bioprodukte einkaufen kann.

Urig

Abfalterer Hütte

A-8750 Judenburg
Buchung über:
Urlaub am Bauernhof
Hamerlinggasse 3
A-8010 Graz
Tel. 00 43/3 16/80 50 12 91,
Fax 80 50 12 90
E-Mail: uab@lk-stmk.at
Internet: www.tiscover.com/steiermark-bauernhofurlaub

Anfahrt: Tauernautobahn A 10 Richtung Süden bis zur Ausfahrt St. Michael im Lungau, durch das Obere Murtal auf der Bundesstraße B 99 und 96 bis Judenburg

Für Selbstversorger

Ausstattung & Preise

Die neu gebaute Almhütte im traditionellen alpenländischen Stil bietet Platz für maximal sechs Personen. Im Erdgeschoss befinden sich eine gemütliche Bauernstube und die Küche. Im großen Wohnraum lässt sich das Sofa zur Schlafcouch umwandeln. Zwei behagliche Doppelzimmer finden sich im Obergeschoss. Auch Dusche, WC und ein Wannenbad stehen zur Verfügung. Bei Belegung mit zwei Personen zahlt man ab 45 € pro Tag. Jede weitere Person kostet zusätzlich 12 €. Die Endreinigung wird extra berechnet.

Lage & Ambiente

Die Hütte befindet sich auf 1300 Meter Höhe am Fuße des Zirbitzkogels auf einer lichten Almwiese. Sie verbindet klassisches Hüttenfeeling in idyllischer Umgebung mit modernem Wohnkomfort und ist außerdem leicht zu erreichen. Die Anfahrt von Judenburg beträgt knapp acht Kilometer und geht über eine asphaltierte Straße. Nur die letzten 500 Meter müssen auf einem Schotterweg zurückgelegt werden.

In der Umgebung

Im Zirbitzgebiet gibt es sehr viele lohnenswerte Wanderwege. Angler oder solche, die es werden möchten, können im Fischteich vor der Hütte ihr Glück versuchen. Bei Erfolg lässt sich der Fang auf dem Grill vor der Hütte zubereiten. Am Hof der Vermieter wird auch eine Reitmöglichkeit angeboten.

Im Winter kann man den Skilift direkt bei der Hütte benutzen. Außerdem ist die Hütte ein guter Ausgangspunkt für Skitouren rund um den Zirbitzkogel.

Urig

Moar zu Lessach Hütte

Buchung über:
Familie Kalcher
Lessach 7
A-8812 St. Blasen
Tel. 00 43/35 85/23 34, Fax 2 33 44
E-Mail: Moar1@hotmail.com
Internet:
www.tiscover.at/moar-zu-lessach

Anfahrt: Von Norden auf der Tauernautobahn A 10 bis Ausfahrt St. Michael im Lungau. Dort auf der B 96 Richtung Murau durch das Murtal. Von Murau östlich bis Teufenbach, dort führt eine 2 km lange asphaltierte Straße zur Hütte.

Für Familien/Selbstversorger

Ausstattung & Preise

Die klassische, ganz aus Holz erbaute Almhütte bietet Platz für maximal sechs Personen. Diese kommen in drei behaglichen Doppelzimmern unter. Die Küche ist mit Kühlschrank und Elektroherd ausgestattet. Neben der Dusche mit WC verfügt die Hütte über eine Sauna, die wohlige Schwitzbäder ermöglicht. Für einen gemütlichen Grillabend steht vor dem Haus ein Grill zur Verfügung. In unmittelbarer Nähe können sich die kleinen Gäste auf einem Spielplatz mit Trampolin und Tischtennis austoben. Die Preise pro Tag beginnen je nach Saison bei 44 €. Nebenkosten sind extra zu bezahlen.

Lage & Ambiente

Mitten im Naturpark Grebenzen auf 1000 Meter Höhe liegt die Moar zu Lessach Hütte. Sie gibt den Blick frei auf die Mettnitzer Berge, die zur Urlaubsregion Murau gehören. Die typische, rustikale kleine Almhütte mit uriger Einrichtung und solider Ausstattung eignet sich bestens für einen ruhigen Familienurlaub in den Bergen. Beim nahe gelegenen Biobauernhof, der Wurst, Fleisch, Brot, Eier und Topfen stets frisch verkauft, kann man seine Vorräte erneuern.

In der Umgebung

Im Sommer ist der Naturpark Grebenzen ein beliebtes Gebiet für Wanderungen und Radtouren. Ein Badeteich, der an heißen Tagen Abkühlung und Erfrischung verspricht, ist nur wenige Kilometer entfernt. Zur Sommerrodelbahn auf der Grebenzenalm sind es etwa fünf Kilometer. Im Winter kann man im wenige Kilometer entfernten Skigebiet Grebenzen/St. Lambrecht Ski laufen.

Urig

Grillerhütte

A-8764 Pusterwald/Murtal
Buchung über:
Urlaub am Bauernhof
Hamerlinggasse 3
A-8010 Graz
Tel. 00 43/3 16/80 50 12 91,
Fax 80 50 12 90
E-Mail: uab@lk-stmk.at
Internet: www.tiscover.com/steiermark-bauernhofurlaub

Anfahrt: Autobahn A 9 Richtung Graz, Ausfahrt Trieben, weiter nach Süden Richtung Judenburg, nach etwa 30 km bei Möderbrugg links nach Pusterwald abzweigen

Für Familien/Selbstversorger

Ausstattung & Preise

Die Grillerhütte ist eine rustikale Almhütte mit drei Doppelzimmern und einem Dreibettzimmer. Im Winter sorgen der obligatorische Kachelofen und eine Elektroheizung für wohlige Wärme. Wen es dann immer noch friert, der kann sich den Luxus eines Schwitzbades in der Sauna gönnen, die sich im Keller befindet. Einige Meter entfernt steht die romantische kleine Fischerhütte, die ebenfalls gemietet werden kann. Sie bietet Platz für zwei Personen und verfügt über eine Wohnküche mit Herd, eine Eckbank und einen Kühlschrank sowie Dusche und WC. Die Grillerhütte kostet 73 € pro Tag, die Fischerhütte 30 € pro Tag. Beide werden von Mitte Mai bis Mitte November vermietet.

Lage & Ambiente

Beide Hütten befinden sich oberhalb von Pusterwald im Murtal in der nordwestlichen Steiermark. Sie liegen sehr idyllisch auf einer Almwiese in 1760 Meter Höhe knapp über der Baumgrenze. Neben den Hütten befindet sich auch ein Fischteich.

Mit dem Auto sind die beiden Hütten gut erreichbar. Von Pusterwald aus führt eine sieben Kilometer lange Schotterstraße zu den Hütten hinauf, die problemlos mit dem Pkw zu befahren ist

In der Umgebung

In der Umgebung gibt es einige lohnenswerte Wanderwege. Ein besonderes Vergnügen für Angelfreunde bietet der Fischteich direkt vor der Hütte. Für Unterhaltung der Kinder sorgt ein Spielplatz mit einer Schaukel. Die Alm ist im Sommer bewirtschaftet.

Urig

Almhaus Völkl

Karneralm 292
A-5591 Ramingstein
Tel. und Fax 00 43/26 32/7 42 93
E-Mail: voelkl.voelkl@eunet.at
Internet: www.almhaus.at

Anfahrt: Von Norden auf der Tauernautobahn A 10 von Salzburg bis Ausfahrt St. Michael im Lungau und in das Murtal nach Osten. Von St. Michael führt eine gut ausgebaute Straße über Tamsweg nach Ramingstein.

Für Selbstversorger

Ausstattung & Preise

Das Almhaus ist eine klassische Berghütte mit ausgesprochen komfortabler Innenausstattung. Im Erdgeschoss mit großem Wohnraum, vollständig eingerichteter Küche und Essplatz kommt man gerne zusammen. Es gibt ein Bad im Erdgeschoss und ein weiteres im Obergeschoss. Dort befinden sich auch drei Schlafzimmer mit insgesamt acht Schlafplätzen. Für die Hütte zahlt man pro Woche im Sommer ab 560 € bei Belegung mit vier Personen. Zur Skisaison im Winter beginnen die Preise bei 620 €.

Lage & Ambiente

Die Hütte liegt in 2000 Meter Höhe auf der idyllischen Karneralm. Diese befindet sich oberhalb von Ramingstein im Lungau an der Grenze zur Steiermark. Die beschriebene Anfahrt ist etwas kürzer und abwechslungsreicher auch durch das Thomatal möglich. Direkt zu Füßen des Gipfels des Kleinen Königsstuhls im Skigebiet Karneralm-Schönfeld-Innerkrems haben Urlauber hier alle Möglichkeiten, in der urigen und bequemen Hütte inmitten der wenig bekannten Bergregion einige ruhige und naturverbundene Tage zu verbringen. Am großen Kamin wird es auch an kühlen Sommerabenden lauschig warm, und die neu eingerichtete Sauna trägt zusätzlich zur Entspannung bei.

In der Umgebung

Wanderungen rund um den Königsstuhl und natürlich auf den nahen Gipfel sind geradezu ein Muss. In Ramingstein kann man an Führungen durch die Stollen des ehemaligen Silberbergwerks teilnehmen. Alles rund ums Holz erfahren Interessierte in der Holzwelt Jaggerhof in Ramingstein. Im Winter wohnt man direkt am Skigebiet.

Urig

Schwarzenbichlalm

A-5584 Zederhaus
Tel. 00 43/64 74/76 30
E-Mail: trimmingerhof@salzburg.at
Internet: www.tiscover.com/schwarzenbichlalm

Anfahrt: Tauernautobahn A 10 von Salzburg bis Ausfahrt Zederhaus. Die Hütte steht am Eingang des Riedingtals.

Für Selbstversorger

Ausstattung & Preise

Die Schwarzenbichlalm ist ein neu erbautes und modern gestaltetes Massivblockhaus mit viel Wohnkomfort, das dennoch alpenländisches Flair ausstrahlt. Dazu gehört eine gemütliche und geräumige Stube mit Kachelofen ebenso wie eine Wohnküche mit Holzherd, Elektroherd, Geschirrspüler und Mikrowelle. Außerdem ist eine Waschmaschine im Haus vorhanden. Im Sanitärbereich befinden sich zwei Bäder, drei WCs und eine Sauna. Insgesamt fünf behaglich eingerichtete Schlafzimmer bieten Platz für maximal 14 Personen. Die Schwarzenbichlalm ist eine Nichtraucherhütte. Sie wird ganzjährig vermietet und kostet von September bis Mai ab 180 € pro Tag. Von Juni bis September zahlt man pro Person und Tag 18,50 €.

Lage & Ambiente

Rustikale Wohnatmosphäre ohne Verzicht auf Komfort – das ist ein Vorteil der Schwarzenbichlalm. Diese liegt auf einer Almwiese in 1400 Meter Höhe bei Zedernhaus am Eingang des Naturparks Riedingstal. Darüber hinaus ist die Hütte ganzjährig gut erreichbar und nicht weit von der Tauernautobahn entfernt. Sie ermöglicht gediegenes Wohnen auf dem Berg ohne irgendwelche Hindernisse, so dass man den wohlverdienten Urlaub entspannt genießen kann.

In der Umgebung

Die Lage ist ideal für verschiedenste Freizeitaktivitäten. Der Naturpark Riedingtal bietet viele schöne Wanderwege. Im Sommer ist die Alm bewirtschaftet, und man kann vor Ort die Zubereitung von Butter, Käse und Joghurt mit erleben. Im Winter sind es nur vier Kilometer zum Skigebiet und zu den Loipen bei Zederhaus. Zu den Skigebieten im Lungau und der Salzburger Sportwelt fährt man mit dem Auto etwa eine Viertelstunde.

Urig

Familienalmhaus Gasser

Gerhard Oberegger
A-9852 Trebesing
Tel. 00 43/47 32/23 66
E-Mail:info@gasser-huetten.com
Internet: www.gasser-huetten.com

Anfahrt: Über die Tauernautobahn A 10 bis zur Ausfahrt Gmünd/Maltatal, weiter nach Trebesing. Zum Almhaus führt eine asphaltierte Straße.

Für Familien/Selbstversorger

Ausstattung & Preise

Das komplett neu eingerichtete Haus wirkt warm und behaglich, nicht zuletzt durch das viele Holz, das bei der Ausstattung Verwendung findet. Es stehen fünf Schlafzimmer für jeweils zwei Personen zur Verfügung. Gerne trifft man sich im Wohnzimmer in der Sitzecke oder am Esstisch. Das Bad ist mit Dusche und WC ausgestattet. Eine Bodenheizung sorgt für warme Füße. Besonderen Luxus bietet die Sauna, die im Keller eingerichtet ist. Praktisch für Familien mit Kleinkindern ist die spezielle Babyausrüstung. Im Sommer kann man sich auf der Spielwiese vor dem Haus tummeln. Während der Sommermonate April bis Oktober kostet das Haus pro Tag ab 133 €, im Winter ab 157 €, Strom, Endreinigung und die Mitnahme von Hunden werden extra berechnet.

Lage & Ambiente

Das in jeder Hinsicht großzügige Almhaus, das bis zu zehn Personen Platz bietet, liegt auf 1500 Meter Höhe und befindet sich in der Nähe von Innerkrems in den Kärntner Nockbergen. Hier genießt man gehobenen Wohnkomfort in idyllischer Lage. Für einen schönen Grillabend steht ein gemauerter Grill zur Verfügung. Alles in allem bietet das Almhaus beste Voraussetzungen für einen gelungenen Familienurlaub.

In der Umgebung

Im Sommer kann man nicht nur in der Umgebung wandern, sondern auch einen Ausflug in den Nationalpark Nockberge machen. Die Mautstraße, die in den Park führt, beginnt bei Innerkrems. Dort werden auch geführte Wanderungen angeboten. Sind die Tage zu heiß zum Wandern, kann man bei einem Abstecher zum Millstättersee Badevergnügen genießen. Auch ein Ausflug ins nahe gelegene Kultur- und Künstlerstädtchen Gmünd ist lohnenswert.

Urig

Sonnenhanghütte

A-9862 Innerkrems
Buchung über:
Gasthof Glanzer
A-9862 Kremsbrücke
Tel. 00 43/47 35/2 21
Internet: www.gasthof-glanzer.at
oder
Urlaub am Bauernhof
A-9020 Klagenfurt
Tel. 00 43/4 63/33 00 99
Internet:
www.urlaubambauernhof.com

Anfahrt: Tauernautobahn Ausfahrt Gmünd/Maltatal nach Innerkrems. Die Hütte ist auf einer 1,5 km langen Straße erreichbar, die nur teilweise asphaltiert ist.

Für Selbstversorger

Ausstattung & Preise

Die Hütte ist ganz mit hellem Massivholz eingerichtet und bietet Platz für maximal sieben Personen. Im Erdgeschoss im großen Wohnraum mit TV und Sitzgarnitur trifft man sich zu gemütlichen Hüttenabenden, während der Kachelofen behagliche Wärme verbreitet. Die Küche ist mit einem Elektroherd und einem Boiler ausgestattet, der für Warmwasser sorgt. Es gibt eine Dusche und zwei WCs. Zur Übernachtung stehen drei Doppelzimmer sowie ein Einzelzimmer zur Verfügung. Für die Hütte zahlt man bei voller Belegung ab 78 € pro Tag. Strom, Holz für den Kachelofen sowie Endreinigung und Ortstaxe werden extra berechnet.

Lage & Ambiente

Die geräumige Hütte steht oberhalb von Innerkrems in 1500 Meter Höhe. Ihrem Namen macht sie tatsächlich alle Ehre, befindet sie sich doch in sonniger Lage am Rande des Nationalparks Nockberge. Das reichhaltige Platzangebot und die solide und komfortable Ausstattung sind ideal für den Familienurlaub oder für ein paar stille Tage zu zweit. Von Innerkrems führt eine kleine, nur teilweise asphaltierte Straße zur Hütte hinauf, die sommers wie winters befahrbar ist. Im Winter sollte man Schneeketten mitnehmen.

In der Umgebung

Rund um Innerkrems und im ursprünglichen Nationalpark Nockberge in unmittelbarer Nähe gibt es zahlreiche Wandermöglichkeiten. Im Winter erreicht man in wenigen Minuten das Skigebiet bei Innerkrems.

Urig

Paulamahdhütte

A-9863 Rennweg
Buchung über:
Georg Wirnsberger
Tel. 00 49/30/66 62 30 63
oder
Urlaub am Bauernhof
A-9020 Klagenfurt
Tel. 00 43/4 63/33 00 99
www.urlaubambauernhof.com

Anfahrt: Auf der Tauernautobahn A 10 Ausfahrt Rennweg direkt am Katschbergtunnel. Die Straßenzufahrt ist teils asphaltiert, teils Schotterweg.

Für Familien/Selbstversorger

Ausstattung & Preise

Hier finden Romantiker alles, was sie sich für einen idyllischen Hüttenurlaub wünschen: Alpenflair, Hüttenzauber und obendrein jede Menge Komfort. Die Küche ist modern eingerichtet mit gemauertem Herd, es gibt ein Stromaggregat, und die gute Stube ist so, wie man sie sich in einer Alm vorstellt: rustikal und mit offenem Kamin. Eine Zentralheizung liefert ausreichend Wärme. Und für die perfekte Entspannung hat die Hütte noch eine Sauna zu bieten. In den drei Schlafzimmern ist Platz für maximal sechs Personen. Das Bad ist komfortabel mit Dusche/WC und Wanne ausgestattet. Im Sommer kostet die Hütte ab 105 €, im Winter ab 115 € pro Tag, Strom, Endreinigung und Bettwäsche inklusive.

Lage & Ambiente

Äußerlich wirkt die Paulamahdhütte wie eine urige Alm, sie liegt in einem offenen Talkessel auf 1700 Meter Höhe rund sieben Kilometer oberhalb von Rennweg nahe der Tauernautobahn. Doch das Innenleben dieses Neubaus im Nordwesten Kärntens bietet beste Voraussetzungen für einen gelungenen Bergurlaub: eine komfortable Ausstattung, dazu Sauna, Solaranlage und einen Kinderspielplatz. Und das in einer landschaftlich reizvollen, aber touristisch nicht überlaufenen Gegend, die überdies leicht zu erreichen ist.

In der Umgebung

Von der Hütte aus kann man schöne Wanderungen unternehmen. Es gibt direkt beim Haus einen Kinderspielplatz und einen Forellenteich. Empfehlenswert sind auch Ausflüge ins idyllische Maltatal, das nicht weit entfernt ist.

Urig

Jägerhütte Obermillstätter Alm

A-9872 Millstatt
Buchung über:
Julia Bliem
Tel. 00 43/47 66/30 02

Anfahrt: Tauernautobahn A 10, Ausfahrt Spittal/Millstätter See. Von Obermillstatt sind es rund 7 km. Die Gäste werden vom Bauern direkt zur Hütte gebracht.

Für Selbstversorger

Ausstattung & Preise

Die kleine, gemütliche ehemalige Jagdhütte in traumhafter Lage oberhalb des Millstätter Sees bietet Platz für maximal fünf Personen. Das Dreier-Stockbett im Erdgeschoss finden besonders die Kinder ganz toll. Im Obergeschoss gibt es weitere Schlafmöglichkeiten für zwei Personen und dazu ein Gitterbett für die ganz kleinen Urlaubsgäste. Das Bad verfügt über Wanne und WC. Die Terrasse an der Sonnenseite des Hauses eignet sich perfekt für den Nachmittagskaffee.

Bei einer Belegung mit drei Personen kostet die Hütte 44 € pro Tag. Für jede weitere Person werden dann zusätzlich 4 € berechnet. Endreinigung und Ortstaxe sind extra zu zahlen. Die Hütte wird nur von Mai bis Oktober vermietet.

Lage & Ambiente

Auf der Obermillstätter Alm genießt man die sonnenreiche, einsame und ruhige Südhanglage und den Ausblick auf den Millstätter See. Allerdings ist die Anfahrt etwas umständlich. Aber die romantische Lage hat eben ihren Preis. Die Hütte steht auf 1650 Meter Höhe und ist von Bäumen umgeben. Sollte man einmal keine Lust haben, sich selbst zu versorgen: Die nächste bewirtschaftete Almhütte ist einen schönen 20-minütigen Spaziergang entfernt.

In der gemütlichen Wohnküche mit dem Holzherd und der Sitzecke wie auch im Rest des Anwesens sorgt Solarstrom für ausreichende Beleuchtung.

In der Umgebung

Rund um Obermillstatt gibt es zahlreiche Wanderwege. An besonders warmen Tagen, wenn es zum Wandern zu heiß ist, kann man beim Baden im Millstätter See Abkühlung finden, auch eine Bootspartie bietet sich an.

Originell

Kleinsasserhof

Kleinsass 3
A-9800 Spittal a.d. Drau
Tel. 00 43/47 62/22 92
Internet: www.kleinsasserhof.at

Anfahrt: Tauernautobahn A 10 Ausfahrt Spittal-Ost, der Beschilderung Kleinsass und später Kleinsasserhof folgen. Gut 3 km lange Bergauffahrt zum Haus

Ausstattung & Preise

Es macht entweder neugierig oder es schreckt ab, was man so in den einschlägigen Publikationen österreichischer Medien über dieses Haus liest. »Ausgeflippter Bauernhof« oder das »ungewöhnlichste Lokal in Kärnten« heißt es da. Ungewöhnlich ist er wohl, dieser 250 Jahre alte Bergbauernhof oberhalb von Spittal, versteckt gelegen im Bergwald, wo sich sonst kaum Touristen hin verirren. Hat man die letzte Kehre erklommen, verraten bereits kleine Details am Eingang, dass es hier nicht ganz gewöhnlich zugeht. Die Zimmer im Obergeschoss sind nicht besonders groß, aber ländlich gemütlich. Für die Übernachtung mit Frühstück zahlt man ab 40 € pro Person. Spezielle Chill-out-Weekends, die der Kleinsasserhof immer wieder anbietet, kosten ab 120 € pro Person.

Das Besondere Natürlich ist das Interieur die Hauptattraktion des Kleinsasserhofs. Darüber hinaus kommt man auch wegen der guten Küche und des ausgesprochen freundlichen und sympathischen Servicepersonals immer wieder gerne. Hier gibt es keine auswendig gelernten Floskeln wie in vielen oft auch wesentlich teureren Standardhotels, sondern gelebte Gastfreundschaft. Dieses Zusammenspiel macht den Kleinsasserhof wirklich zu einem der ungewöhnlichsten Gasthöfe in Kärnten, aber in positivem Sinn.

Lage & Ambiente

»Wo sich Fuchs und Hase gute Nacht sagen«, mit diesem alten Spruch lässt sich die Lage des Kleinsasserhofs gut beschreiben. Wer in diesem ungewöhnlichen Gasthof wohnt, braucht keine Stadt und kein Nachtleben. Die einsame Lage ist stattdessen eher von Vorteil: herrlich ruhig und im Sommer vor allem auf der Wiese hinter dem Haus mit dem Schwimmteich und den Hängematten außergewöhnlich reizvoll. Drinnen erlebt der Besucher eine eigenwillige und sehr üppige Komposition aus Kitsch, moderner und alter Kunst, garniert mit diversen sakralen

Faszinierend: die eigenwillige Einrichtung

Gegenständen und allem, was dem Wirt Josef Gasser sonst noch so in die Finger gekommen ist.

Das Interieur ausführlich zu beschreiben wäre eine schier unlösbare Aufgabe. In der Lounge kann man sich in alten Polstermöbeln räkeln, und auch im Restaurant findet man nostalgisches und sehr bequemes Polstermobiliar.

Was aus der Küche kommt, ist teils klassisch kärntnerisch, teils auch kreativ verfeinert, schmeckt aber durchweg ausgezeichnet. Köstlich sind etwa Haus-Angus im Wurzelsud oder die Kärntner Jause. Man schmeckt, dass hier mit viel Liebe und Gault-Millau-Haube gekocht wird, aber auch viele der Zutaten aus der eigenen Landwirtschaft kommen. Und an solch einem Hof muss es eigentlich glückliche und gesunde Tiere geben. Die Internetseite des Hofes ist übrigens ganz im Stil des Hauses gehalten und daher ebenfalls einen Besuch wert.

Sammelsurium an kuriosen Gegenständen

In der Umgebung

Im Winter braucht man nicht viel. Da reicht es aus, es sich im Haus gemütlich einzurichten und vielleicht der Sauna einen Besuch abzustatten. Im Sommer lockt die große Wiese hinter dem Haus mit dem Schwimmteich, den Hängematten und Rutschen für die Kinder.

Extratipp

Salon Helga am Kleinsasserhof Helga's Massage-Angebote entspannen Körper und Geist. Ihre Schibob-Nationalteam erprobten Hände können auf Anfrage Spezialmassagen jeder Art. Hier beispielsweise Helga's neuestes Rezept für »Muskel au Chocolat«: Man nehme:1–2 steinharte Waden, 1 Tennisarm, 1 verspannte Schulterpartie (kann auch eine schmerzende Lende sein), 5 ml zarte Hautcreme, 3 Tropfen ätherisches Öl, mindestens 2 Stunden Zeit. Man knete unter ständigem Rühren Waden, Arm und Schulter ca. eine halbe Stunde kräftig durch, lasse es hernach eine halbe Stunde gut rasten oder je nach Geschmack unter ständigem Aufgießen in der Sauna abhängen. Danach schrecke man es im Wasserbad ab, garniere das Ganze mit einer zarten Hautcreme und stülpe es in einen trockenen Bademantel, drei Tropfen ätherisches Öl drauf – fertig.

Originell

Karlbad

Familie Georg Aschbacher
St. Peter 2
A-9542 Radenthein
Tel. 00 43/42 46/34 30

Anfahrt: Tauernautobahn A 10 Ausfahrt Gmünd über die mautpflichtige Nockalmstraße zum Berggasthof Karlbad

Für Familien

Ausstattung & Preise

Das Karlbad ist das wahrscheinlich letzte noch originale und aktive Bauernbad in den Alpen. Der Berggasthof ist in seiner Ausstattung eher puristisch. Das gilt für das Badehaus mit den ausgehöhlten Lärchenholzstämmen wie auch für die Gästezimmer, die nur Etagenbäder und -toiletten aufweisen. Kein Strom, kein elektrisches Licht und auch kein Telefon steht zur Verfügung. Nicht einmal Handy-Empfang gibt es.

In den nostalgischen Gaststuben wird vor allem kärntnerische Kost serviert. Diese ist deftig, schmackhaft und vor allem hausgemacht. Die Übernachtung mit Vollpension und Bad kostet 50 € pro Person und Tag. Allerdings muss unter Umständen mit Wartezeiten gerechnet werden, um im Karlbad ein Zimmer zu bekommen. Die Gäste reisen selbst aus Amerika und Japan an. Der Gasthof hat von Mai bis September geöffnet.

Das Besondere Das Karlbad ist ein Bauernbad, wie es sie bereits vor 300 Jahren gab, und das letzte seiner Art weit und breit. Der Aufenthalt dort ist gleichsam eine Zeitreise für alle, denen Authentizität mehr bedeutet als moderner Komfort.

Lage & Ambiente

Der nostalgische Berggasthof liegt im Nationalpark Nockberge im nordwestlichen Kärnten auf rund 1740 Meter Höhe. Man erreicht das Karlbad über die mautpflichtige Nockalmstraße von der Ausfahrt Gmünd auf der Tauernautobahn. Ab der Mautstation sind es etwa 30 Minuten Fahrtzeit. Das Karlbad liegt keine 50 Meter von der Straße entfernt in einer scharfen Rechtskurve. Vor dem Haus gibt es reichlich Parkplätze.

So wie die Bauern früher ihre etwas rustikale Art der Wellness pflegten, so wird diese hier noch heute praktiziert. Die Quelle, die unter den Grundmauern des Gasthofs sprudelt, wird im uralten Badehaus in ebenso alte Baumstamm-Wannen gefüllt. Geheizt wird das Wassser mit glühenden Steinen, die vom Wirt Georg Aschbacher am offenen Feuer erhitzt werden. Mangels wissenschaftlicher Erkenntnisse über die Wirkung des Karlbads hält man sich an die Überlieferung: Gegen Rheuma, Gicht, Ischias, aber auch bei Hautkrankheiten wie Neurodermitis soll es helfen, wofür vor allem der Schwefel in den Steinen zuständig sein soll.

Zubereitung eines Bades

In der Umgebung

Mitten im Nationalpark Nockberge findet man ideale Voraussetzungen für Bergtouren. Die umliegenden Gipfel sind relativ sanft ansteigend, so dass auch ungeübte Wanderer hinaufkommen.

Ideal ist das Karlbad auch für Kinder. Die vergessen schnell, dass es hier weder Computer noch Fernseher gibt, und beschäftigen sich am Spielplatz, mit den Tieren im Stall oder schauen den Bauern beim Melken zu.

Die Nationalparkverwaltung bietet außerdem geführte Touren mit Pflanzenerkundung oder Wildbeobachtung an. Besonders interessant sind

Karlbad mit Nebengebäuden

etwa spezielle Speik-Wanderwege. Mehr als 2000 Jahre schätzte man in Europa, im Orient und in Nordafrika die Vorzüge der Speikpflanze. Als Duftspender, für die Körperpflege und auch als Medizin bei den verschiedensten Krankheiten wurde das unscheinbare Baldriangewächs genutzt. Speik entwickelte sich zur begehrten Handelsware auch in den Alpen, bis sie 1936 unter Naturschutz gestellt wurde. Nun wird der Speik in den Nockbergen wieder geerntet. Um den würzig frischen Duft des Speiks wie auch seine außergewöhnlichen Eigenschaften intensiv erleben und genießen zu können, gibt es die speziellen Speik-Wanderwege. Ideale Entspannung versprechen die Speik-Fußbäder, die in zehn Almhütten angeboten werden.

Extratipp

Kneipp- und Mühlenweg In Kaning nördlich von Radenthein führt der Kneipp- und Mühlenwanderweg auf 3,5 Kilometer Strecke vorbei an sechs erhaltenen von ehemals 22 großen und kleinen Wassermühlen. Die Stationen können jeweils besichtigt werden, teils sind dort auch Grillplätze und gemütliche Holzbänke eingerichtet. In der Neuwirthmühle finden den Sommer über täglich Mahlvorführungen statt, wer möchte, kann an einem Brotbackkurs teilnehmen. Start- und Endpunkt der Tour ist das Türkhaus am südlichen Eingang zum Nationalpark Nockberge, das eine Multimediashow beherbergt.

Luxuriös

Almdorf Seinerzeit

A-9564 Patergassen bei Bad Kleinkirchheim
Tel. 00 43/42 75/72 01, Fax 72 01-6
E-Mail: office@almdorf.com
Internet: www.almdorf.com

Anfahrt: Tauernautobahn A 10 Ausfahrt Spittal/Millstätter Seee über Millstatt und Bad Kleinkirchheim

Ausstattung & Preise

Das Almdorf Seinerzeit ist ein nostalgisches Hoteldorf, bestehend aus luxuriösen Alm- und Jagdhütten. Die Nobel-Hütten sind mit allem Komfort neu gebaut, erstrecken sich über zwei Etagen und bestehen aus zwei Schlafzimmern, Küche und Badezimmer mit Holzbadewanne. Die Einrichtung ist gediegen. Jede Hütte verfügt außerdem über einen offenen Kamin. Noch großzügiger sind die kaiserlichen Jagdhütten, nach Vorbildern aus dem 19. Jahrhundert gestaltet und mit modernem Komfort ausgestattet. Morgens wird vom Personal das Frühstück serviert und der Ofen angeheizt.

Eine Almhütte für zwei Personen kostet pro Tag inklusive Frühstück ab 200 €. Für die Jagdhütten zahlt man bei Belegung mit zwei Personen ab 425 € pro Tag. Man sollte lange im Voraus buchen. Das Dorf ist sehr gut ausgelastet, und kurzfristig sind nur schwer Plätze für mehr als ein paar Tage zu bekommen.

Alternativ kann man auch die Hütte ohne Service buchen. Dabei spart man 25 Prozent des Logispreises, muss aber mindestens sechs Wochen vor der Ankunft buchen.

Das Besondere Das Almdorf ist ideal für Gäste, die Wert auf private Atmosphäre und sorgfältige Betreuung legen. Die Hütten bieten eine optimale Rückzugsmöglichkeit, ohne dass man den üblichen Hotelservice missen muss.

Lage & Ambiente

Das insgesamt 24 Gebäude umfassende Almdorf ist in einsamer Berglage in den Kärntner Nockbergen gelegen. Es befindet sich acht Kilometer nördlich von Bad Kleinkirchheim auf 1400 Meter Höhe. Zur Anlage gehören ein Gasthaus, das Badehaus mit rustikalem Wellness-Angebot wie etwa Kräuter- und Heubäder oder Massagen sowie ein Schwimmteich mit Sauna und Panoramablick. Das zum Dorf gehörende Gasthaus

Fellacher offeriert regionale Spezialitäten und klassische österreichische Küche und ist nur abends geöffnet. Kleine Speisen werden während des gesamten Tages in den Hütten serviert.

Erfrischend: ein Bad im Schwimmteich

Für die Anreise von der Tauernautobahn wählt man entweder die Ausfahrt Spittal/Millstätter See und fährt über Millstatt und Bad Kleinkirchheim. Schöner, aber nur im Sommer befahrbar ist die Nockalmstraße durch den Nationalpark von der Ausfahrt Gmünd aus. Eine andere landschaftlich reizvolle Variante führt über St. Michael im Lungau und über die Turracher Höhe.

Vom Gurktal aus sind es noch etwa drei Kilometer. Von hier aus führt eine gut ausgebaute, steile Straße zum Almdorf. Die Parkplätze liegen direkt an der Anlage. Vom Dorf aus hat man eine herrliche Aussicht auf das Gurktal und die umliegenden Berggipfel.

Ein Aufenthalt im Almdorf ist ideal zum Ausspannen und Abschalten oder für den stilvollen Natururlaub. Ausgesprochen aufmerksamen Service bietet das »Private«-Angebot. Dabei werden Ausflüge zu Sehenswürdigkeiten, kulturellen Veranstaltungen oder Sportevents organisiert. Man kann sich auch zu verschiedensten Lokalitäten vom urigen Wirtshaus bis zum Gourmetrestaurant chauffieren lassen.

In der Umgebung

Im Nationalpark Nockberge gibt es zahlreiche Wandermöglichkeiten sowie ein großes Angebot an geführten Wanderungen der Nationalparkverwaltung. Etwa sechs Kilometer entfernt befindet sich der 18-Loch Golfplatz von Bad Kleinkirchheim. Ebenfalls in Bad Kleinkirchheim liegen die beiden öffentlichen Thermen St. Kathrein und Römerbad.

Für den Wintersport bieten sich ein kleines Skigebiet am nahen Falkertsee sowie das wesentlich größere Gebiet von Bad Kleinkirchheim an. In der Umgebung des Dorfes sind auch Winterwanderwege angelegt.

Extratipp

Berauschende Plätze So nennen sich 40 kleine Wellness-Oasen, die zum besonderen Vergnügen der Feriengäste mitten im Nationalparkgebiet Nockberge errichtet wurden. Auf gemütlichen Holzhängematten, die neben einem leise plätschernden Bach, einer gurgelnden Quelle oder einem rauschenden kleinen Wasserfall aufgehängt sind, erfährt der Wanderer schaukelnd Rast und Entspannung. Damit er sie auch findet, gibt es eine Karte, die man im Tourismusbüro Bad Kleinkirchheim bekommt und auf der die berauschenden Plätze eingezeichnet sind.

Bad Kleinkirchheim Tourismus, Dorfstr. 30, A-9546 Bad Kleinkirchheim; Tel. 00 43/42 40/82 12, Fax 85 37; E-Mail: info@badkleinkirchheim.at, Internet: www.badkleinkirchheim.at

Urig

Onkel Martin Hütte

A-9564 Patergassen
Buchung über:
Martin Lotteritsch
Tel. und Fax 00 43/42 77/22 88
oder
Urlaub am Bauernhof
Viktringer Ring 5
A-9020 Klagenfurt
Tel. 00 43/4 63/33 00 99,
Fax 33 00 33
E-Mail:
office@urlaubambauernhof.com
Internet:
www.urlaubambauernhof.com

Anfahrt: Tauernautobahn A 10 Ausfahrt Spittal/Millstätter See über Millstatt und Bad Kleinkirchheim

Für Selbstversorger

Ausstattung & Preise

Die typisch alpenländische Hütte in den Nockbergen bei Bad Kleinkirchheim hat eine gemütliche Wohnküche mit Sitzecke für den abendlichen Hüttenzauber. Die Küche ist mit Elektroherd und Kühlschrank ausgestattet. Geheizt wird mit Holzofen und Elektroradiatoren. Drei Schlafzimmer stehen zur Verfügung, die für maximal acht Personen Platz bieten. Für sonnige Tage gibt es eine Terrasse sowie eine Grillmöglichkeit. Die Hütte wird nur im Sommer vermietet, im Winter nach Absprache. Der Preis pro Tag liegt bei Belegung mit vier Personen zwischen 37 und 52 € je nach Saison. Jede weitere Person kostet zusätzlich 7 € pro Tag.

Lage & Ambiente

Hoch oben in den Nockbergen auf 1700 Meter Höhe in Alleinlage steht diese schöne Hütte. Umgeben von sanften Almwiesen und dichten Bergwäldern wirkt sie ausgesprochen romantisch. Zudem ist das Feriendomizil leicht zu erreichen, da die Anbindung von Patergassen sehr gut ist. Etwa sieben Kilometer fährt man auf einer asphaltierten Straße. Nur die letzten 100 Meter sind auf Schotter zu absolvieren.

In der Umgebung

Die Hütte ist ideal als Ausgangspunkt für zahlreiche Wandertouren. Auch die Nähe zu Bad Kleinkirchheim bietet viele Ausflugsmöglichkeiten. Dort gibt es außerdem einen Golfplatz. Zum Falkertsee sind es nur 1,5 Kilometer. Hier kann man im Winter auch herrlich Langlaufen und Ski fahren.

Strohmaier Hütte

A-9542 Afritz
Buchung über:
Trude Pulitsch
Tel. 00 43/42 55/85 85 oder
Urlaub am Bauernhof
Viktringer Ring 5
A-9020 Klagenfurt
Tel. 00 43/4 63/33 00 99,
Fax 33 00 33
E-Mail:
office@urlaubambauernhof.com
Internet:
www.urlaubambauernhof.com

Anfahrt: Tauernautobahn A 10 Ausfahrt Spittal/Millstätter See über Radenthein und Afritz zum Afritzer See

Für Selbstversorger

Ausstattung & Preise

Das sehr komfortabel ausgestattete Almhaus verfügt über zwei geräumige, gemütliche Wohnungen, die fünf bzw. sieben Personen Platz bieten. Ein offener Kamin im Erdgeschoss sorgt für wohlige Wärme an kalten Tagen, sonst wird mit Kachelöfen oder elektrisch geheizt. In der Küche stehen jeweils ein Elektroherd, Kühlschrank sowie eine Waschmaschine zur Verfügung. Vor dem Haus befindet sich eine Sitzgelegenheit mit Blick auf das Tal. Pro Tag zahlt man 108 €. Strom, Endreinigung und Ortstaxe werden extra berechnet.

Lage & Ambiente

Die Strohmaier Hütte befindet sich in eindrucksvoller Aussichtslage oberhalb des kleinen Afritzer Sees, der zwischen dem größeren Millstätter und Ossiacher See gelegen ist. Sie schmiegt sich auf 1160 Meter Höhe an einen Südosthang. Von der Hütte aus gibt es sehr gute Freizeitmöglichkeiten.

Hinunter nach Afritz sind es nur zwei Kilometer. Etwas bequemer, aber länger ist die Zufahrt von Verditz. Man fährt sieben Kilometer auf einer Asphaltstraße und die letzen 1,5 Kilometer auf Schotter bis zur Hütte.

In der Umgebung

Die Nähe zum Afritzer See macht die Strohmaier Hütte besonders reizvoll. Nur zwei Kilometer sind es bis zum Ufer. Dort kann man im Sommer baden oder surfen und sogar segeln. Im Winter lockt der See zum Eislaufen. In Verditz gibt es außerdem einen kleinen Skilift.

Romantisch

Lärchenhütte

St. Oswald 171
A-9546 Bad Kleinkirchheim
Tel. 00 43/6 64/1 72 65 85
Internet:
www.quickinfo.at/laerchenhuette

Anfahrt: Tauernautobahn A 10 von Salzburg nach Süden bis Ausfahrt Spittal/Millstätter See und am Nordufer des Millstätter Sees entlang über Radenthein bis Bad Kleinkirchheim. In Bad Kleinkirchheim der Beschilderung links hinauf nach St. Oswald folgen. Die Straße ist für den öffentlichen Verkehr gesperrt, für Logisgäste aber mit dem Auto befahrbar.

Ausstattung & Preise

Gemütlich und romantisch ist diese stattliche Hütte auf einer herrlichen Lichtung. Man wohnt in einem der drei rustikalen Doppelzimmer, die mit Dusche und WC ausgestattet sind und teils einen sehr schönen Blick vom Balkon bieten. Im Erdgeschoss in der gemütlichen und recht rustikalen Gaststube bekommt man vor allem Produkte aus der eigenen Landwirtschaft serviert, also deftige Kärntner Spezialitäten. Dazu beginnt der Tag mit einem herzhaften Sennerfrühstück. Die absolute Alleinlage ist eine ideale Voraussetzung für einen erholsamen Urlaub. Für die Übernachtung mit Frühstück zahlt man pro Person ab 22 €.

Lage & Ambiente

Malerisch liegt das schmucke Holzhaus in 1700 Meter Höhe auf einer Almwiese in den Nockbergen oberhalb von Bad Kleinkirchheim. Der Weg hinauf von St. Oswald, vorbei an den nostalgischen Holzhäusern, durch den schattigen Bergwald, begleitet vom Gluckern des Bergbachs, ist alles andere als beschwerlich.

So idyllisch geben sich die Alpen sonst nur in Heimatfilmen: ringsum die schönen Almwiesen, die von einem stilgerechten Holzzaun umgrenzt sind, die gute Bergluft und die Stille, die nur vom Zwitschern der Vögel unterbrochen wird.

Einmal im Jahr steht die Umgebung von Bad Kleinkirchheim ganz im Zeichen der volkstümlichen Musik, und dann ist auch auf der Lärchenhütte einiges geboten. Im Rahmen des großen Auftritts auf der Open-Air-Bühne in St. Oswald im Spätsommer finden auch die mittlerweile beliebten »Musi-Wanderungen« statt. Dann kommen die Fans auch zur Lärchenhütte, wo es nicht nur eine deftige Kärntner Jause gibt, sondern auch die Stars der Volksmusikszene live auftreten. Von St. Oswald pilgern die Musi-Wanderer zur Lärchenhütte und lassen sich von den Volksmusikern unterhalten. Trotz des großen Andrangs ist das eine sehr gemütliche Veranstaltung.

In der Umgebung

Rund um die Lärchenhütte gibt es ein ausgesprochen umfangreiches und vielseitiges Freizeitangebot. Sehr beliebt sind Wanderungen im Gebiet des Nationalparks Nockberge. Die überwiegend waldfreien Gipfel sind wegen ihrer sanften Topographie vor allem für leichte Touren gut geeignet. Ein sehr schönes Wandergebiet ist auch die nahe Brunnachalm, zu der eine Seilbahn fährt und wo man reizvolle Höhentouren machen kann.

Eine Bad Kleinkirchheimer Attraktion sind die in der Umgebung stationierten kleinen »Wellness-Oasen«. Dabei handelt es sich um besonders idyllische Plätze, an denen zur Rast und Erholung der Wanderer Holzhängematten aufgehängt sind. In Bad Kleinkirchheim gibt es außerdem eine 18-Loch Golfanlage. Bekannt ist der Ort vor allem für seine beiden Thermen Römerbad und St. Kathrein.

Relaxen im Römerbad

Im Winter kann man in St. Oswald direkt ins Skigebiet von Bad Kleinkirchheim einsteigen. Dort gibt es an besonders attraktiven Aussichtsplätzen rote Sofas, auf denen man sich niederlassen kann. Für Langläufer sind einige Loipen in St. Oswald und rund um Bad Kleinkirchheim gespurt. Und direkt vor der Haustüre der Lärchenhütte führt eine Rodelbahn hinunter nach St. Oswald.

Extratipp

Therme St. Kathrein Das heilkräftige Thermalwasser, das schon seit hunderten von Jahren aus den Tiefen der Nockberge nach Bad Kleinkirchheim sprudelt, speist auch die beiden großen und bekannten Thermen des Orts, in der St. Kathreintherme gibt es beispielsweise Suhlbecken, Tepidarium, Whirlpools, Freibecken und Dampfbäder. Unter ärztlicher Aufsicht sind hier auch richtige Kuraufenthalte mit Fango, Moorbädern, Ozeantherapie, Unterwassermassage und Lymphdrainage möglich. Aber natürlich kann man auch einfach nur plantschen und so richtig relaxen. Ob man St. Kathrein oder der etwas moderneren Römer-Therme mit Wasserrutschen einen Besuch abstattet, das ist Geschmackssache, und Zeit, beide auszuprobieren, ist im Urlaub ja genug.
Therme St. Kathrein, Tel. 00 43/42 40/82 82-3 01; Thermal Römerbad; Tel. 00 43/42 40/82 82-2 01; A-9546 Bad Kleinkirchheim; E-Mail: thermen@ski-thermen.com, Internet: www.therme-badkleinkirchheim.at

Wellness

Sonnenhotel Zaubek

Kanzelhöhe 7
A-9521 Kanzelhöhe/Ossiachersee
Tel. 00 43/42 48/27 13, Fax 27 13 61
E-Mail: zaubek@sonnenhotel.com
Internet: www.sonnenhotel.com

Anfahrt: Von Norden bzw. Westen Tauernautobahn A 10 bis Villach und Ausfahrt Villach/Ossiachersee. Direkt bei der Ausfahrt im Kreisverkehr der Beschilderung nach Treffen auf der Bundesstraße B 98 folgen. Am Ortsende rechts den Berg hinauf bis zur Kanzelhöhe auf der Gerlitzen

Für Familien

Ausstattung & Preise

In dem relativ kleinen und sehr familiär geführten Vier-Sterne-Hotel stehen 28 komfortable Zimmer zur Wahl, darunter zwei Suiten. Gut bestückt ist der Wellness-Bereich mit Hallenbad und Wasserfall sowie Kräuter-Dampfgrotte, Solarium und einer Sauna mit grandiosem Talblick. Außerdem gibt es eine Infrarotkabine mit Farblichttherapie. Dazu werden noch verschiedene Massagebehandlungen angeboten. Familien mit Kindern freuen sich über die Kinderbetreuung, einen Kinderspielraum drinnen, einen Spielplatz draußen und spezielle Kindermenüs im Restaurant. Auch Hundebesitzer, die ihr Tier gerne mit in den Urlaub nehmen möchten, sind hier willkommen. Die Preise für die Übernachtung mit Halbpension im Doppelzimmer beginnen bei 62 € pro Person.

Lage & Ambiente

Die Gerlitzen, auf der sich das Sonnenhotel befindet, ist ein langer Höhenzug oberhalb des Ossiachersees bei Villach in Kärnten. Das Hotel macht seinem Namen alle Ehre, seine Lage auf rund 1500 Meter Höhe ist wirklich einmalig und hat nur im Winter ihre Tücken: Den letzten Abschnitt sollte man bei Schnee und Eis nicht ohne entsprechende Winterbereifung und notfalls Schneeketten in Angriff nehmen.

Die Gäste genießen in dem gemütlichen Vier-Sterne-Hotel einerseits die prachtvolle Panoramalage, sind aber auch in wenigen Minuten unten im Tal und in der Stadt Villach. Zudem ist die Gerlitzen im Sommer wie im Winter ein beliebtes Ausflugsgebiet. Vor allem aber hat man hier ein großes Freizeitangebot zur Verfügung: von Wellness im Hotel bis zu Bergtouren und Skifahren.

In der Umgebung

An der bis zu 2000 Meter hohen Gerlitzen, einem der beliebtesten Aussichtsberge Kärntens, zu wohnen ist durchaus ein Vorteil. Hier kann man aus zahllosen Wanderwegen wählen. Da gibt es gemütliche Höhenwanderwege oder steilere Aufstiege zum Gipfel des Palnock oder Mir-

Herrlicher Panoramablick vom Sonnenhotel

nock. Man kann mit den Liften viele Höhenmeter abkürzen oder die neuen Kostelewanderungen ausprobieren, bei denen man von Hütte zu Hütte spaziert und dort typische Kärntner Appetithappen goutiert. Zudem gibt es eine Reihe geführter Wanderungen, bei denen Natur und Kultur erläutert werden. Auch Nordic Walking ist ein Thema im Sonnenhotel. Der Trendsport beginnt direkt vor der Haustür, ist gut für den Kreislauf und für die Fettverbrennung. Letzteres ist in Anbetracht der deftigen Kärntner Küche ein guter Ausgleich. Im Bereich der Mittelstation der Gerlitzenbahn auf 1526 Meter Höhe gibt es einen Nordic Walking Trail. Man hat hier drei verschiedene Schwierigkeitsgrade zur Wahl, die in unterschiedliche Streckenlängen und Höhendifferenzen aufgeteilt sind. Die Wege sind durchgehend markiert und mit Checkpoints ausgestattet. Für weniger geübte Walker werden persönliche Trainingsstunden angeboten. Stöcke gibt es zum Leihen in der Kasse in Annenheim.

Im Winter bietet die Gerlitzen ein kleines, aber landschaftlich sehr schönes Skigebiet mit 13 Liften und 17 Pistenkilometern. Die Abfahrten sind ausschließlich leicht bis mittel. Groß ist das Angebot für Langläufer. Zahlreiche Loipen locken hier, und überdies gibt es, was einige Gäste des Sonnenhotels Zaubek sicher interessieren dürfte, auch spezielle Hundeloipen. Eine der schönsten und schneesichersten ist die Panoramaloipe auf der Kanzelhöhe. Lohnenswert ist neben allen sportlichen Aktivitäten auch ein Ausflug ins nahe Villach mit einem Abstecher in den historischen Stadtkern mit der Fußgängerzone.

Extratipp

Cabrio-Sternfahrt Wenn sich Mitte Mai der Frühling endlich etabliert hat, fahren Cabrio-Fans nach Möglichkeit nur noch »oben ohne«. Bei der International Cabrio-Sternfahrt am Faaker See ist dazu reichlich Gelegenheit. Cabrios aller Marken und Baujahre, darunter etliche Oldtimer und Raritäten, starten über das schöne Rosental und den Loiblpass ins slowenische Bled, also Reisepass nicht vergessen! Im bunten Rahmenprogramm mit Abendveranstaltungen findet jeder Autoliebhaber für sich das Richtige und Fotomotive sowieso.

Anmeldung über Villach-Warmbad/Faaker See/Ossiacher See Tourismus GmbH; Töbringer Str. 1; A-9523 Villach-Landskron; Tel. 00 43/42 42/4 20 00, Fax 4 20 00 42; Internet: www.dalachtdasherz.at

Urig

Galgenhütte

A-9343 Zweinitz
Buchung über:
Richard Steinwender
Tel. 0043/3572/83451
oder
Urlaub am Bauernhof
A-9020 Klagenfurt
Tel. 0043/463/330099,
Fax 330033
E-Mail:
office@urlaubambauernhof.com
Internet:
www.urlaubambauernhof.com

Anfahrt: Tauernautobahn A 10 Ausfahrt St. Michael über Stadl an der Mur und Flattnitz ins Gurktal nach Zweinitz

Für Familien/Selbstversorger

Ausstattung & Preise

Die Galgenhütte bietet echte Komfortausstattung mit viel Platz. Der Wohnraum ist mit einer gemütlichen Sitzecke und einem gemauerten Ofen ausgestattet. Geheizt wird mit Zentralheizung. Die modern eingerichtete Küche verfügt über Gas- und Holzherd sowie einen Geschirrspüler. Vor der Hütte gibt es einen Grill, einen Kinderspielplatz und einen Badeteich. Möchte man die Hütte mieten, zahlt man pro Woche zwischen 725 und 800 € bei einer Belegung bis vier Personen. Jede weitere Person kostet 8 € zusätzlich.

Lage & Ambiente

Die komfortable, nach baubiologischen und umweltfreundlichen Gesichtspunkten neu aufgebaute Hütte liegt in den touristisch weniger bekannten Gurktaler Alpen nördlich des Wörthersees. Sie befindet sich auf 1150 Meter Höhe oberhalb der Ortschaft Zweinitz.

Man wohnt an einem leicht abfallenden Südosthang mit herrlicher Aussicht auf die umgebenden Berge und Täler. Traumhaft ist nicht nur die Aussichtslage am Hang, sondern auch die Komfortausstattung des Hauses, das überdies mit einer Sauna aufwartet.

In der Umgebung

Im ursprünglichen Gurktal spielt die Natur die Hauptrolle. Hier kann man die Tage mit herrlichen Wanderungen und Spaziergängen verbringen. Zu sehen gibt es in der Umgebung den Gurker Dom, eine ehemalige Kärntner Bischofskirche, und einen Zwergenpark für Kinder.

Urig

Dohrhütte

A-9441 Theißenegg
Buchung über:
Hubert Johann
Tel. 00 43/43 54/23 68
oder
Urlaub am Bauernhof
A-9020 Klagenfurt
Tel. 00 43/4 63/33 00 99,
Fax 33 00 33
E-Mail:
office@urlaubambauernhof.com
Internet:
www.urlaubambauernhof.com

Anfahrt: Autobahn A 2 von Klagenfurt bis Ausfahrt Wolfsberg und über St. Gertraud bis Theißenegg

Für Selbstversorger

Ausstattung & Preise

Man wird nichts vermissen in der Dohrhütte. Die Wohnstube ist mit einem Kaminofen ausgerüstet, in der Küche gibt es Holz- und Elektroherd, außerdem Kühlschrank und Geschirrspüler. Dusche und WC sind getrennt. Besonders reizvoll ist die Sauna im Haus. Neben zwei Doppelzimmern besitzt die Hütte noch ein Zimmer mit Stockbetten. Insgesamt haben sechs Personen Platz. Im Außenbereich auf der großen Terrasse mit Sitzecke kann man herrliche laue Sommerabende genießen. Pro Tag kostet die Hütte ab 50 € bei einer Belegung mit vier Personen. Für jede weitere Person zahlt man 8 €.

Lage & Ambiente

Die schmucke Hütte befindet sich oberhalb der Ortschaft Theißegg im Lavanttal im Osten Kärntens. Sie steht auf einer sanft abfallenden Almwiese in 1300 Meter Höhe. Etwa sieben Kilometer fährt man von Theißenegg aus, davon drei Kilometer auf einer guten Schotterstraße. Romantisch ist die Hütte und zugleich komfortabel. Nach einer umfassenden Renovierung bietet sie Wohnkomfort und Atmosphäre für maximal sechs Personen.

In der Umgebung

Es gibt rund um die Hütte viele schöne Wanderwege, darunter vor allem den Lavanttaler Höhenweg mit einer Gesamtlänge von 135 Kilometern, aber auch die Saualpen-Wanderung oder die Koralpen-Leistungswanderung, für die der Tourismusverband Lavattal sogar Medaillen verleiht. In der Nähe verläuft auch eine Mountainbike-Strecke.

97 Panoramahütte

Urig

Panoramahütte
A-9462 Bad St. Leonhard
Buchung über:
Michael Münzner
Tel. 00 43/43 50/28 80
oder
Urlaub am Bauernhof
Viktringer Ring 5
A-9020 Klagenfurt
Tel. 00 43/4 63/33 00 99,
Fax 33 00 33
E-Mail:
office@urlaubambauernhof.com
Internet:
www.urlaubambauernhof.com

Anfahrt: Autobahn A 2 von Klagenfurt Ausfahrt Bad St. Leonhard

Für Familien/Selbstversorger

Ausstattung & Preise
Die großzügige Panoramahütte bietet Platz für maximal zehn Personen. Im Erdgeschoss befindet sich eine große gemütliche Wohnstube mit Kachelofen und Sitzgruppe. In der Küche stehen ein Holzherd, ein Elektroherd und ein Kühlschrank zur Verfügung. Es gibt zwei Duschen, zwei WCs und eine Sauna, was besonders im Winter sehr angenehm ist. Über eine Treppe kommt man zu den vier Schlafzimmern im Obergeschoss. Bettwäsche ist mitzubringen. Für die Hütte zahlt man pro Woche im Sommer ab 580 €, im Winter ab 1000 €. Die Nebenkosten werden extra abgerechnet.

Lage & Ambiente
Die Hütte befindet sich im Nordosten Kärntens oberhalb von Bad St. Leonhard. Die letzten zwei Kilometer bis zur Hütte hinauf muss man zu Fuß zurücklegen (etwa 20 Minuten Gehzeit). Das Gepäck wird bis zur Hütte transportiert.

Die Panoramahütte steht auf einer Lichtung am Waldrand, und der Name ist nicht zu viel versprochen. Von der geräumigen und neu ausgestatteten Hütte aus bietet sich eine erstklassige Aussicht. Drinnen geht es gemütlich und komfortabel zu. Die Hütte ist wegen des großen Platzangebots hervorragend für Familien geeignet.

In der Umgebung
Von der Hütte aus ergeben sich schöne Wandermöglichkeiten in der näheren Umgebung. Vor allem im Winter genießt man den Vorteil, direkt an den Pisten des Skigebiets Klippitztörl zu wohnen.

Millenniumshütte

A-9462 Bad St. Leonhard
Buchung über:
Michael Münzner
Tel. 00 43/43 50/28 80
oder
Urlaub am Bauernhof
Viktringer Ring 5
A-9020 Klagenfurt
Tel. 00 43/4 63/33 00 99,
Fax 33 00 33
E-Mail:
office@urlaubambauernhof.com
Internet:
www.urlaubambauernhof.com

Anfahrt: Autobahn A 2 von Klagenfurt Ausfahrt Bad St. Leonhard

Für Selbstversorger

Ausstattung & Preise

Wenn es besonders geräumig und komfortabel sein soll, dann ist die Millenniumshütte ideal. Platz gibt es für maximal zehn Personen. Im Erdgeschoss befindet sich ein großer Wohnraum mit Kachelofen und Esstisch, wo man so manch geselligen Hüttenabend verleben kann. Es gibt zwei WCs, zwei Duschen und, als besonderen Luxus, eine Sauna. Über eine Treppe geht es hinauf zum Schlafbereich mit vier Doppelzimmern. Ein zusätzliches Stockbett befindet sich im Erdgeschoss. Vor der Hütte ist ein Brunnen sowie eine Grillgelegenheit. Die Preise reichen von 580 € für eine Woche im Sommer bis 1000 € im Winter.

Lage & Ambiente

Die gediegene und großzügig ausgestattete Hütte befindet sich im Gebiet der Koralpe im Nordosten Kärntens. Der Name erklärt sich daraus, dass die Hütte im Jahr 2000 neu aufgebaut wurde. Die Anfahrt ist etwas umständlich, dafür genießt man die Ruhe und die Wohnatmosphäre. Von Bad St. Leonhard sind es noch zwölf Kilometer bis zur Hütte, wobei die letzten Meter zu Fuß absolviert werden müssen (Gehzeit etwa 20 Minuten). Der Gepäcktransport wird übernommen. Die Hütte befindet sich in einer Mulde am Waldrand auf 1560 Meter Höhe.

In der Umgebung

Im Sommer genießt man die Ruhe auf der Almwiese oder unternimmt gemütliche Wanderungen. Dafür bietet die Koralpe zahlreiche Möglichkeiten. Im Winter sind es nur wenige Meter zur Skipiste.

Romantisch

Gregorpeterhütte

A-9451 Preitenegg
Buchung über:
Familie Münzner
Tel. 00 43/43 54/23 26
oder
Urlaub am Bauernhof
Viktringer Ring 5
A-9020 Klagenfurt
Tel. 00 43/4 63/33 00 99,
Fax 33 00 33
E-Mail:
office@urlaubambauernhof.com
Internet:
www.urlaubambauernhof.com

Anfahrt: Autobahn A 2 von Klagenfurt Ausfahrt Bad St. Leonhard nach Preitenegg

Für Familie/Selbstversorger

Ausstattung & Preise

Auf den rund 120 Quadratmetern Wohnfläche, die die Hütte bietet, ist Platz auch für eine ausgewachsene Familie. Im großen Wohnraum gibt es einen Esstisch, eine Sitzgarnitur und einen Kaminofen, der für behagliche Wärme sorgt. Die gut ausgestattete Küche ist in den Raum integriert. Eine Treppe führt hinauf zu den Schlafräumen, bestehend aus einer Schlafgalerie mit fünf Betten sowie einem Doppelzimmer. Maximal können acht Personen übernachten. Für die Kinder gibt es draußen einen Spielplatz. Die Preise für die Hütte beginnen ab 70 € pro Tag, die Nebenkosten sind extra zu entrichten.

Lage & Ambiente

Die Gregorpeterhütte liegt an den Nordausläufern der Koralpe ganz im Nordosten Kärntens an der Grenze zur Steiermark. Die nächste Ortschaft ist Preitenegg. Die Hütte befindet sich auf einer sanft nach Süden hin abfallenden Almwiese.

Wenn man nicht nur viel Platz wünscht, sondern auch Gefallen an außergewöhnlichem Interieur hat, dann ist die Gregorpeterhütte genau richtig. Die Einrichtung besteht ganz aus Holz und ist modern gestaltet. Beeindruckend ist der riesige galerieartige Wohnraum.

In der Umgebung

Viele schöne Wanderwege führen in der Nähe der Hütte vorbei. Im Winter logiert man nur wenige hundert Meter von einem kleinen Skigebiet entfernt. Außerdem führt eine Langlaufloipe direkt an der Hütte vorbei.

Urig

Hohenleiten Hütte

A-8354 St. Anna bei Deutschlandsberg
Buchung über:
Urlaub am Bauernhof
Hamerlinggasse 3
A-8010 Graz
Tel. 00 43/316/80 50 12 91
E-Mail: uab@lk-stmk.at
Internet: www.tiscover.com/steiermark-bauernhofurlaub

Anfahrt: Autobahn A 2 bis Ausfahrt Lieboch und weiter in Richtung Stainz und Deutschlandsberg. Bei Deutschlandsberg Richtung Wies-Eibiswald. In Schwanerg rechts in den Ort, am Hauptplatz links und nach St. Anna. In St. Anna links halten, nach 3 km wieder links und auf der für den öffentlichen Verkehr gesperrten Schotterstraße bis zur Hütte

Für Selbstversorger

Ausstattung & Preise

Ein idyllisches Holzforsthaus in sehr ruhiger Lage ist die Hohenleiten Hütte in der Nähe von Stainz westlich von Graz. Im gemütlichen Wohn-/Esszimmer kann man nette Hüttenabende verbringen. Schön ist das Kaminzimmer mit dem steirischen Kachelofen, der an kalten Tagen behagliche Wärme verbreitet. Im Obergeschoss können die Gäste in zwei Schlafzimmern und einem Matratzenlager unterkommen, dazu gibt es ein weiteres kleines Waschzimmer sowie zwei Balkons. Platz ist für maximal zehn Personen. Pro Tag zahlt man 110 € für die Hütte bei Belegung bis zehn Personen.

Lage & Ambiente

Das alte Forsthaus steht an einer einsamen südseitigen Waldlichtung und bietet nostalgische Hüttenatmosphäre, ohne dass man ordentlichen Wohnkomfort missen muss. Im Sommer verheißt der Badeteich mit Steg, der zur Hütte gehört, willkommene Abkühlung. Das Feriendomizil ist ein Fall für Ruhe Suchende und Naturliebhaber. Zudem sind einige bedeutende steirische Sehenswürdigkeiten nicht weit entfernt.

In der Umgebung

In der Nähe der Hütte befindet sich ein Wasserfall. Außerdem gibt es viele Wanderwege und Mountainbike-Strecken. Sehenswerte Ausflugsziele in der Umgebung sind die Schilcherweinstraße und das Schloss Stainz.

Romantisch

Wirtshaus Jagawirt

Sommereben 2
A-8511 St. Stefan o. Stainz
Tel. 00 43/31 43/81 05, Fax 8 10 54
E-Mail: goach@jagawirt.at
Internet: www.jagawirt.at

Anfahrt: Auf der Autobahn von Graz oder von Kärnten kommend zur Ausfahrt Lieboch und dort Richtung Stainz bis Schlieb. In Schlieb geht es über St. Stefan hinauf zum Reinischkogel.

Ausstattung & Preise

Der Jagawirt ist ein kleines Paradies, das sich durch behutsam renoviertes Interieur mit schönen nostalgischen Gaststuben, einen idyllischen Gastgarten und vor allem die klassische herzhafte steirische Küche auszeichnet. Zum Übernachten stehen im Haupthaus fünf Doppelbett- und zwei Dreibettzimmer zur Verfügung, allesamt sehr gemütlich und stilvoll mit alten Möbeln eingerichtet. Des Weiteren befinden sich im Nebenhaus noch fünf Doppelzimmer und ein Appartement. Für die Übernachtung mit Frühstück im Doppelzimmer zahlt man pro Person ab 45 €, im Appartement ab 49 €.

Das Besondere Ein Schmuckstück des Anwesens beim Jagawirt ist das Jagahäuschen, das etwas abseits im großen Garten steht. Wie ein pittoreskes altes Hexenhäuschen sieht das kleine bäuerliche Anwesen inmitten von Obstbäumen aus, und es wird speziell für Feiern und Seminare gerne gebucht. Im Parterre befindet sich eine schöne alte Stube und im Obergeschoss dazu drei renovierte Gästezimmer. Perfekt geeignet ist das Jagahäuschen etwa auch für Hochzeiten der ländlich romantischen Art. Die Miete für das Jagahäuschen beträgt 50 €.

Lage & Ambiente

Idyllisch, ruhig und sehr naturverbunden logiert man beim Jagawirt auf dem Reinischkogel in 750 Meter Höhe. Das Bilderbuchgasthaus liegt versteckt in den Weinbergen des malerischen Schilcherlandes in der Steiermark, in der man kulinarische Genüsse bekanntlich zu schätzen weiß. Vieles, was hier auf den Tisch kommt, stammt frisch aus der eigenen Landwirtschaft. Diese umfasst auch eine Schafzucht, der man etliche Lammspezialitäten der hiesigen Küche zu verdanken hat. Speck und Würste sind ebenfalls aus eigener

Herstellung. Überhaupt ist die Küche ganz aufs Steirische ausgelegt, in der auch das bekannte steirische Kernöl eine große Rolle spielt. Gut bestückt ist der stilvolle alte Weinkeller, der vor allem natürlich ausgesuchte steirische Tropfen aufweist.

Das traditionsreiche Wirtshaus geht bis auf das 18. Jahrhundert zurück und hat sich sein nostalgisches Aussehen bewahrt. Es liegt in herrlicher Natur, ist umgeben von Wäldern und Wiesen. Die Gegend rund um Stainz westlich von Graz hat zwar keine hochalpinen Berge vorzuweisen, sondern präsentiert sich eher sanft hügelig, wie überhaupt die Landschaft etwas Gemütliches an sich hat und dank des milden Klimas auch ideal für einen erholsamen Urlaub ist. Langweilig muss es einem dabei dennoch nicht werden, denn Sehenswürdigkeiten gibt es in der Umgebung mehr als genug. Und beim rustikal nostalgischen Jagawirt kann man auch sehr gut dem süßen Nichtstun frönen, das man nur ab und zu unterbricht, um eine der köstlichen Mahlzeiten zu verspeisen, die die vielseitige steirischen Küche zu bieten hat.

In der Umgebung

Das Schilcherland, die Heimat des berühmten steirischen Weins, ist ein gutes Terrain für Radtouren, die rund um den Jagawirt doch einige Höhenmeter abverlangen und einiges an Kondition voraussetzen.

An klassischen Sehenswürdigkeiten unbedingt erwähnenswert sind das Renaissanceschloss in Stainz, ehedem Wohnsitz der Grafen von Meran, dessen Besichtigung man mit einer Fahrt mit dem beliebten Flascherlzug in Stainz verbinden kann. Der Name dieses Transportmittels stammt von dem einst berühmten Wunderheiler Höllerhansl, zu dem die Patienten mit dem Zug anreisten.

Ganz in der Nähe ist auch das Traktormuseum von Stainz zu finden, das Ausfahrten mit historischen Traktoren durch die Weinberge anbietet. Und nur wenige Kilometer entfernt sind das weltberühmte Lippizanergestüt in Piber und in Bärnbach die eindrucksvolle, von Friedensreich Hundertwasser gestaltete Kirche, der man unbedingt einen Besuch abstatten sollte. In Bärnbach, das auf eine lange Glasbläsertradition zurückblicken kann, werden auch interessante Führungen im Stölze Glas Center angeboten.

Nicht weit entfernt und noch recht neu ist die Therme Nova Köflach, in der man sich stilvoll entspannen kann. Und wer sich nach Stadtleben sehnt, dem kann man einen Ausflug nach Graz und in das historische Zentrum empfehlen.

Extratipp

Freilichtmuseum Stübing Wie lebten die Bauern in früheren Zeiten, wie sahen ihre Wohnhäuser aus, wie und wo verbrachten sie ihre Tage, wenn sie nicht gerade im Stall oder auf dem Feld unterwegs waren, wie waren sie eingerichtet? Jede Menge Antworten darauf bietet das Freilichtmuseum Stübing, das 90 Bauernhöfe aus ganz Österreich zusammengetragen, liebevoll restauriert und vor Ort wieder aufgestellt hat. Die Exponate dokumentieren umfassend bäuerliche Architektur und Kultur aus über sechs Jahrhunderten.
Freilichtmuseum Stübing, A-8114 Stübing; Tel. 00 43/31 24/5 37 00; E-Mail: service@freilichtmuseum.at, Internet: www.freilichtmuseum.at; April–Okt. Di–So 9–17 Uhr; Eintritt Erwachsene 7,50 €, Kinder (ab 6 Jahren) 4 €, Familienkarte 21 €

Romantisch

Berghof Brunner

Lobing 4
A-9135 Bad Eisenkappel
Tel. 00 43/42 38/3 01, Fax 30 18 01
E-Mail: Berghof.brunner@aon.at
Internet:
www.tiscover.at/berghof-brunner

Anfahrt: Für die Anreise von Westen bzw. Norden fährt man auf der Tauernautobahn A 10 über Villach und Klagenfurt bis zur Ausfahrt Grafenstein. Über Gallizien auf der Straße in Richtung Grenzübergang Seebergsattel nach Bad Eisenkappel. Der Berghof Brunner liegt oberhalb des Ortes.

Für Familien

Ausstattung & Preise

Der Berghof Brunner ist ein modernes Vier-Sterne-Hotel mit komfortablen Zimmern und Appartements. Die Küche bietet regionale Spezialitäten ebenso wie klassische österreichische und internationale Gerichte an. Im Haus gibt es eine kleine Wellness-Abteilung mit verschiedenen Saunen, einem Dampfbad sowie Solarium und Fitnessraum. Für sportliche Aktivitäten stehen außerdem eine hauseigene Kletterwand und Tischtennis zur Verfügung. Für kleine Gäste gibt es einen Kinderspielplatz. Zum Gasthof gehört auch ein Naturteich zum Baden und Relaxen. Für die Übernachtung mit Halbpension zahlt man pro Person im Doppelzimmer ab 46,50 €.

Das Besondere Für Hausgäste hält der Berghof eine Besonderheit bereit: die »Bad Eisenkappel All Inclusive Card«. Sie berechtigt zur kostenlosen Nutzung der Freizeiteinrichtungen von Bad Eisenkappel. Dazu gehören unter anderem Fahrradverleih, geführte Wanderungen wie Touren durch den Ort oder Themenwanderungen in das Naturschutzgebiet »Trögerner Klamm«, das solarbeheizte Erlebnisfreibad, Tennisfrei- und Hallenplätze, die Benutzung der Alpenstraße Hochobir und Minigolf.

Lage & Ambiente

Bad Eisenkappel liegt im Südosten Kärntens nahe der slowenischen Grenze und ist der südlichste Kurort Österreichs. Hoch über dem Tal steht der Berghof einsam im Wald an einem sonnenreichen Hang. Dort genießt man einen schönen Ausblick auf den Ort und auf die Berggipfel der Karawanken und das Vellachtal.

Bad Eisenkappel selbst verteilt sich auf ein lang gestrecktes, von dicht bewaldeten Bergen umgebenes Tal. Besonders stolz ist man auf die durchschnittlichen 176 Sonnentage im Jahr und auf das gänzlich nebelfreie Wetter, das eine gute Sicht gewährt – ein nicht ganz unwichtiges Detail für die Gäste im Berghof: Von allen Zimmern aus kann man die herrliche Aussicht genießen, ebenso wie von der großen Panoramaterrasse. Die ruhige Lage, dazu der Komfort des Vier-Sterne-Hotels und die

Faszinosum: die Obir-Tropfsteinhöhlen

Nähe zum Ort sind ideal, wenn man auf dem Berg, aber doch nicht gänzlich abgeschieden seine Ferien verbringen will.

In der Umgebung

Vom Berghof Brunner aus kann man schöne Wanderungen in der Umgebung unternehmen wie etwa auf den 2139 Meter hohen Hochobir direkt bei Bad Eisenkappel. Insgesamt gibt es rund um Bad Eisenkappel etwa 200 Kilometer markierte Wander- und Spazierwege.

Nicht weit ist es zum Klopeiner See und dem Turnersee, zwei Kärntner Badeseen, die für ihre angenehm warmen Wassertemperaturen bekannt sind. Am Turnersee kann man dem Vogelpark einen Besuch abstatten und die über 1000 gefiederten Tiere bewundern, die 340 verschiedenen Arten angehören. Spektakulär ist auch ein Ausflug zu den nahen Obir-Tropfsteinhöhlen, die von April bis Oktober geöffnet sind. Die dreistündigen Führungen in die geheimnisvolle unterirdische Welt der Stalaktiten und Stalagmiten sind besonders für Kinder ein eindrucksvolles Erlebnis. Video-, Ton- und Lichtinstallationen unterstreichen die fremdartige Atmosphäre der Jahrmillionen alten Wunderwelt im Berginneren. Im Gegensatz zu vielen anderen Tropfsteinhöhlen besitzen die Obir-Höhlen keinen direkten Zugang von außen, sondern wurden erst 1870 zufällig beim Vortrieb eines Stollens zum Blei-Zink-Abbau entdeckt.

Auch der Wörthersee mit seinen zahlreichen Sehenswürdigkeiten liegt in Reichweite. Als Ausflugsziele beliebt und empfehlenswert sind die Wallfahrtskirche Maria Wörth, die Erlebniswelt Minimundus, in der zahlreiche weltbekannte Bauwerke in Miniaturformat und Originalmaterialien nachgebaut sind, und der Aussichtsturm Pyramidenkogel. Dieser ist allerdings nur etwas für schwindelfreie Besucher: Auf dem 850 Meter hoch gelegenen Bergrücken ragt der Aussichtsturm weitere 54 Meter in die Höhe.

Als Höhlenforscher unterwegs

Im Winter kann man in der Nähe des Berghofs Snowtubing ausprobieren, eine neue Wintersportart ähnlich dem Bobfahren. In der Umgebung gibt es auch Langlaufloipen, Rodelbahnen und das Skigebiet Petzen.

Die schönsten Hütten, Berggasthöfe und Hotels in der Schweiz

Zeit für Familie am Schönbodensee im Toggenburg

fun

103 Uto Kulm

Luxuriös

Uto Kulm

CH-8143 Uetliberg/Zürich
Tel. 0041/14576666,
Fax 14576669
E-Mail: utokulm@uetliberg.ch
Internet: www.utokulm.ch

Anfahrt: Flug nach Zürich-Kloten oder auf der Autobahn A 3 entweder über Basel bis Zürich oder über die A 1 vom Bodensee via St. Gallen. Das Uto Kulm ist eines der wenigen Berghotels, das man auch mit öffentlichen Verkehrsmitteln problemlos erreichen kann.

Ausstattung & Preise

Nach einer umfassenden Renovierung vor wenigen Jahren präsentiert sich das Uto Kulm in neuem Glanz mit 55 komfortablen und eleganten Einzel- und Doppelzimmern sowie einigen luxuriösen Suiten. Unaufdringliche Designmöbel und moderne Ausstattung schaffen gehobenen Wohnkomfort. Für Fitness und körperliches Wohlbefinden gibt es eine kleine Wellness-Abteilung mit Dampfbad, Aromadusche und einer Sauna mit Blick auf die Skyline von Zürich. Nach dem Schwitzbad findet man in der neuen Eisgrotte die passende Abkühlung. Im eleganten Restaurant mit großer Sonnenterrasse stehen vorwiegend internationale und mediterran inspirierte Speisen auf der Karte. Der eindrucksvolle Weinkeller bietet eine umfangreiche Sammlung aus dem Hause Château Mouton Rothschild. Für die Übernachtung mit Frühstück im Doppelzimmer zahlt man pro Tag ab 82 €.

Das Besondere Romantische Ausflüge und stilvolle Alltagsfluchten – das verspricht das Uto Kulm seinen Gäste auf dem Uetliberg. Und das ganz zu Recht, denn nicht nur die Lage ist großartig, sondern auch das Angebot an verschiedenen Romantik Suiten im Haus. Da gibt es die Moonlight Suite mit runder Badewanne und Bergblick ab 300 € pro Tag. Etwas aufwendiger noch die Residenz Suite mit üppiger ovaler Wanne, Sternenhimmel, großer Fensterfront und Balkon mit herrlicher Aussicht, das Ganze ab 360 € pro Tag. Den spektakulärsten Ausblick bietet die Skyline Suite zum gleichen Preis. Die Krönung ist die Tower Suite mit Herzsprudelwanne im Wintergarten, Schwedenofen und großzügiger Dachterrasse mit Blick auf den Sternenhimmel und die Lichter von Zürich.

Lage & Ambiente

Der Uetliberg oberhalb von Zürich ist autofreies Gebiet. Man kommt vom Züricher Hauptbahnhof mit dem Zug S 10 in 21 Minuten zur Endstation auf dem Uetliberg. Das Hotel liegt

Gediegen-romantisches Ambiente

nun nur einen siebenminütigen Spaziergang durch den Wald entfernt. Wer mit dem Pkw anreist, kann das Fahrzeug zum Beispiel in Uitikon-Waldegg am Parkplatz in der Birmensdorferstraße stehen lassen und über die Fußgängerbrücke zur Bahnstation Uitikon-Waldegg gehen. Von dort ist man innerhalb von acht Minuten an der Endstation auf dem Uetiberg, stadtnah und trotzdem ganz oben in ruhiger und einsamer Berglage. Das exquisite und elegante Vier-Sterne-Hotel thront sozusagen weit über den Dächern von Zürich auf 871 Meter Höhe und wirbt mit dem Slogan »Willkommen an der Quelle der Inspiration«. So manchem gestressten Städter wird das recht verheißungsvoll klingen. Und die Ruhe am autofreien Uetliberg zusammen mit der 360-Grad-Panoramaaussicht dürfte vielleicht tatsächlich die ein oder andere gute Idee entlocken. Das gediegene Ambiente mit entsprechend feiner Gastronomie zielt auf den romantischen Kurzurlaub, ist aber auch für Seminare bestens geeignet.

In der Umgebung

Auf dem Uetliberg kann man nicht nur den herrlichen Blick auf Zürich und den Zürichsee genießen, es gibt auch schöne Wanderwege.

In nur wenigen Minuten ist man zudem im Zentrum von Zürich. Dort bieten sich viele Sehenswürdigkeiten. Reizvoll ist vor allem im Sommer ein Spaziergang durch die Kaianlagen am Seeufer, wo viele Straßenkünstler auftreten. Interessant ist auch die Schipfe, ein romantisches Viertel, wo früher Waren umgeschlagen wurden und die Handwerker lebten. Fast ein Muss sind das berühmte Zürcher Opernhaus und der Grossmünster am Zwingliplatz. Zum krönenden Abschluss des Besuchs in der Stadt bietet sich ein Schiffsausflug auf dem Zürichsee an.

Extratipp

Zürich bei Nacht Nachts sind alle Katzen grau, heißt es. Städten dagegen schlägt im Glanz der tausend Lichter erst in der Dunkelheit die große Stunde. Auf einer Stadtführung von Zürich Tourismus erkunden Besucher die nächtliche Altstadt und bekommen einen Eindruck vom einzigartigen Beleuchtungskonzept »Plan Lumière«, das Zürich im Laufe der kommenden Jahre neue Ansichten verspricht. Seit dem Frühjahr 2005 sind bereits mehrere Brücken der Stadt und das Bahnhofsareal in Installationen aus Licht getaucht, weitere Plätze und Bauwerke werden folgen. Dem Nachtbummel kann man sich nach Voranmeldung unter Tel. 00 41/4 42 15 40 88 von Mai bis September jeden Freitag oder Samstag anschließen.

Zürich Tourimus; Bahnhofbrücke 1, CH-8023 Zürich; Tel. 00 41/4 42 15 40 00, Fax 4 42 15 40 44; E-Mail: information@zuerich.com, Internet: www.zuerich.com

104 Hotel Arvenbüel

Romantisch

Hotel Arvenbüel

CH-8873 Amden
Tel. 00 41/55/6 11 21 01,
Fax 55/6 11 21 01
E-Mail: ingo@arvenbuel.ch
Internet: www.arvenbuel.ch

Anfahrt: Von Osten auf der Rheintalautobahn A 13 bis Autobahndreieck Sargans und weiter auf der A 3 Richtung Zürich. Von Norden und Westen über Zürich auf die A 3 und bis zum Walensee. Ausfahrt Weesen/Amden und bei Weesen über Chapfenberg und Brügg auf der gut ausgebauten, 4 km langen Bergstraße hinauf zum Arvenbüel an Nordufer des Sees

Für Familien

Ausstattung & Preise

Das traditionsreiche Familienhotel befindet sich hoch oben über dem Walensee. Es verfügt über 19 Doppel- und zwei Einzelzimmer, die insgesamt 40 Gästen Platz bieten und alle komfortabel mit Dusche/WC, TV, Sitzgruppe und vor allem mit Balkon ausgestattet sind. Neben den vielfältigen Freizeitmöglichkeiten in der Region um Amden und Weesen offeriert das Hotel ebenfalls einiges an Zeitvertreib. Es gibt es eine Sauna, ein Solarium, Billard, Tischtennis und Tischfußball sowie einen Kinderspielraum und im Sommer ein großes Gartenschach auf der Sonnenterrasse.

Im Restaurant kommen klassische Schweizer Küche und vor allem viele hausgemachte Gerichte auf den Tisch. Besonders köstlich ist der als Hausspezialität gepriesene Zwetschgenkuchen. Die Preise für die Übernachtung mit Frühstück im Doppelzimmer beginnen bei 50 €.

Lage & Ambiente

Das Hotel befindet sich auf dem Amdener Sonnenplateau hoch über dem Walensee, der direkt rechter Hand der Autobahn in herrlicher sonnenreicher Position auf der Strecke zwischen Chur und Zürich liegt. Die schöne Aussicht und die exponierte Lage spielen hier oben eine sehr wichtige Rolle. Damit wirbt das gediegene Mittelklassehotel im klassischen Stil für den eher gutbürgerlichen Geschmack und verspricht ruhigen Naturурlaub.

Die im Hotelnamen enthaltenen Arven sind auch unter der Bezeichnung Zirbelkiefern bekannt, die selbst in alpinen Hochlagen mehrere

Hundert Jahre alt werden können. Das Hotel auf dem »Zirbelkieferhügel« bietet viel Natur ringsum und ist, nicht zuletzt auch wegen des umfangreichen Unterhaltungsangebots im Haus, besonders gut für den Familienurlaub mit Kindern geeignet. Schließlich gehört der Walensee zur Ferienregion Heidiland.

In der Umgebung

Vom Hotel aus gibt es viele Wanderwege und Radstrecken. Wer höher hinaus will, kann mit der Sesselbahn Mattstock bergwärts fahren und von dort aus Wanderungen auf dem Panoramahöhenweg, zum Mattstock oder auf den Flügenspitz unternehmen. Für ambitionierte Alpinisten gibt es in Schibächnölli einen Klettergarten.

Der Walensee bietet ideale Bedingungen für Wassersportler. Hier kann man baden, segeln, surfen oder ganz bequem mit dem Schiff den See erkunden. In der historischen Stadt Weesen, die nur wenige Kilometer entfernt liegt, kann man die Büelkirche und die Zwinglikirche sowie das eindrucksvolle Dominikanerkloster Maria Zuflucht besichtigen, dazu einen Ausflug zur Burgruine Strahlegg und zu den eindrucksvollen Seerenbachwasserfällen bei Betlis unternehmen. Von keltischen Funden in der Umgebung zeugt das Ortsmuseum in Weesen.

Picknick im Heidiland

Im Winter kommt man mehr oder weniger direkt von der Hoteltüre aus auf die Piste. Das nahe Skigebiet bietet sechs Liftanlagen und 25 Pistenkilometer für jeden Anspruch. Außerdem gibt es Langlaufloipen und Winterwanderwege sowie eine Natureislaufbahn. Ein Höhepunkt der Wintersaison ist das alljährlich am 1. Januar stattfindende Fassdaubenrennen in Amden.

Extratipp

Vergnügungsfahrten auf dem Walensee Der fjordartige Walensee gehört zwar nicht zu den bekanntesten, aber doch zu den schönsten Seen der Schweiz. Und dort kann man unterschiedlichste Vergnügungsfahrten unternehmen. Ganz im Stil der Ferienregion Heidiland sind die Musicalfahrten, bei denen man im Sommer abends das Schiff betritt, dort nach einem Welcome-Drink ein Abendessen während der gemütlichen Schifffahrt zu sich nimmt, um dann in Walenstadt anzulegen und sich direkt zur Musicalvorführung zu begeben und die berühmte, über 100 Jahre alte Geschichte von Heidi, dem Geißenpeter und dem Großvater von Johanna Spyri zu erleben. Nur ums Essen geht es bei den »Culinarischen Extrafahrten«, die jeweils unter einem bestimmten Thema stehen: mal abends mit einem Käse- und Weinseminar, mal morgens mit einem ausgiebigen Frühstück oder als Raclettеplausch bzw. bei einem abendlichen Racletteausflug.

Buchung das Musical: In der Schweiz Tel. 09 00 55 22 25, in Deutschland Tel. 01 80/ 5 90 88 44. Weitere Informationen: Ferienregion Heidiland; CH-7320 Sargans; Tel. 00 41/81/ 7 20 08 88, Fax 81/7 20 08 28; E-Mail: info@heidiland.com, Internet: www.heidiland.com

Originell

Klausenpasshöhe

CH-6465 Unterschächen
Tel. 00 41/41/8 79 11 64,
Fax 41/8 79 18 64
E-Mail: info@klausenpasshoehe.ch
Internet:
www.klausenpasshoehe.ch

Anfahrt: Von Norden über Zürich und Luzern nach Altdorf oder von Osten bzw. Nordosten über die Rheintalautobahn A 13 von Bregenz her bis Sargans und auf der A 3 Richtung Zürich bis zur Abfahrt nach Glarus, dort auf die Klausenstraße. Das Hotel befindet sich auf der Passhöhe der 21,5 km langen Strecke.

Ausstattung & Preise

So traditionsreich wie die Straße zum Klausenpass ist auch das Hotel auf der Passhöhe: Seit über 100 Jahren trotzt das altehrwürdige Haus mit dem Spitzturm bereits Wind und Wetter an der Passhöhe. Die nostalgischen Zimmer sind mit alten Möbeln ausgestattet. Die Duschen und Toiletten auf jedem Stockwerk wurden renoviert. Das Restaurant bietet gutbürgerliche Küche mit Schweizer Spezialitäten: Je nach Saison kommen Almkäse, Wildspezialitäten oder frische Heidelbeeren auf den Tisch. Etwa 100 Meter vom Hotel entfernt gibt es eine Dependance mit Schlafsälen, die speziell für Gruppen geeignet sind. Für die Übernachtung mit Frühstück im Doppelzimmer zahlt man ab 30 € pro Person.

Lage & Ambiente

Das Hotel befindet sich in 1950 Meter Höhe auf dem Klausenpass. Im Sommer ist die Strecke natürlich sehr beliebt bei Ausflüglern auf zwei und vier Rädern. Zwischen November und Mai hat der Klausenpass Wintersperre, das Hotel ist ebenfalls in dieser Zeit geschlossen. Passend zur Lage und zur Geschichte der Strecke, auf der früher legendäre Autorennen ausgetragen wurden, bietet das Haus jede Menge nostalgisches Flair.

In der Umgebung

Von der Passhöhe aus kann man schöne Wanderungen und Bergtouren unternehmen. Auf den Bergfreund warten jede Menge schöner Gipfel, zum Beispiel das 2443 Meter hohe Raustöckli, das 2218 Meter hohe Balmer Grätli oder im Norden der 2490 Meter hohe Glatten.

Urig

Ski- und Berghaus Schwendi

CH-7249 Klosters
Tel. 00 41/81/4 22 12 89,
Fax 81/4 22 62 13
E-Mail: hotel.lohner@bluewin.ch
Internet: www.schwendiserneus.ch

Anfahrt: Von Norden kommend über Lindau auf der Autobahn A 13 über St. Margarethen bis Ausfahrt Landquart und weiter durch das Landquarttal bis Klosters. Von Westen auf der Autobahn A 3 über Basel und Zürich bis Landquart und Klosters. Von Osten fährt man durch das Engadin über Landeck, Scuol und Lavin bis zur Bahnverladung in Sagliains. In Klosters angekommen kann man über die Telefonnummer 0 81/4 22 12 89 den Transfer zum Berghaus Schwendi vereinbaren.

Ausstattung & Preise

Das Ski- und Berghaus Schwendi im Gebiet von Klosters ist ein klassisches Berghaus mit sehr rustikaler und eher einfacher Ausstattung. Es gibt insgesamt 100 Betten, die sich auf Doppel- und Mehrbettzimmer verteilen. Die Zimmer wurden erst kürzlich renoviert. Für das leibliche Wohl der Gäste sorgen zwei Restaurants, die eine breite Vielfalt von kleinen Imbissen bis zu Fünf-Gänge-Menüs anbieten. Für die Abendunterhaltung gibt es eine Diskothek, denn im Winter wird Après Ski hier groß geschrieben. Bäckerei und Konditorei befinden sich im Haus. Für die Übernachtung mit Frühstück im Doppelzimmer zahlt man pro Person ab ca. 50 €.

Lage & Ambiente

Das Berghaus Schwendi steht in schöner Panoramalage auf 1631 Meter oberhalb von Klosters. Im Winter befindet man sich mitten im Skigebiet, und im Sommer ist man von vielen Wanderwegen und Bike-Strecken umgeben. Drinnen ist es gemütlich rustikal und vor allem im Winter recht unterhaltsam.

In der Umgebung

Ein großes Angebot an Wander- und Bergtouren ist hier, inmitten der Graubündener Bergwelt, fast selbstverständlich. Im Winter wohnt man direkt an der Talabfahrt.

Für Kultur Suchende gibt es in Klosters das Heimatmuseum »Nutli Hüschi«, ein Kino und die Kleintheaterbühne »Kulturschuppen«.

Luxuriös

Hotel Schatzalp

CH-7720 Davos-Platz
Tel. 00 41/81/4 15 51 51,
Fax 81/4 15 52 52
E-Mail: online@schatzalp.ch
Internet: www.schatzalp.ch

Anfahrt: Von Norden über die Autobahn A 13 von Bregenz und St. Gallen, bei Landquart ins Prättigau und via Klosters bis nach Davos. Um auf die Schatzalp zu kommen, besteigt man in Davos Platz die Schatzalpbahn und fährt in vier Minuten hinauf zum Hotel. Die Bahn ist im Sommer bis 2 Uhr, im Winter bis 23 Uhr in Betrieb.

Ausstattung & Preise

Das nostalgische Jugendstilhotel wurde 1898 erbaut und diente zunächst als Sanatorium. Das Belle-Epoque-Ambiente prägt auch heute noch das Haus. Eindrucksvoll sind die Hotelhalle und die Pianobar. Auch die Zimmer beeindrucken durch ihre stilvolle Ausstattung. Alle nach Süden gerichteten Zimmer besitzen eine eigene Loggia. Für Wellness und Fitness sorgt ein kleiner Indoor-Pool und eine Sauna. Im eher rustikalen Restaurant Schatzalp mit seiner großen Sonnenterrasse wird klassische Schweizer Küche geboten. Im Terrassenrestaurant Snow Beach kommen eher internationale Gerichte auf den Tisch, für Kalorienbewusste gibt es ein großes Salatbuffet. Auch Familien mit Kindern muss es auf der Schatzalp nicht langweilig werden. Eine 500 Meter lange Sommerrodelbahn sorgt für den nötigen Nervenkitzel. Außerdem gibt es einen Kinderspielplatz. Die Preise für die Übernachtung beginnen bei 94 € pro Person im Doppelzimmer inklusive Halbpension.

Das Besondere Ein Ferienaufenthalt auf der Schatzalp führt einen auf die Spuren von Thomas Mann. Die weit verbreitete Vermutung, dass hier der Handlungsort für seinen Roman »Der Zauberberg« gewesen sein dürfte, leuchtet jedermann sofort ein, der auf der Holzterrasse im Liegestuhl die obligatorische Davos-Lektüre auspackt.

Lage & Ambiente

Gut 300 Meter über Davos thront das Hotel in traumhafter Lage auf knapp 1900 Meter Höhe und bietet einen herrlichen Blick über den Ort und die umliegenden Gipfel. Ruhe ist garantiert, denn die Schatzalp ist autofrei und kann nur mit der Bahn erreicht werden. Dazu gesellt sich der Charme des altehrwürdigen Jugendstilinterieurs – alles in allem ideale Voraussetzungen für einen erholsamen und stilvollen Urlaub.

Und wer sich bisweilen allzu abgetrennt von der Welt fühlt, kann die Schatzalpbahn besteigen, die bis weit in die Nacht hinein in Betrieb ist, und einen Ausflug hinunter nach Davos unternehmen. Übrigens ist im Zimmerpreis auch die Benutzung der Schatzalpbahn und der Davoser Ortsbusse sowie der Eintritt in den Alpengarten Alpinum auf der Schatzalp inbegriffen.

Im festlichen Speisesaal

In der Umgebung

Die Schatzalp ist natürlich der ideale Ausgangspunkt für Wanderungen, zum Beispiel für eine Höhenwanderung zur Strelaalpe oder weiter hinauf in Richtung Schiahorn und Weissfluhjoch. Für Mountainbiker gibt es einige sehr schöne Strecken. Ein Höhepunkt ist sicherlich die Tour auf das 2629 Meter hohe Weissfluhjoch, die allerdings auch recht anspruchsvolle Abschnitte hat.

Ein ungewöhnliches Erlebnis ist die große und offene Sommereisbahn im Sportzentrum in Davos. Im

Luftseilbahn zum Jakobshorn

Kirchner-Museum kann man Bilder des berühmten Malers Ernst Ludwig Kirchner besichtigen, der einige Jahre bei Davos gelebt hat.

Im Winter bietet das Skigebiet von Davos zusammen mit Klosters immerhin 250 Pistenkilometer und mehr als 50 Liftanlagen. Allerdings liegt die Schatzalp etwas abseits vom Pistentrubel, was für Ruhe Suchende aber wieder seine Vorteile hat. Für Langläufer gibt es rund um Davos 75 Loipenkilometer. Die längste Loipe führt von Davos nach Sertig und ist 24 Kilometer lang.

Extratipp

Alpinum Schatzalp Das Alpinum Schatzalp verdankt seine Entstehung einer Lawine, die vor über 30 Jahren ein Waldstück nahe des Hotels wegriss. Dort wurde dann nicht einfach aufgeforstet, sondern ein botanischer Garten angelegt. Der Schaffhauser Arzt Hans Lichtenhahn setzte sich zusammen mit zwei erfahrenen Gärtnern dafür ein, dass hier nicht nur heimische, sondern auch exotische Pflanzen angesiedelt wurden. Heute findet man im Alpinum rund 1300 verschiedene Pflanzenarten: von Enzian und Geranien über Heilpflanzen wie Echinacea und Silbermantel bis zu Orchideen und seltenen Pflanzen aus Nepal und Tibet.

Alpinum Schatzalp; Ende Mai–Ende Sept. tgl. 9–17 Uhr, Führungen Mo und Fr 14.15 Uhr

Luxuriös

Hotel Guarda Val

Sporz
CH-7078 Lenzerheide
Tel. 00 41/81/3 85 85 85,
Fax 38 83 95
E-Mail: hotel@guardaval.ch
Internet: www.guardaval.ch

Anfahrt: Rheintalautobahn A 13 bis Chur, dort links abbiegen und über Churwalden und Valbella nach Lenzerheide. Von dort auf einer gut ausgebauten Straße noch etwa 3,5 km bis zum Hotel

Ausstattung & Preise

Urgemütlich eingerichtete Zimmer, Studios, Appartements und Suiten verteilen sich auf die diversen Häuser der ehemaligen Almsiedlung. Besonders bemerkenswert sind die Suiten mit bis zu 150 Quadratmetern auf zwei Etagen mit eigenem Dampfbad. Im hauseigenen Restaurant lockt Gourmetküche auf höchstem Niveau, die opulente Degustationsmenüs offeriert und mit 16 von 20 möglichen Punkten von Gault Millau bewertet wurde. Hier kann man außerdem an Wein- und Champagnerseminaren teilnehmen oder sich ganz klassisch beim Fondue oder bei Wildspezialitäten im Bündner Stübli stärken. Für eine Übernachtung mit Frühstück im Doppelzimmer bezahlt man ab 100 € pro Person.

Das Besondere Das Besondere am Guarda Val sind nicht etwa die reichhaltigen Wintersportmöglichkeiten – die findet man auch anderswo –, sondern die Kombination aus alpiner Idylle, romantischem Ambiente und verführerischen Genüssen.

Lage & Ambiente

Wo früher die Kühe eingestellt wurden, erholen sich jetzt gestresste Städter in nostalgisch-edlem Ambiente vom Alltag. Bis zu 300 Jahre alt sind die Häuser, Hütten und ehemaligen Ställe in dem Weiler Sporz auf 1600 Meter Höhe oberhalb von Lenzerheide. Sie gehörten früher zu einer so genannten Maiensäss, einer Almsiedlung, und sind heute Teil des nostalgischen Vier-Sterne-Hotels der Romantik-Gruppe. Der offizielle Name lautet daher auch Romantik Maiensäss Hotel Guarda Val.

Außer dem Hotel mit seinen Hütten und Häusern gibt es hier oben nur noch einige alte Bauernhöfe. Der kleine Weiler Sporz liegt direkt am Skigebiet Lenzerheide/Valbella etwas unterhalb der Mittelstation. Auf einer gut ausgebauten Straße sind es von Lenzerheide etwa 3,5 Kilometer zum Hotel.

In der Umgebung

Das umfangreiche Freizeitprogramm des Hotels reicht von Qi Gong bis zum Kühemelken beim benachbarten Bauernhof. Außerdem werden Kochkurse unter Leitung des Küchenchefs angeboten. Im Sommer kann man Wander- und Bergtouren in der Umgebung unternehmen, am Heidsee baden und surfen oder mit dem Mountainbike die Gegend erkunden.

Stilvolles Ambiente im Hotel Guarda Val

Bekannt ist Lenzerheide vor allem als Wintersportort mit 155 Pistenkilometern rund um das Rothorn und den Piz Scalottas. Das Hotel befindet sich in nächster Nähe zu den Pisten. Rund um Lenzerheide gibt es auch zahlreiche Langlaufloipen. Auf dem Eisplatz in Lenzerheide kann man außerdem Curling erlernen.

Lauschiges Plätzchen im Garten

Wer lieber rodelt, kann dies auf der Rodelbahn am Rothorn tun. Ein spezielles Erlebnis ist die Pradaschier Rodelbahn in Churwalden. Dort saust man auf der 3,1 Kilometer langen Strecke mit 31 Kurven wie auf einem Rennrodel talwärts – allerdings mit Sicherheitsgurt und automatisch gebremst durch den Geschwindigkeitsregler, falls es allzu flott werden sollte.

Extratipp

Gourmet-Kochen Lust am Schlemmen ist das Motto der Gourmet-Kochkurse im Guarda Val. Unter der Leitung des Küchenchefs Karlheinz Schumair, der mit 16 Punkten von Gault Millau beste Referenzen aufzuweisen hat, arbeitet und schmeckt man sich hinein in die wunderbare Genusswelt. Pro Person kostet ein Kochkurs rund 220 Euro. Und dazu gehören ein Willkommens-Aperó, drei Doppelstunden Kurs, dazu eine Champagnerkunde mit Weindegustation und ein Ausflug in die Maiensässgeschichte – schließlich hat die regionale Küche ja viel mit der bäuerlichen Tradition zu tun. Man erfährt einiges über die Eigenschaften und die Verwendung von Alpenkräutern. Und dann stehen noch die Herstellung und Verkostung von Käse auf dem Programm. Man ist schließlich in der Schweiz, und da ist das geradezu Pflicht. Termine erfährt man beim Hotel. Die Mindestteilnehmerzahl liegt bei sechs Personen.

109 Berghaus Diavolezza

Urig

Berghaus Diavolezza

CH-7504 Pontresina
Tel. 00 41/81/8 42 62 05,
Fax 8 42 61 58
E-Mail: gastronomie@diavolezza.ch
Internet: www.diavolezza.ch

Anfahrt: Durch das Engadin von Landeck aus bis Zernez und weiter auf der gut ausgebauten Strecke bis kurz vor St. Moritz. In Samedan geht die Straße links ab in Richtung Pontresina und weiter hinauf zum Berninapass. Kurz vor der Passhöhe ist rechts die Talstation der Diavolezzabahn nicht zu verfehlen. Sie bringt die Gäste bis auf 3000 m Höhe direkt zum Berghaus.

Ausstattung & Preise

Trotz der hochalpinen Lage ist das Angebot auf dem Berghaus recht umfangreich. Es gibt eine große Sonnenterrasse vor dem Haus, ein Restaurant, dazu ein Selbstbedienungsrestaurant und das Diavolezza-Stübli, wenn man es eher rustikal-gemütlich mag. Zum Übernachten hat man die Wahl zwischen Doppelzimmern mit Dusche und WC und Doppel- oder Vierbettzimmern mit Etagendusche und -WC. Außerdem gibt es noch die obligaten Gruppenunterkünfte mit Matratzenlager. Für die Übernachtung mit Frühstück im Doppelzimmer zahlt man pro Person ab 45 €.

Das Besondere Der Gasthof bietet Bergfeeling pur, das im Juli und August noch eine Steigerung erfährt: Dann werden auf einer Großleinwand auf der Diavolezza klassische Bergfilme im Freien vorgeführt.

Lage & Ambiente

Sehr viel höher kann man selbst in der Schweiz nicht logieren. Das Berghaus Diavolezza zu Füßen des 4049 Meter hohen Berninagipfels ist mit 3000 Meter eines der höchstgelegenen Berggasthäuser des Landes. Die fantastische Aussicht auf die Welt der Drei- und Viertausender ist spektakulär und muss gleichzeitig aber nicht mit Komforteinbußen bezahlt werden.

In der Umgebung

Im Sommer ist das Berghaus Ausgangspunkt für Wanderungen und Bergtouren im Berninagebiet. Im Winter logiert man direkt in dem weitläufigen und recht sportlichen Skigebiet Diavolezza/Bernina.

Hotel Roseg Gletscher

Val Roseg
CH-7504 Pontresina
Tel. 00 41/81/8 42 64 45,
Fax 81/8 42 68 86
E-Mail: info@roseggletscher.ch
Internet: www.roseggletscher.ch

Anfahrt: Durch das Engadin in Richtung St. Moritz und bis Pontresina. Vom Bahnhof in Pontresina, wo es auch Langzeitparkplätze gibt, zu Fuß, mit dem Rad oder mit der Pferdekutsche ins Tal und zum Hotel. Zu Fuß dauert der 7 km lange Weg etwa eineinhalb Stunden. Im Winter ist das Hotel auch mit Langlaufski erreichbar.

Ausstattung & Preise

Das Roseg Gletscher ist ein bodenständiges und rustikal ausgestattetes Landhotel. Es gibt sowohl Einzel- und Doppelzimmer mit und ohne Dusche/WC als auch Mehrbettzimmer. Die Einrichtung ist ebenfalls recht bodenständig, aber behaglich. Spezialität des Restaurants mit der gemütlichen Colani Stube sind vor allem Wildgerichte. Auch ein Self-Service-Bereich steht zur Verfügung, wo man sich selbst versorgen kann. Die Übernachtungspreise im Doppelzimmer mit Bad und Frühstück beginnen pro Person bei 103 €.

Lage & Ambiente

Das romantische Rosegtal bei Pontresina im Oberengadin ist ein beliebtes Ausflugsziel und für den Autoverkehr gesperrt. Weit weg vom Trubel auf etwa 2000 Meter Höhe versteckt sich das Hotel Roseg Gletscher. Es ist umgeben von Piz Bernina und Piz Roseg und damit ideal für Naturliebhaber und Wanderer. Die einzigartige Gletscherwelt liegt quasi zu Füßen und wartet darauf, entdeckt zu werden.

Typisch für das Haus sind die zahlreichen Jagdtrophäen, mit denen das Innere dekoriert ist und die den rustikal-alpenländischen Charakter unterstreichen. Bei schönem Wetter sind die Plätze auf der Sonnenterrasse mit herrlichem Rundblick besonders beliebt.

In der Umgebung

Im Sommer ist das Rosegtal ideal zum Wandern und Biken (Räder verleiht das Hotel). Im Winter führt durch das Tal eine schöne und entsprechend beliebte Langlaufloipe, die weiter bis zum Gletscher führt.

Originell

Hospiz St. Gotthard

CH-6780 St. Gotthard
Tel. 00 41/91/8 69 12 35,
Fax 8 69 18 11
Internet: www.gotthard-hospiz.ch

Anfahrt: Von Norden bzw. Nordosten durch das Rheintal über Chur und Andermatt oder von der Zentralschweiz auf der Autobahn A 2 von Luzern und dem Vierwaldstätter See her kommend. Wenige Kilometer westlich von Andermatt beginnt die Straße hinauf zum Gotthardpass. Auf der Südseite zieht sich die Straße in recht abenteuerlichen Kehren nach Airolo hinunter ins Tessin. Das Hospiz befindet sich auf der Passhöhe auf 2114 m Höhe.

Ausstattung & Preise

Das Hospiz ist seit Jahrhunderten Logis und Durchgangsstation für viele Reisende. Diese waren froh, für die Nacht ein Dach über dem Kopf zu haben und mit einer warmen Mahlzeit versorgt zu werden. Entsprechend bescheiden ist das Angebot im Hospiz auch heute noch. Es gibt recht gemütlich eingerichtete Doppelzimmer mit Dusche und WC auf der Etage. Wem Intimsphäre nicht so wichtig ist, findet auch einen Platz im Matratzenlager. Zum Hospiz gehören ein gutbürgerliches Restaurant mit einer schönen Aussichtsterrasse sowie ein Selbstbedienungslokal. Wer es eilig hat, kann sich am Kiosk versorgen. Für die Übernachtung in den Doppelzimmern zahlt man ab 36 € pro Person. Im Matratzenlager kostet die Übernachtung ab 20 €. Geöffnet ist das Hospiz ebenso wie die Passstraße nur über die Sommersaison bis zum Herbst.

Lage & Ambiente

Schon zu Römerzeiten war der St. Gotthardpass Verkehrsweg zwischen Süd und Nord. Heute reist man von der Zentralschweiz bzw. Graubünden ins Tessin schnell und bequem auf der Autobahn und durch den Tunnel. Der lange und mühsame Weg hinauf zur Passhöhe ist eher etwas für Genussreisende. Es ist nicht nur die hochalpine Lage, die den Aufenthalt auf dem 2114 Meter hohen Gotthardpass so eindrucksvoll macht. Man bewegt sich auch auf historisch bedeutsamem Boden, denn der Gotthard gehört seit Jahrhunderten zu den wichtigsten Alpenübergängen. Wie auch am St. Bernhard oder im österreichischen St. Anton wurde das Hospiz – das sagt schon der Name – im 17. Jahrhundert als Herberge für Reisende und Pilger gegründet. Es ist weniger ein Ort für einen Langzeiturlaub, sondern vielmehr für einen interessanten Zwischenstopp an einem ungewöhnlichen und auch landschaftlich reizvollen Ort.

Dieser ist im Sommer gut besucht, denn die Fahrt über den Pass gehört auch heute noch zu den besonderen Erlebnissen für Autofahrer ebenso wie für Motorradfahrer. Dass man auch mit langsamen und betagten Fahrzeugen den Gotthard erklimmen kann, das beweist das alljährliche Treffen historischer Traktoren im Sommer.

In der Umgebung

Rund um die Passhöhe gibt es viele, auch relativ leichte Wanderwege wie etwa die Strecke von der Mittelstation Gurschen über den Ursenwald nach Andermatt. Auf der Südseite des Passes kann man auf alten Säumerwegen der Strada Alta Leventina von Airolo in Richtung Biasca laufen. Sehenswert ist auch die Kapelle auf der Passhöhe, die zwischen 1160 und 1178 zu Ehren des Heiligen Gotthard erbaut wurde. Am Südausgang des Tunnels bei Airolo befindet sich eine Schaukäserei, die nicht nur Käse verkauft, sondern auch zeigt, wie er hergestellt wird.

Auch das höchstgelegene Museum Europas sollte man sich nicht entgehen lassen. Gleich neben dem Hospiz steht das Museo Nazionale del San Gottardo, in dem eine umfassende Dokumentation über die Entwicklung der Straße und des Handelsweges über den St. Gotthard präsentiert wird. Originaldokumente, Nachbildungen und Kunstgegenstände erzählen von kriegerischen Auseinandersetzungen, von den Mühen des Reisens in grauer Vorzeit und dem beschwerlichen Alltag der Menschen auf der Passhöhe bis zu den Tagen der ersten Automobile und dem Einsetzen des Massentourismus.

In Faido im Valle Leventina kann man sich an der Baustelle über den Fortgang der Arbeiten zum Gotthardtunnel informieren. Der mit 57 Kilometern längste Eisenbahntunnel der Welt soll ab 2011 den Weg zwischen Nord und Süd erheblich erleichtern. Mit Geschwindigkeiten bis zu 250 Stundenkilometern werden die Züge dann endlich durch den Tunnel rauschen.

Extratipp

St.-Gotthard-Tunnel Trotz seiner Bekanntheit – der St.-Gotthardpass ist immerhin eine der meistgenutzten Nord-Süd-Verbindungen über die Alpen – ist der Pass keineswegs eine besonders alte Route. Von den Römern wurde die Passage über den Großen St. Bernhard, den Splügen- oder Julierpass bevorzugt, erst im 13. Jahrhundert etablierte sich der Handelsverkehr am St.-Gotthardpass und über die lange Zeit unüberwindliche Schöllenenschlucht. Die alte, kopfsteingepflasterte Gotthardstraße stammt aus der ersten Hälfte des 19. Jahrhunderts und windet sich in endlosen Spitzkehren durch das Val Tremolo, das »Tal des Zitterns«. Seit 1882 verkehrt die Gotthardbahn auf zahlreichen Brücken und durch Dutzende Tunnels zwischen Rotkreuz und Chiasso. Die Alptransit Gotthard nun, so der Name der neuen Bahn durch den im Bau befindlichen Tunnel, wird die Reisegeschwindigkeiten und Kapazitäten deutlich verbessern.

112 Chalet Schwändi

Urig

Chalet Schwändi

CH-6162 Entlebuch
Buchung über:
HMS
Feldkircher Str. 114
A-9020 Klagenfurt
Tel. 00 43/4 63/5 50 80
Internet: www.huetten.com

Anfahrt: Über Zürich auf der Autobahn A 3 und weiter bis Luzern auf der Autobahn 14, dann nach Westen auf der Bundesstraße 2 a bis Schlüpfheim. Von Schlüpfheim sind es noch 3 km bis zum Chalet, das ganzjährig gut mit dem Auto erreichbar ist.

Für Selbstversorger

Ausstattung & Preise

Alpenländischen Charme verströmt das geräumige und relativ neue Chalet Schwändi. Im Haus stehen ein Doppelzimmer und zwei Zweibettzimmer zur Verfügung. Zusammen mit der offenen Galerie mit einer weiteren Doppelbettcouch bietet das Chalet also Platz für maximal acht Personen. Gut versorgen kann man sich in der modern eingerichteten Wohnküche mit Elektroherd, Kühlschrank und Mikrowelle. Möchte man das Chalet mieten, zahlt man pro Woche für die komplette Hütte je nach Saison ab 615 €.

Lage & Ambiente

Das Chalet befindet sich in ruhiger und sonniger Lage auf 800 Meter Höhe im Feriengebiet Entlebuch in der Zentralschweiz. Es eignet sich auch gut für einen Familienurlaub. Zum nächsten Ort mit einem ausreichenden Angebot an Lokalen und Einkaufsmöglichkeiten sind es nur drei Kilometer. Seit einigen Jahren ist die Region Entlebuch erstes UNESCO Biosphärenreservat der Schweiz, steht damit beispielhaft für schützenswerte Landschaft, ausgezeichnete Lebensqualität und behutsame Land- und Forstwirtschaft.

In der Umgebung

Neben zahlreichen Wandermöglichkeiten kann man von Entleberg im Kanton Luzern aus schöne Ausflüge in die nähere Umgebung, zum Beispiel zum Brienzer Rothorn, unternehmen. Nicht weit ist es zu einem Freiluftkino und einer Sommerrodelbahn. Im Winter ist man in einer Viertelstunde im Skigebiet Sörenberg, das mit 16 Liften und zwei Langlaufloipen aufwartet.

Urig

Berghotel Faulhorn

CH-3818 Grindelwald
Tel. 00 41/33/8 53 27 13
Internet: www.faulhorn.ch

Anfahrt: Von Norden über die Autobahn A 1 von Zürich nach Bern und weiter auf der A 6 nach Thun und Interlaken. Von Osten empfiehlt sich die Rheintalautobahn A 13 bis Sargans, dann über Luzern und Sarnen nach Interlaken. Das letzte Stück von Interlaken aus fährt man nach Süden in das Lauterbrunnental und biegt links nach Grindelwald ab.

Ausstattung & Preise

Das Faulhorn ist kein Luxushotel, sondern eine relativ einfache Herberge mit nostalgischer Ausstattung. Es gibt für 16 Gäste Doppelzimmer mit Etagenbad und ein Matratzenlager für 80 Personen. Die Nacht auf dem Faulhorn kostet im Doppelzimmer ab 45 € pro Person.

Lage & Ambiente

Der lange und etwas beschwerliche Weg hinauf zu dem majestätisch auf dem Gipfel des Faulhorns gelegenen Hotel ist ein Fall für Liebhaber hochalpiner Erlebnisse. Von Grindelwald fährt man mit der Seilbahn zur Bergstation First und geht dann etwa zwei Stunden hinauf bis zum 2681 Meter hohen Gipfel des Faulhorns. Der Ausblick in dieser luftigen Höhe könnte besser nicht sein: Ein 360-Grad-Panorama mit den berühmten Spitzen des Berner Oberlands, dem Voralpenland und weiter bis zum Jura und der Zentralschweiz. Kein Wunder, dass es hier die Menschen schon seit über 170 Jahren heraufzieht. 1830 wurde das Hotel, übrigens das höchste Berghotel der Schweiz, erbaut und kann auf etliche prominente Gäste wie zum Beispiel die niederländische Königin Wilhelmine verweisen.

In der Umgebung

Das Faulhorn ist weniger Ausgangspunkt als vielmehr Ziel verschiedener Bergwanderungen wie zum Beispiel von First oder von der Schynigen Platte (Gehzeit vier Stunden), die einen immer wieder mit herrlichen Blicken für die Mühen belohnen. Unterhalb des Faulhorns führt der Säumerweg von First bis Bussalp vorbei, eine schöne und nicht allzu schwere Rundwanderung mit vielen eindrucksvollen Aussichtspunkten.

Urig

Berggasthof Männlichen

CH-3818 Grindelwald
Tel. 00 41/33/8 53 10 68

Anfahrt: Autobahn A 1 von Zürich nach Bern, weiter auf der A 6 über Thun nach Interlaken. Von Osten auf der Rheintalautobahn A 13 bis Sargans, am Walensee entlang über Luzern und Sarnen nach Interlaken. In Interlaken nach Süden in das Lauterbrunnental und links ab nach Grindelwald. Die Talstation der Gondelbahn zum Männlichen befindet sich in Grindelwald Grund.

Ausstattung & Preise

Das Haus an der Bergstation Männlichen ist ein klassischer Berggasthof mit entsprechend rustikalem und eher bodenständigem Angebot. Im Haus gibt es ein großes Selbstbedienungsrestaurant und ein weiteres, das einen Service anbietet. Besonders beliebt vor allem an schönen Tagen ist natürlich die große Sonnenterrasse vor dem Haus. Für die Unterkunft stehen verschiedene Zimmertypen zur Wahl. Es gibt Einzel- und Doppelzimmer jeweils mit und ohne Bad, außerdem einige Mehrbettzimmer mit Dusche. Die Übernachtungspreise beginnen bei 49 € pro Person im Doppelzimmer mit Bad, bei 42 € im Doppelzimmer ohne Bad.

Lage & Ambiente

Mag die Fahrt zu den berühmtesten Berggipfeln im Berner Oberland auch lang sein – einmal angekommen hat der Urlauber den Vorteil, dass er spektakuläre Gipfel und traumhafte Berglandschaften in ungewöhnlicher Dichte erleben kann. Nicht umsonst ist die Region rund ums Jungfraujoch die erste Stätte des UNESCO-Weltnaturerbes der Alpen.

Auf 2222 Meter nächtigt man im Berghof Männlichen inmitten eines der schönsten und bekanntesten Wander- und Skigebiete der Schweiz. Oberhalb von Wengen und Grindelwald direkt vor der mächtigen Eigernordwand kann man sich kaum eine beeindruckendere Kulisse vorstellen. Als Ausgangspunkt für Wanderungen ist Männlichen natürlich ideal. Und wenn abends die letzte Bahn gefahren ist, dann wird es herrlich ruhig, und man hat Zeit und Muße, den eindrucksvollen Sonnenuntergang zu genießen. Das Berghaus ist während der Sommersaison ein beliebter Standort für kulturelle Veranstaltungen. Dazu zählen das Bergfühlingsfest, bei der die Volksmusik im Vordergrund steht, ebenso wie die für die Schweiz so typischen Alphornbläsertreffen und das Preisjassen, ein traditionelles Kartenspielturnier.

In der Umgebung

Man muss die Umgebung eigentlich gar nicht mehr vorstellen, handelt es sich doch um eine der spektakulärsten und auch bekanntesten Bergregionen nicht nur der Schweiz, sondern der gesamten Alpen. Direkt an der Bergstation blickt man auf den Eiger und die berüchtigte Nordwand. In nächster Umgebung ragen Mönch und Jungfrau in den Himmel. Auf der anderen Talseite erhebt sich der Piz Gloria oberhalb von Mürren mit dem einzigartigen Drehrestaurant in 3000 Metern Höhe, das bereits Drehort für einen James-Bond-Film war.

Im Sommer gibt es jede Menge Wandermöglichkeiten zum Beispiel hinüber zur Kleinen Scheidegg, wo die Bahn zum Jungfraujoch Station macht. Im Winter ist man mitten im Skigebiet gewissermaßen auf halber Strecke zwischen Grindelwald und Wengen. Man kann sich mit entsprechendem Fahrkönnen auf die berühmte Lauberhornabfahrt stürzen. Bequemer sind die zahlreichen Winterwanderwege und Schlittenbahnen. Nicht billig aber eindrucksvoll ist eine Fahrt mit der Jungfraubahn von der Kleinen Scheidegg hinauf zum Jungfraujoch auf 3571 Meter durch die Eigernordwand und mit einem der außergewöhnlichsten Aussichtspunkte in den Alpen. Ein einmaliges Erlebnis versprechen auch die Rundflüge mit Hubschrauber oder Kleinflugzeug. Wenn man sich solche Vergnügungen leisten will, dann ist diese Gegend dafür auch würdig.

Die spektakulären Gipfel Eiger, Mönch und Jungfrau mal von oben bewundern, das kann man bei den Gletscher-Rundflügen, die im Gebiet um Wengen und Grindelwald angeboten werden. So offeriert zum Beispiel Air Glaciers in Lauterbrunnen drei verschiedene Rundflüge: den kleinen 12-minütigen Rundflug zum Eigergletscher, Silberhorn und Mürren oder den großen 25-minütigen Rundflug mit Eiger, Mönch und Jungfrau. Beim großen Rundflug ist auch eine Gletscherlandung möglich. Die Preise für die Flüge reichen bei der kleinen Variante von 70 bis 140 € und beim großen Rundflug von 140 bis 280 € pro Person je nach Belegung des Helikopters (Infos bei Air Glaciers unter Tel. 00 41/33/ 8 56 05 60).

Extratipp

Männlichenbahn Es mag modernere Seilbahnen geben, aber in einer Hinsicht ist die Gondelbahn von Grindelwald zum Männlichen Spitze: Sie ist nach eigenen Angaben mit 6,2 Kilometer Länge die längste Gondelbahn der Welt. Von der Talstation auf 942 Meter Höhe in Grindelwald Grund geht es über die Zwischenstation Holenstein auf 1529 Meter weiter bis zur Bergstation Männlichen auf 2222 Meter. Für die bereits erwähnten etwas mehr als sechs Kilometer und die Höhendifferenz von 1280 Meter braucht die Gondelbahn gut eine halbe Stunde. Genug Zeit also, um die herrliche Aussicht auf den Eiger und die Jungfrauregion zu genießen. Die Bahn wurde 1978 in Betrieb genommen, befördert bis zu 900 Personen in der Stunde in bequemen Vierer-Kabinen und verfügt über eine für Rollstuhlfahrer geeignete und eine VIP-Gondel. Wer noch mehr wissen möchte, sollte am besten selbst vorbeikommen.

115 Hotel Bellevue des Alpes

Romantisch

Hotel Bellevue des Alpes

CH-3801 Kleine Scheidegg
Tel. 00 41/33 855 12 12
www.scheidegg-hotels.ch

Anfahrt: Von Osten reist man über die Rheintalautobahn A 13 bis Sargans, dann weiter über Luzern und Sarnen. Von Interlaken nach Süden in das Lauterbrunnental. Dort entweder nach Grindelwald und mit der Wengernalpbahn bis zur Kleinen Scheidegg (in Grindelwald stehen Parkplätze zur Verfügung) oder nach Lauterbrunnen, wo man sein Auto im Parkhaus abstellen kann. Mit der Bahn über Wengen hinauf zur Kleinen Scheidegg.

Ausstattung & Preise

Als 1893 die Wengernalpbahn von Lauterbrunnen über die Kleine Scheidegg und weiter nach Grindelwald gebaut wurde, entstand zeitgleich das Hotel Bellevue des Alpes an der 2064 Meter hohen Bergstation. Die Anreise sollte man großzügig planen, denn die letzte Bergfahrt mit der Wengernalpbahn startet bereits am frühen Abend. So wie vor über hundert Jahren präsentiert das Haus heute noch den typischen Stil der Jahrhundertwende mit altem Mobiliar und Gemälden. Das Hotel verfügt über rund 100 Betten. Die Einzel- und Doppelzimmer sind alle mit Bad oder Dusche samt WC ausgestattet. Stilgerecht ist auch das Restaurant mit 150 Plätzen, in dem man klassische Schweizer Küche genießen kann. Einer der schönsten Plätze im Hotel ist der alte Salon, in den man sich nach dem Essen auf einen Kaffee oder zum Zeitunglesen zurückziehen kann. Insgesamt ist das Holte Bellevue eine kleine Zeitreise für Nostalgiker. Für die Übernachtung mit Halbpension zahlt man im Doppelzimmer pro Person ab ca. 100 €.

Lage & Ambiente

Zu den berühmtesten Gipfeln des Berner Oberlandes gelangt man von Norden über die Autobahn von Zürich nach Bern und weiter nach Thun und Interlaken. Die Kleine Scheidegg auf 2064 Meter Höhe, oberhalb von Wengen und Grindelwald gelegen, ist nicht nur eine viel besuchte Bahnstation, bei der man in die berühmte Jungfraubahn wechseln kann, sondern vor allem auch ein einzigartiger Aussichtspunkt. Direkt zu Füßen der spektakulären Eigernordwand kann man im Sommer nicht nur die

Bergsteiger bewundern. Neben dem Eiger ziehen auch Jungfrau und Mönch die Blicke auf sich. Dreigestirn werden die drei berühmten Gipfel auch genannt.

Dorfkirche in Grindelwald

Charmant altmodisch wie die Bahnstation an sich ist auch das Hotel, das im Stil des Fin de Siècle eingerichtet ist. Eine kurze Chronologie mit Fotos der Bergsteiger, die den berüchtigten Eiger bezwangen, kann beim Eingang zur Bar besichtigt werden.

In der Umgebung

Im Sommer ist die kleine Scheidegg Ausgangspunkt für Wanderungen und Bergtouren im Gebiet um Eiger, Mönch und Jungfrau. Eine leichte Tour führt von der Bergstation Grindelwald zum Häxeseeli. Wesentlich anspruchsvoller ist der Weg von der Bigleralp nahe der Kleinen Scheidegg zum Eigergletscher und zum Klettersteig Rotstock.

Als Alternative zum Bergwandern kann man den Vorführungen der Greifvogelschau auf der Kleinen Scheidegg beiwohnen. Oder man begibt sich auf der Pfingstegg in Grindelwald auf die Sommerrodelbahn.

Im Winter logiert man auf der kleinen Scheidegg mitten im riesigen Skigebiet der Jungfrauregion mit insgesamt 213 Pistenkilometern und über 50 Liftanlagen. Von der Kleinen

Immer pünktlich: die Jungfraubahn

Scheidegg aus kann man auf der berühmten Lauberhornabfahrt hinunter nach Wengen schwingen. Diese ist allerdings nicht unbedingt für Anfänger geeignet. Für Langläufer gibt es bei Grindelwald und im Lauterbrunnental einige Loipen.

SCHWEIZ

Extratipp

Die Jungfraubahn Die Fahrt mit der Jungfraubahn von der Kleinen Scheidegg auf das 3454 Meter hohe Jungfraujoch ist ein zwar nicht billiges, doch sehr beeindruckendes Erlebnis. Bereits 1912 wurde die Bahn bis zum Joch in Betrieb genommen. Heute kommt man nach der Fahrt durch den sieben Kilometer langen Tunnel durch Eiger und Mönch mit spektakulären Aussichtspunkten unterwegs zum unterirdischen Bahnhof, dem höchstgelegenen in Europa. Dort kann man mit dem Sphinxlift hinauf zum Aussichtsgebäude fahren, das seinen Namen der Ähnlichkeit mit einer Sphinx verdankt. Auf dem Plateau gibt es einen Spazierweg, dazu Restaurants im unterirdischen Bereich. Auch im Sommer kann man hier Ski fahren oder sich von den Polarhunden der Hundezucht am Jungfraujoch auf dem Schlitten ziehen lassen.

Luxuriös

Hostellerie Alpenrose

Saanenmöserstr.
CH-3778 Schönried bei Gstaad
Tel. 00 41/33/7 44 67 67,
Fax 33/7 44 67 12
E-Mail:
alpenrose@relaischateaux.com
Internet: www.hotelalpenrose.ch

Anfahrt: Von Norden kommend auf der Autobahn A 1 über Zürich und Bern bis Thun. Von Thun durch das Niedersimmental über Zweisimmen bis nach Schönried. Von Osten über die Rheintalautobahn A 13 und das Autobahndreieck bei Sargans weiter in Richtung Zürich, über Luzern bis nach Sarnen und weiter über Interlaken bis ins Niedersimmental. Die Alpenrose liegt etwa 10 Autominuten außerhalb von Gstaad.

Ausstattung & Preise

Das elegante Berghotel im klassischen Chaletstil bietet ein gediegen rustikales Interieur. Die 14 Zimmer und vier Suiten des Hauses sind sehr komfortabel ausgestattet. Im kleinen Wellness-Bereich stehen den Gästen Sauna und Solarium zur Verfügung. Im Gourmetrestaurant Azalee wird eine überwiegend leichte Küche serviert. Eher deftig ist dafür das Angebot in der Rotisserie JP's Grill. Zum Restaurantbereich gehören eine Zigarrenlounge sowie ein eigener Weinkeller. Für die Übernachtung mit Frühstück im Doppelzimmer zahlt man pro Person ab 70 €. Die Preise für die Suiten liegen zwischen 280 und 480 €.

Lage & Ambiente

Die Hostellerie Alpenrose, die zur Hotelvereinigung Relais & Châteaux gehört, liegt bei Schönried im Berner Oberland. Nicht weit ist es zum bekannten Urlaubsort Gstaad im Saanenland, der als Nobeldestination in den Alpen gilt. Das Hotel ist ein klarer Fall für Genießer, nicht zuletzt wegen der schönen Lage auf 1200 Meter Höhe oberhalb von Gstaad mit herrlicher Aussicht und doch nur wenige Autominuten vom Ort entfernt. Doch vor allem ist die Alpenrose für seine gute Küche bekannt, die übrigens, ebenso wie der Weinkeller, von Gästen des Hauses besichtigt werden kann. Zum Haus gehört auch eine große Sonnenterrasse – beliebter Treffpunkt an schönen Tagen–, von der aus man einen schönen Blick auf die Umgebung hat.

In der Umgebung

Von Schönried aus kann man schöne Wanderungen am Horneggli unternehmen oder für alle, die es bequemer wollen, den Berg auch mit der Seilbahn erklimmen.

Und dann lockt natürlich das mondäne Gstaad mit seiner Fußgängerzone und den vornehmen Geschäften, den Luxushotels und Nobelrestaurants. Seit Jahrzehnten ist hier die Prominenz zu Hause. Hier werden spektakuläre Veranstaltungen wie der Polo Silver Cup oder das Tennis-Event Swiss Open abgehalten. Auf den Wahl-Gstaader und begnadeten Geigenvirtuosen Yehudi Menuhin geht das berühmte Menuhin Musikfestival in Gstaad zurück.

Schöne Aussichten: Hostellerie Alpenrose

Etwas beschaulicher als Gstaad ist der Nachbarort Saanen mit seinen alten Holzhäusern und der gut 500 Jahre alten Mauritiuskirche.

Zubereitung von Hobelkäse

Während der Wintersaison hat man rund 250 Pistenkilometer rund um Gstaad und Schönried zur Wahl, wobei die Abfahrten überwiegend leicht bis mittelschwer sind. In Schönried ist übrigens auch der ehemalige Ski-Olympiasieger Michael von Grünigen zu Hause. Sehr gut ist auch das Angebot für Langläufer mit insgesamt über 120 Kilometer Loipen. Schön sind die Loipen durch das Saanental bis Château d'Œx oder die Höhenloipe zwischen Saanenmöser und Schönried. In Schönried gibt es auch eine 3,5 Kilometer lange Rodelbahn.

Extratipp

Hobelkäse aus dem Saanenland Das kulinarische Wahrzeichen der Region und ein Verwandter des bekannteren Greyerzer ist der würzige Alpkäse, der sich seinen Titel dadurch verdient, dass er mindestens 18 Monate reift. Hergestellt werden darf er nur mit roher Kuhmilch, die von der Alp kommt. Erst nach zwei bis drei Jahren wird er richtig »chüschtig«, wie die Einheimischen sagen. Also recht würzig. Dann lässt er sich dünn hobeln und je nach Gusto mit Brot oder auch in anderen Variationen genießen. Dass er auch in der gehobenen Küche in Gstaad Eingang gefunden hat, etwa mit Rucola oder Wachteleiern, ist deshalb auch keine Überraschung. Der beste Hobelkäse wird übrigens alljährlich bei den Berner Alpkäsemeisterschaften gekürt. Wer näher mit dem Hobelkäse Bekanntschaft schließen will, sollte die Schaukäserei in Château d'Œx besuchen.

Fromagerie Le Chalet, Château-d'Œx; Tel. 00 41/2 69 24 66 77; Internet: www.lechalet-fromagerie.ch

Originell

Alpine Lodge

Wysmüllenweg
CH-3792 Saanen-Gstaad
Tel. 00 41/33/7 48 41 51,
Fax 7 48 41 52
E-Mail: info@alpinelodge.ch
Internet: www.alpinelodge.ch

Anfahrt: Von Norden über die Autobahn A 6 Bern–Spiez bis Ausfahrt Wimmis und über das Simmental, Boltigen und Zweisimmen nach Gstaad. Alternativ von der Autobahn A 8 Luzern über Interlaken nach Spiez und ins Simmental. In Saanen Richtung Gstaad und beim Schwimmbad links in eine kleine Straße und rechts zum Hotel, das etwas außerhalb liegt

Ausstattung & Preise

Die ungewöhnliche und ziemlich umfangreiche Ausstattung der Alpine Lodge vollständig zu erkunden oder auch nur zu dokumentieren ist für sich bereits ein stattliches Freizeitprogramm. Hier gibt es von der Eiskletterwand über den Indoor- und Outdoorpool mit Saunalandschaft und Fitnessraum bis zu Internetcorner, Spielraum und Billard Programm für jeden Geschmack.

Besonders originell sind die Themenzimmer, die klassische Outdoor-Aktivitäten zitieren. Das Mountainbikezimmer etwa ist mit Rahmen, Speichen und Hometrainer dekoriert. Im Wanderzimmer weist ein Steinfußboden mit aufgelegten Steinen und Wanderzeichen den Weg. Im Ski- und Skaterzimmer findet man entsprechendes Equipment an der Wand. Richtig zur Sache geht es im Kletterzimmer, wo an der Wand Klettergriffe montiert sind. Ob man die tatsächlich ausprobieren kann ...? Schlimmstenfalls fällt man dann ins Bett.

Es gibt aber auch ganz konventionelle Unterkünfte. Alle 25 Zimmer sind mit Internetanschluss und Mobiltelefonen ausgestattet. Man hat die Wahl zwischen Zweier-, Dreier-, Vierer-, Fünfer- und Sechserzimmern. Einige der Zimmer besitzen auch einen Kamin für romantische Stunden. Insgesamt stehen 60 Betten zur Verfügung. Für die Übernachtung zahlt man pro Person im Doppelzimmer mit Halbpension ab 60 €.

Das Besondere Die Alpine Lodge ist nicht nur Hotel, sondern vor allem auch eine Event-Destination. Oder um im Jargon der Gastgeber zu sprechen: eine »Homebase« für Outdoor-Aktivitäten jeglicher Art. Ein Spezialistenteam vom Alpinzentrum Gstaad offeriert Tagesprogramme verschiedenster Art: Diese reichen vom klassischen Skifahren und Snowboarding – darunter auch übliche Ski- oder Snowboardkurse – bis zu Parties im Freien, einer Art Gaudi-Olympiade oder Lagerfeuer am Indianerzelt. Und danach ist Relaxen angesagt, natürlich in der Alpine Lodge im Wellness-Bereich oder am Kamin in der Lodge. Kurzum: eine junge und aktive Welt für sich.

Das Mountainbikezimmer in der Alpine Lodge

Lage & Ambiente

Die Alpine Lodge befindet sich in spektakulärer Gebirgslandschaft nahe der Ortschaft Sannen unweit von Gstaad. Es präsentiert sich, zumindest rein äußerlich, als klassisches alpenländisches Berghotel. Doch drinnen erwarten den Gast originelle Überraschungen wie etwa die recht eigenwilligen Themenzimmer, die nichts mit dem üblichen rustikalen Dekor zu tun haben, der in diesen Regionen gemeinhin die Gästezimmer bestimmt. Das Hotel realisiert ein recht ungewöhnliches Konzept: die Berge als Rund-um-die-Uhr-Gesamterlebnis.

Eindrucksvolle Berglandschaft

In der Umgebung

Wer sich in der Alpine Lodge einquartiert, der hat wohl mit dem bekannten Gstaad, seinen Luxusgeschäften und den gerne zitierten Prominenten oder wenigstens wohlhabenden Kunden eher weniger zu tun. Da interessiert dann schon eher der 1829 Meter hohe Rellerli oberhalb von Gstaad und Schönried, der Ausflugsberg schlechthin. Hier gibt es eine Sommerrodelbahn, ein Bungee-Trampolin, eine Kletterwand und jede Menge Wander- und Mountainbike-Strecken.

Im Winter hat man von Saanen und Gstaad aus ein Skigebiet mit 250 Pistenkilometern und unterschiedlichsten Abfahrten. Die anspruchsvollste Piste ist der so genannte Tiger Run am Wasserngrat, der auf nur zwei Kilometer Länge 500 Höhenmeter überbrückt – wirklich nur etwas für Könner! Am Glacier 3000 locken Freeridefans schöne Tiefschneeabfahrten. Groß ist auch das Angebot für Langläufer mit gut 120 Loipenkilometern. In Schönried, das nur wenige Kilometer von Gstaad entfernt ist, findet man auch eine 3,5 Kilometer lange Rodelbahn. Wer sich für das alte Saanenland interessiert, dem gefällt sicherlich ein Spaziergang durch den Ort Saanen mit seinen alten Holzhäusern.

Romantisch

Hotel Riffelberg

CH-3920 Zermatt
Tel. 00 41/27/9 66 65 00,
Fax 27/9 66 65 05
E-Mail: riffelberg@zermatt.ch
Internet: www.matterhorn-group.ch/de/riffelberg

Anfahrt: Von Norden entweder durch das Rheintal über Chur und Andermatt bis ins Wallis oder über Thuner See und Lötschentunnel. In Visp zweigt die Straße ins Mattertal ab. Dort endet die Fahrt in Täsch, wo man auf die Bahnverbindung ins autofreie Zermatt umsteigt.

Ausstattung & Preise

Im Lauf der Jahrzehnte wurde das einstige kleine Berggasthaus mehrmals umgebaut und erweitert. Heute beherbergt es 29 Zimmer mit insgesamt 58 Betten. Die Zimmer sind alle mit Bad oder Dusche und WC ausgestattet. Doch der Trumpf des Hotels ist seine Aussichtslage. Schier atemberaubend ist der Blick auf die Gipfel oberhalb von Zermatt und die markante Pyramide des weltberühmten Matterhorn. Für das leibliche Wohl sorgt ein Selbstbedienungsrestaurant, das mit seinen 300 Plätzen vor allem für den Ansturm der vielen Ausflügler im Sommer und der zahlreichen Skifahrer im Winter gedacht ist. Ein weiteres Restaurant, das auch Service anbietet, ist während der Sommersaison nur für die Hotelgäste zugänglich. Für die Übernachtung mit Halbpension zahlt man pro Person ab 92 €. Im Winter sind die Preise etwas höher.

Lage & Ambiente

Es gibt in der Schweiz nur wenige Hotels, die höher liegen als das Riffelberg bei Zermatt – und wohl ebenfalls nur wenige, deren Lage schöner ist. Der Höhepunkt der Anreise zum Hotel Riffelberg ist natürlich der letzte Abschnitt: die Fahrt mit der Gornergratbahn vom autofreien Zermatt aus, das seinen öffentlichen Verkehr nur mit Liften, Bergbahnen und Elektrofahrzeugen regelt. Etwa 30 Minuten dauert die Fahrt von Zermatt hinauf zur Station Riffelberg, von der das Hotel nur wenige Meter entfernt ist. Bei der Anreise sollte man unbedingt auf die Fahrtzeiten der Bahn achten und im Reiseplan berücksichtigen, will man nicht eine unfreiwillige Zwischenübernachtung in Zermatt einlegen. Auf 2548 Meter Höhe steht das Traditionshaus, das

1853 vom Priester Josef Ruden erbaut wurde und später in den Besitz der Burgergemeinde überging. Nur wenige Meter unterhalb der Bahnstation Riffelberg hat man dann endlich den ersehnten Blick aufs Matterhorn. Und nicht nur das, man logiert auch mitten im Wander- und Skigebiet und kann sich so ganz dem Natur- und Sporterlebnis widmen. Das gutbürgerliche Haus wird deshalb auch bevorzugt von sportlich ambitionierten Gästen besucht. Für diese bietet das Hotel Riffelberg im Sommer verschiedene spezielle Arrangements, etwa Trainingswochen für Bergsportler. Das Höhentraining nützen viele Gäste als Vorbereitung für den jährlich stattfindenden Matterhornlauf. Die Angebote umfassen neben Logis auch spezielle leichte Kost, die mit dem Trainingsprogramm konveniert. Etwas entspannter ist die Kräuter- und Duftwoche mit geführten Touren, auf denen man die heimische Pflanzenwelt und die Verwendung ätherischer Öle kennen lernt.

Betten mit Bergblick

In der Umgebung

Es kann schon vorkommen, dass während der Fahrt mit der Bahn hinauf zum Gornergrat auf 3090 Meter plötzlich alle Fahrgäste auf die rechte Seite springen, wenn erstmals das majestätische Matterhorn im Blickfeld auftaucht. Eine Fahrt hinauf zum Gornergrat ist natürlich ein Muss. Alternativ kann man auch vom Riffelberg aus eine schöne Wanderung über den Riffelsee und Rottenboden machen. Wandermöglichkeiten gibt

Unterwegs mit der Gornergratbahn

es rund um den Riffelberg mehr als genug. Um dem berühmten Berg ganz nahe zu sein, wechselt man auf die andere Seite und fährt von Zermatt hinauf zum Schwarzsee und geht zur Hörnlihütte auf 3260 Meter vor dem Einstieg ins Hörnligrat.

Auch ein Abstecher hinunter nach Zermatt lohnt sich. An Sehenswürdigkeiten bietet das Städtchen unter anderem das Alpine Museum, in dem die Geschichte des Matterhorns ausführlich dokumentiert ist. Ein Kuriosum ist auch der alte Friedhof. Hier ruhen zahlreiche Bergsteiger, die an diesem weltberühmten Wahrzeichen der Schweiz gescheitert sind.

Im Winter ist man im Hotel Riffelberg direkt an der Skipiste. Neben den Abfahrten rund um Gornergrat und Stockhorn gibt es noch viele andere auf der dem Matterhorn zugewandten Seite, die man über Furi erreicht. Insgesamt bietet Zermatt knapp 200 Pistenkilometer. Mit den Liften auf der italienischen Seite bis Breuil Cervinia sind es rund 350 Kilometer. Wer sich für das in der Schweiz beliebte Curling interessiert, kann das in Zermatt auf dem Eisplatz testen.

Luxuriös

Riffelalp Resort

Riffelalp
CH-3920 Zermatt
Tel. 00 41/27/9 66 05 55,
Fax 27/9 66 05 50
E-Mail: reservation@riffelalp.com
Internet: www.zermatt.ch/riffelalp

Anfahrt: Von Norden entweder durch das Rheintal über Chur und Andermatt bis ins Wallis oder über Thuner See und Lötschentunnel. In Visp zweigt die Straße ins Mattertal ab. Dort endet die Fahrt in Täsch. Ab Täsch mit dem Zug nach Zermatt, weiter mit der Gornergratbahn bis zur Station Riffelalp

Ausstattung & Preise

Das Fünf-Sterne-Haus verfügt über 65 Zimmer, fünf Suiten und zwei Appartements. Das Interieur des Hauses ist gediegen rustikal. Die Zimmer sind sehr elegant und dem Standard entsprechend gut ausgestattet. Das gastronomische Angebot umfasst vier verschiedene Restaurants vom großzügigen Restaurant Alexandre mit internationaler Küche über den rustikalen Walliser Keller bis zur gemütlichen La Terrasse du Pavillon und der Lodge mit Pianobar. Gut bestückt ist auch die Wellness-Abteilung. Neben dem beheizten Hallenbad findet man dort einen beheizten Außenpool, mehrere Saunen, Dampfbäder, Solarium sowie Fitness- und Massageraum. Dabei handelt es sich immerhin um das höchstgelegene Wellness-Zentrum Europas. Im Hotel gibt es auch ein Sportgeschäft mit Skiverleih.

Die Zimmerpreise beginnen im Sommer bei 113 € pro Person im Doppelzimmer mit Frühstück. Im Winter zahlt man für die Übernachtung im Doppelzimmer mit Frühstück ab 230 €.

Das Besondere Das klassische Fünf-Sterne-Hotel im Hochgebirge an einem der berühmtesten Gipfel der Alpen bietet Relaxen mit Blick aufs Matterhorn.

Lage & Ambiente

Spektakulär ist die Lage des Riffelalp Resorts auf halbem Weg von Zermatt mit der Gornergratbahn hinauf zum Gornergrat. Umgeben von Arvenwäldern logiert man in hochalpiner Umgebung mit Traumblick auf das Matterhorn. Die Anreise ist dafür etwas umständlicher. Aber das ist der Preis für die einzigartige Lage.

Zunächst reist man mit dem Auto bis Täsch. Dort gibt es auf Wunsch reservierte Parkplätze für die Hotelgäste. Mit dem Zug geht es dann ins autofreie Zermatt und weiter mit der Gornergratbahn bis zur Station Riffelalp. Den Weg zum Hotel kann man im Sommer mit der Riffelalp-Tram –

Das weltberühmte Matterhorn

übrigens der höchstgelegenen Straßenbahn Europas – zurücklegen. Im Winter wird man vom Shuttle-Service zum Hotel gebracht. Zu Fuß wären es etwa fünf Minuten durch den Arvenwald.

Es ist eine einzigartige Mischung aus nostalgischem Charme und gediegener Eleganz, die das Riffelalp Resort auszeichnet. Die Historie des Hauses, sein ausgeprägtes Traditionsbewusstsein sind in vielen Details spürbar. Das Riffelalp Resort hat den besonderen Vorzug, dass es Grandhotel, aber auch »Hideaway« ist – eine rare Kombination, stehen diese Häuser doch zumeist dort, wo eben auch viel los ist. Hier auf 2222 Meter logiert man nicht nur einsam in hochalpinem Terrain. Die Visitenkarte des Hauses ist der spektakuläre Blick aufs Matterhorn.

In der Umgebung

Das Freizeit- und Sportangebot ist ausgesprochen umfangreich und vielseitig, egal ob man es nun eher gemütlich oder besonders dynamisch mag. Es gibt zahlreiche Wanderwege und Bergtouren. Ski fahren kann man nicht nur im Winter, sondern auch im Sommer auf dem Gletschergebiet am Kleinen Matterhorn. Im Winter reichen die Pisten bis unmittelbar vor die Hoteltür. Alternativ kann man am Eisplatz Eisstockschießen oder Schlittschuh laufen, gemütliche Winderwanderungen unternehmen oder mit Schneeschuhen die Hänge erkunden.

Für Schlechtwettertage bieten sich im Hotel ein Kinosaal, zwei Bowlingbahnen und ein Billardsaal an – kein Grund zur Langeweile also.

Extratipp

Golfen und Relaxen am Matterhorn Eine etwas ungewöhnliche Kombination bietet das Riffelalp Resort denjenigen unter seinen Gästen an, die auch am Matterhorn auf Ihr geliebtes Golfen nicht verzichten wollen. Natürlich gibt es hier auf 2222 Meter keinen Golfplatz. Aber mit dem Pauschalangebot erhält man neben der Übernachtung mit Frühstück noch ein Depot für den Golfsack, den Transfer zum Golfplatz in Randa und ein Greenfee pro Person mit bevorzugten Abschlagzeiten. Dazu gibt es eine Entspannungsbehandlung nach Wahl, also eine Massage, ein Bad oder eine Thalassotherapie sowie die freie Benutzung der Pool- und Wellness-Anlage im Hotel inklusive des höchstgelegenen Außenpools Europas. Ebenfalls enthalten sind die An- und Abreise mit der Gornergratbahn. Für das Arrangement zahlt man je nach Zimmerkategorie und Saisonzeit für drei Tage pro Person ab 450 € (buchbar jeweils von Sonntag bis Freitag).

Originell

Hotel Kulm Gornergrat

CH-3920 Zermatt
Tel. 00 41/27/9 66 64 00,
Fax 27/9 66 64 04
E-Mail:
gornergrat.kulm@zermatt.ch
Internet: www.matterhorn-group/ch/gornergrat

Anfahrt: Über den Thuner See und den Lötschentunnel bis ins Wallis, in Visp Richtung Zermatter Tal. Alternativ kommt man von Osten bzw. Nordosten über das Rheintal via Chur und Andermatt. Im Mattertal führt die Straße nur bis Täsch, dort wechselt man auf die Bahn ins autofreie Zermatt.

Ausstattung & Preise

Das einfache Zwei-Sterne-Hotel auf dem Gornergrat entstand 1896. Zwei Jahre später wurde die Zahnradbahn in Betrieb genommen. Heute bietet das Hotel, das im Sommer 2005 umfassend renoviert wird und ab der Wintersaison 2005/2006 wieder eröffnet, hübsch eingerichtete Zimmer, die nun alle mit Dusche und WC ausgestattet sind. Beliebt bei den Hausgästen, Wanderern und Skifahrern ist die große Sonnenterrasse mit 300 Plätzen. Drinnen gibt es ein Selbstbedienungsrestaurant und eine gemütliche Arvenstube, in der man lokale Spezialitäten genießen kann. Für die Übernachtung mit Halbpension im Doppelzimmer zahlt man ab 55 € pro Person.

Lage & Ambiente

Der letzte und naturgemäß spektakulärste Abschnitt der Reise zum Hotel Kulm ist die dreiviertelstündige Fahrt mit der Gornergratbahn. Das höchstgelegene Hotel in den Alpen auf 3100 Meter bietet wahrhaft majestätische Ausblicke auf das berühmte Matterhorn. Da der Gornergrat mit der Bahn so leicht und bequem zu erreichen ist, kann es vorkommen, dass speziell an sonnigen Tagen ein ziemlicher Trubel herrscht. Doch nach Betriebsschluss der Bahn wird es ruhiger. Den fantastischen Sternenhimmel hat man dann fast für sich alleine.

In der Umgebung

Vom Gornergrat aus gibt es viele Wanderwege und Mountainbike-Strecken. Schön und leicht ist die Wanderung von der Riffelalp durch den Gletschergarten hinunter nach Zermatt.

Urig

Chalet Michel

CH-1936 Verbier
Buchung über:
HMS
Feldkircher Str. 114
A-9020 Klagenfurt
Tel. 00 43/4 63/5 50 80,
Fax 5 50 80-19
E-Mail: info@huetten.com
Internet: www.huetten.com

Anfahrt: Auf der Autobahn A 9 bis Ausfahrt Martigny über Verbier nach Bruson

Für Selbstversorger

Ausstattung & Preise

Sehr stilvoll und komfortabel ist das Chalet. Der Wohnraum ist gemütlich eingerichtet, Sitzecke und Esstisch sind ideal für gesellige Hüttenabende. Die Küche verfügt über einen Elektroherd mit Backofen, Kühlschrank und Spülmaschine sowie Dunstabzug und Grill. Eine Freitreppe führt zum Schlafbereich mit zwei Doppelzimmern und einem Vierbettzimmer mit Stockbett. Es können also maximal acht Personen untergebracht werden. Im Haus befindet sich ein Bad mit Dusche und WC und ein separates WC.

Die Preise für die Hütte pro Woche beginnen bei 828 € im Sommer und 987 € im Winter. Die Nebenkosten sind extra zu entrichten.

Lage & Ambiente

Das klassische und dabei sehr urige Chalet befindet sich in Bruson, einem alten Bergbauerndorf, das auf etwa 1100 Meter Höhe liegt. Von Verbier im Wallis, dem Hauptort der Quatre Vallées, ist es etwa acht Kilometer entfernt. Das Chalet ist sommers wie winters mit dem Auto leicht erreichbar.

So betagt das Haus von außen anmutet, so gemütlich ist sein Interieur. Auch wenn sich das Chalet nicht in Hochgebirgslage befindet, so vermittelt es doch eine ausgesprochen bergbäuerliche Romantik.

In der Umgebung

In der Region der Quatre Vallées gibt es im Sommer zahllose Wander- und Bikemöglichkeiten. Bekannt ist Verbier aber vor allem als Skigebiet. Anschluss an dieses hat man mit dem Skibus. Direkt am Ort gibt es ebenfalls ein, wenn auch bescheideneres, Pistenangebot. In nächster Nähe findet man außerdem eine Langlaufloipe und eine Rodelbahn.

Luxuriös

Chalet d'Adrien

Chemin des Creux
CH-1936 Verbier
Tel. 00 41/27/7 71 62 00,
Fax 7 71 62 24
E-Mail: info@chalet-adrien.com
Internet: www.chalet-adrien.com

Anfahrt: Auf der Autobahn A 9 bis Ausfahrt Martigny und weiter nach Verbier

Für Familien

Ausstattung & Preise

Wie es sich für ein Fünf-Sterne-Haus gehört, sind die 25 Zimmer und Suiten sehr komfortabel und vor allem sehr elegant ausgestattet, mit holzgetäfelten Wänden, Himmelbetten und gediegenen Polstermöbeln, dazu einige nostalgische Details. Besonders reizvoll sind die Zimmer mit Südbalkon.

Das Hotel verfügt über zwei Restaurants. Im Restaurant Le Grenier dominiert die traditionelle Küche, während das L'Appartement mehr auf Nouvelle Cuisine spezialisiert ist. Dort regiert während der Wintersaison mit dem Küchenchef Jacques Thorel ein mit zwei Michelin-Sternen dekorierter Experte. Die Abendmenüs bestehen aus vier bis sieben Gängen, sie kosten zwischen 132 und 180 CHF. Zum Haus gehört auch ein Spa-Bereich mit Sauna, Dampfbad und Whirlpool sowie ein Fitnessraum. Außerdem werden noch diverse Beauty- und Massagebehandlungen angeboten. Für Kinder gibt es einen extra Spielraum.

Das alles hat natürlich seinen Preis. Im Doppelzimmer zahlt man für die Übernachtung mit Frühstück pro Person ab 160 €. Wer Südbalkon mit Panoramablick haben will, muss dafür mit rund 200 € rechnen.

Das Besondere Klein und fein ist dieses private Luxushotel im Stil eines typischen Walliser Chalets. Die Lage außerhalb von Verbier garantiert Ruhe und erstklassige Ausblicke auf mächtige Berggipfel. Speziell im Winter ist das Hotel ein Hort für stressfreie Ferien auf höchstem Niveau.

Lage & Ambiente

Das Chalet liegt außerhalb von Verbier auf rund 1500 Meter Höhe in sonnenreicher Südhanglage. In unmittelbarer Nähe befindet sich die Talstation der Seilbahn von Savoleyres. Die kleine Ortschaft Verbier ist auf der Autobahn bis Ausfahrt Martigny und weiter über die Landstraße gut zu erreichen.

Von zahlreichen Zimmern eröffnet sich ein eindrucksvoller Ausblick auf den 4314 Meter hohen Grand Combin und den 3734 Meter hohen Mont Vélan. Sehr schön ist die Aussicht auch von der großen Terrasse vor dem Haus.

Vier Täler im Blick

Das Chalet ist nach dem Walliser Automobilpionier Adrien de Turckheim benannt. Dieser reiste 1903 mit dem Auto durch das Wallis und hatte dabei einen Traum von einem Landhaus aus Holz. Seine Enkelin realisierte diesen Traum und ist heute Besitzerin des Chalets von Adrien.

Auch im Winter eine Reise wert

In der Umgebung

Rund um Verbier gibt es im Sommer erstklassige Möglichkeiten für Bergwanderungen, Kletterpartien oder auch Ausflüge mit dem Mountainbike– und immer mit Blick auf die spektakuläre Bergwelt.

Im Winter ist Verbier der Hauptort im Skizirkus Quatre Vallées. Es gibt ein riesiges Angebot an präparierten Pisten – immerhin 100 Lifte und 400 Pistenkilometer – und vor allem an Tiefschneeabfahrten. Verbier ist daher ein Mekka für Freerider und Schauplatz spektakulärer Events. Vom Hotel aus gibt es einen kostenlosen Transfer nach Verbier.

SCHWEIZ

Extratipp

Verbier Festival & Academy Ein Höhepunkt der Sommersaison ist das internationale Festival der klassischen Musik in Verbier. Hier treten seit 1994 internationale Stars wie James Levine, Maxime Vengerov und Martha Argerich auf. Das Faszinierende an dem Festival ist die Kombination der Musik mit der eindrucksvollen hochalpinen Landschaft. Eine Besonderheit der Veranstaltung ist das UBS Verbier Festival Orchestra, wo junge Musiker aus der ganzen Welt unter der Leitung von James Levine spielen. Es ist das Stammorchester der Festspiele und geht im Anschluss daran auf Tournee. In der Festspielakademie können sich junge Künstler unter Anleitung von renommierten Künstlern weiterbilden. Zwischen den Konzerten hat das Publikum Zutritt zu den Proben und Workshops und auch zu Veranstaltungen des Off-Festivals. Mehr Infos gibt es im Internet unter www.verbierfestival.com.

Die schönsten Hütten, Berggasthöfe und Hotels in Südtirol

Die Sextner Dolomiten, Paradies für Pferd und Reiter

Romantisch

Berggasthaus Stallwies

Waldburg 1
I-39020 Martell
Tel. und Fax 00 39/04 73/74 45 52
E-Mail: stallwies@dnet.it
Internet: www.stallwies.com

Anfahrt: Brennerautobahn A 22 Ausfahrt Bozen-Süd, über Meran und Latsch ins Martelltal nach Martell Dorf

Ausstattung & Preise

Stallwies ist ein typisch Südtiroler Berggasthof samt Landwirtschaft. Gemütlich sind die holzgetäfelte Gaststube wie auch die fünf renovierten Doppelzimmer im Haus. Die Küche liefert dazu die passenden Südtiroler Spezialitäten. Für die Übernachtung mit Frühstück zahlt man pro Person ab 26 €. Bucht man Halbpension, zahlt man 34 € und erhält dazu ein fünfgängiges Abendmenü.

Lage & Ambiente

Als einer der höchstgelegenen Bergbauernhöfe Südtirols ist der Stallwies-Hof durch etliche Reportagen und Berichte auch über die Grenzen hinaus bekannt geworden. Tatsächlich eröffnet sich von der Lichtung nahe der Waldgrenze auf knapp 2000 Meter Höhe ein ganz fantastischer Blick über das Tal. Wenn dazu noch frische und naturbelassene Produkte aus der eigenen Landwirtschaft auf den Tisch kommen, bleiben kaum Wünsche offen.

Die Anreise ist allerdings etwas langwierig, wird jedoch mit einem der herrlichsten Gasthöfe Südtirols belohnt. Zunächst fährt man entweder von Bozen über Meran oder über den Reschenpass ins Vinschgau. Westlich von Latsch geht es dann ins Martelltal, eines der urtümlichsten Täler Südtirols. In Martell Dorf fährt man auf der acht Kilometer langen, sehr steilen und kurvenreichen Straße hinauf zum Weiler Innerwaldburg und direkt zum Gasthof.

In der Umgebung

Es gibt einige schöne Wanderwege rund um Stallwies, zum Beispiel die gemütliche Tour zur auf gleicher Höhe gelegenen Schluder Alm. Deutlich anspruchsvoller ist dagegen die Besteigung der 3300 Meter hohen Laaserspitze. Im Winter kann man sich die Zeit mit Langlaufen vertreiben. Im Martelltal gibt es ein Langlauf- und Biathlonzentrum mit zwölf Kilometer Loipen.

Originell

Berghotel Grawand

Kurzras 111
I-39020 Schnalstal
Tel. 00 39/04 73/66 21 18,
Fax 66 21 72
E-Mail: info@grawand.com
Internet: www.grawand.com

Anfahrt: Brennerautobahn A 22 Ausfahrt Bozen-Süd, über Meran und Naturns im Vinschgau ins Schnalstal

Ausstattung & Preise

Das spektakulär gelegene Berghotel im Gletscherskigebiet Schnalstal wurde vor kurzem renoviert und bietet nun komfortable Zimmer für insgesamt 100 Gäste. Zur Ausstattung gehören Dusche/WC sowie TV und Safe. Alle Doppelzimmer warten mit einer Panoramaloggia auf, und das aus gutem Grund, denn die Aussicht ist einfach spektakulär. Die großen Gasträume, in denen es nur Selbstbedienung gibt, sind in erster Linie für den Ansturm der Wintersportler gedacht. Im Wellness-Bereich mit Hallenbad, Sauna, Dampfbad und Fitnessraum werden müde Wanderer und Skifahrer wieder munter. Die Übernachtung mit Halbpension kostet im Doppelzimmer ab 48,50 €.

Das Besondere Das Berghotel Grawand ist ideal für Skifahrer und interessant für Menschen, die extreme Lagen lieben.

Lage & Ambiente

Die Lage ist ein absoluter Superlativ. Auf 3212 Meter residiert man im höchsten Hotel in den Alpen und inmitten des Gletscherskigebiets Schnalstal. Um auf solche Höhen zu kommen, ist eine sechsminütige Bergfahrt mit der Seilbahn notwendig. Diese schwingt sich von Kurzras aus in die Höhe und bietet atemberaubende Blicke auf die umliegenden Gipfel und das Gletschergebiet.

In der Umgebung

Sommers wie winters kann man hier Ski fahren. Das Hotel Grawand bietet den Vorteil, dass man sich die Wartezeiten an der Talstation spart. Wer lieber langlaufen will, findet entsprechende Möglichkeiten beim Zaunerlift nahe der Ortschaft Kurzras.

Sehr lohnenswert ist ein Abstecher ins Tal zum ArcheoParc Schnals in der Ortschaft Unser Frau, der sich selbst als Mitmach-Museum zum Thema Vorgeschichte beschreibt und den Besucher in die Welt von Ötzi und seinen Zeitgenossen einführt.

Luxuriös

Turm Chalet

Simone Rizzi
I-39021 Latsch/St. Martin
Tel. 00 39/3 35/8 18 55 10,
Fax 04 73/62 23 25
E-Mail: simone.rizzi@selimex.bz
Internet: www.turm-chalet.com

Anfahrt: Brennerautobahn A 22 Ausfahrt Bozen-Süd über die Schnellstraße Meran–Bozen nach Meran. Dort hält man sich links und fährt nach Westen weiter ins Vinschgau. Bei Kastelbell kurz vor Latsch hinauf nach St. Martin

Für Selbstversorger

Ausstattung & Preise

Der Wehrturm, den sich einst ein wohlhabender Obsthändler erbauen ließ, bietet vier Etagen mit 500 Quadratmetern Wohnfläche, die man stilgerecht über eine Zugbrücke erreicht. Klassisch elegant sind die Wohn- und Schlafräume ausgestattet, ebenso das Home Office und der Wintergarten. Wohn- und Essbereich sind durch einen gemauerten, nach drei Seiten geöffneten Holzofen getrennt. Dazu gibt es Radio, TV mit Video, eine Stereoanlage mit CD-Player sowie eine Bibliothek. Auch über Pool und Sauna verfügt das Domizil. Von allen Räumen und vor allem von der Terrasse hat man einen grandiosen Ausblick auf die Bergwelt. So viel Luxus hat natürlich seinen Preis. Pro Tag zahlt man ab 500 € bei Belegung mit zwei Personen, das Minimum ist ein Aufenthalt von einer Woche.

Das Besondere Wer die unbedingte Einsamkeit als Quelle der Regeneration sucht und dabei Stil und Luxus nicht missen will, der dürfte im Turm Chalet sein Glück finden.

Lage & Ambiente

Das Turm Chalet liegt im Weiler St. Martin im Kofel oberhalb von Latsch im Südtiroler Vinschgau. Um nach Latsch zu kommen, fährt man von Norden über den Brenner oder den Reschenpass ins Vinschgau. Bei Kastelbell kurz vor Latsch führt eine etwa 13 Kilometer lange asphaltierte Straße hinauf nach St. Martin im Kofel.

Auf 1800 Meter Höhe residiert man frei von jeglichen Störfaktoren. In Sichtweite gibt es allenfalls Bergbauern und dazu ein Traumpanorama auf die umliegende Südtiroler Bergwelt. Mehr braucht man nicht, denn das Refugium ist ungewöhnlich und von geradezu üppigem Komfort. Pool und Sauna würden auch für ein kleineres Hotel reichen. Das Becken ist 18 Meter lang und vier Meter breit. Zur Ausstattung gehören weiter eine Massagegrotte und ein Wasserfall. Geradezu luxuriös sind auch der Whirlpool und die finnische Sauna mit Blick auf die Berge im Martelltal. Dazu steht noch eine römische Dampfsauna zur Verfügung, die mit Laaser Marmor verkleidet ist.

Außergewöhnliches Domizil: das Turm Chalet

Passend zum stilvollen Aufenthalt im Turm Chalet werden noch diverse zusätzliche Serviceleistungen angeboten. Auf Wunsch bereitet ein Koch Menüs mit mediterraner oder deftiger Tiroler Küche zu, werden eine

Terrasse mit herrlichem Ausblick

Weinverkostung oder eine Massagebehandlung arrangiert. Für 250 € leistet ein Musikvirtuose abends Gesellschaft. Zur Wahl stehen Klavier, Harfe oder Zither.

In der Umgebung

Vom Chalet aus gibt es einige Ausflugs- und Wandermöglichkeiten. Rund um St. Martin findet man diverse markierte Wanderwege. Sehr beliebt ist der Weg hinauf von Latsch zur Latscher Alm. Lohnenswert ist auch ein Abstecher ins urige Martelltal mit einer Wanderung vom verlassenen einstigen Luxushotel Paradiso zur Zufallhütte.

Im Winter gibt es auf der gegenüberliegenden Talseite ein kleines Skigebiet. Weitere Pisten findet man im nahen Schnalstal oder in Sulden.

Extratipp

Kitesurf am Reschensee Der Reschensee, der von Latsch aus bequem über die Schnellstraße erreicht werden kann, ist ein Dorado für eine Sportart der besonderen Art: das Kiteboarden, eine Kombination aus Snowboarden, Wellenreiten und Windsurfen. Mithilfe eines Gleitschirms bewegt sich der Kitesurfer scheinbar schwerelos übers Wasser, reitet auf den Wellen auf und ab, und manch einer versucht sich in raffinierten Sprungfiguren. Wer sich nicht selbst aufs Brett wagt, kann zuschauen und den spektakulären Anblick genießen. Bei Interesse an dieser Sportart kann man sich an den Kite Surf Club Reschen oder an eine der Kite-Surf-Schulen wenden, die Einzel- oder Gruppenunterricht anbieten.

Adrenalina Kite Surf Club Reschen, Hauptstr. 61, I-39020 St. Valentin a.d.H./Graun; FKI Instructor Martin Doesel; Tel. 00 39/3 35/1 01 51 28; E-Mail: enviva@dnet.it; FKI Instructor Herry Gurschler; Tel. 00 39/3 35/7 81 84 18

Originell

Familienalm Taser

Bergstr. 33
I-39017 Schenna
Tel. 00 39/04 73/94 56 15,
Fax 94 54 88
E-Mail: info@familienalm.com
Internet: www.familienalm.com

Anfahrt: Brennerautobahn A 22 Ausfahrt Bozen-Süd und weiter auf der Schnellstraße Meran–Bozen nach Meran und Schenna. Dort auf der Pichlerstraße zur Talstation der Taser Seilbahn

Für Familien

Ausstattung & Preise

Der Begriff Alm ist etwas untertrieben. Tatsächlich handelt es sich bei der Familienalm Taser um ein kleines Urlaubsparadies für Familien mit Kindern. Im Almhotel stehen komfortable Einzel- und Doppelzimmer oder Appartements zur Verfügung, meist mit Balkon. In jedem Zimmer ist immer noch Platz für Zustell- bzw. Kinderbetten. Die Umgebung der Familienalm ist ideal für Kinder. Es gibt praktisch keinen Autoverkehr und dazu noch einen Almzoo, einen Spielpark und ein Indianerdorf. Für die ganz kleinen Gäste bietet man in Bobo's Kids Alm Kinderbetreuung mit allerlei gemeinsamen Aktivitäten an. Jeden Montag kann man an einem Nordic-Walking-Schnupperkurs teilnehmen. Die Preise für die Übernachtung mit Halbpension im Doppelzimmer beginnen bei 43 € pro Person.

Das Besondere Dies ist der richtige Ort für Familien mit Kindern: Für diese wird, falls gewünscht, an sechs Tagen der Woche Betreuung angeboten, dazu ist allerlei nützliches Gerät, vom Flaschenwärmer über Wickelauflagen bis hin zu Buggys, im Haus zu leihen.

Lage & Ambiente

Die Familienalm Taser mit Almgasthof, Hotel, Bauernhof und dem kleinen Taser Kirchl liegt auf 1450 Meter Höhe oberhalb des Urlaubsortes Schenna bei Meran. Hierher kommt man direkt mit der Seilbahn oder mit dem Pkw über eine schmale Bergstraße. Die Fahrt mit der Seilbahn ist für Hausgäste kostenlos.

Vor allem die herrliche Aussichtslage oberhalb von Schenna macht den Aufenthalt auf der Familienalm besonders reizvoll. Darüber hinaus gibt es viel Sonne und Ruhe, dazu saubere Luft und keinen Lärm. Ursprünglich ein traditioneller Berggasthof, wurde die Familienalm grundlegend renoviert und bietet nun viel Komfort in klassisch rustikalem Ambiente. Im modernen Wintergarten genießt man eine herrliche Aussicht auf die Umgebung von Schenna und Meran. Diesen Panoramablick muss übrigens nicht einmal missen, wer im kinderfreundlich beheizten Schwimmbad plantscht. Es ist rundum verglast.

In der Umgebung

Eigentlich bietet die Familienalm für sich schon ein vielseitiges Freizeitangebot. Darüber hinaus kann man in der näheren Umgebung diverse Wandertouren unternehmen. Beliebt sind die eher flachen alten Waalwege rund um Schenna und Meran. Direkt bei der Familienalm werden auch Tandemflüge mit dem Gleitschirm unter Führung von professionellen Piloten angeboten.

Und dann sind natürlich die klassischen Sehenswürdigkeiten in und um Meran für einen Ausflug unbedingt empfehlenswert. Dazu gehören das Schloss Trautmannsdorf mit seinen Gärten und dem Tourismusmuseum sowie das historische Zentrum der eleganten Kurstadt Meran mit den schönen Promenadenwegen. Für einen Spaziergang sehr empfehlenswert ist der Tappeinerweg, eine der schönsten Höhenpromenaden Europas. Er führt über die sonnigen

Mit der Seilbahn hinauf in die Bergwelt

Hänge des Küchelberges bis nach Gratsch und bietet herrliche Ausblicke über die Dächer der Stadt. Gleich nebenan befindet sich das berühmte Dorf Tirol und das Schloss in Schenna.

Für Golfspieler gibt es eine 9-Loch-Anlage bei Lana und eine 18-Loch-Anlage im Passeiertal. Im Winter ist das Skigebiet Meran 2000 nur wenige Kilometer entfernt. Und wer nicht so weit von der Alm weg will, kann sich direkt beim Haus auf einen Rodelschlitten schwingen.

SÜDTIROL

Extratipp

Hochseilgarten Im hauseigenen Hochseilgarten mitten im Wald hat wohl niemand einen Blick für die Ortlergruppe oder die Stubaier Alpen übrig, hier achtet jeder auf seine Schritte über Hängebrücken, Hindernisse und Stahlseile. Natürlich wird, wer sich in luftige 15 Meter zwischen die Wipfel von Lärchen und Fichten wagt, ordentlich gesichert, aber Bewegungen, die am festen Erdboden ganz unproblematisch wären, lassen hier die Nerven flattern. Bekannt wurden die Hochseilanlagen in den Alpen vor einigen Jahren als Schulungsmittel für Führungskräfte und Teams: Die gemeinschaftliche Überwindung von unerwarteten Ausnahmesituationen hat schon so manchen Chef auf den Boden der Tatsachen zurückbefördert, trotzdem soll der Spaß an dieser Konzentration und Koordination fordernden Freizeitaktivität natürlich im Vordergrund stehen.

127 Vigilius Mountain Resort

Luxuriös

Vigilius Mountain Resort

Vigiljoch
I-39011 Lana
Tel. 00 39/04 73/55 66 00,
Fax 55 66 99
E-Mail: info@vigilius.it
Internet: www.vigilius.it

Anfahrt: Brennerautobahn A 22 Ausfahrt Bozen-Süd über die Schnellstraße in Richtung Meran bis zur Ausfahrt Lana. Mit der Seilbahn auf das Vigiljoch, von der Bergstation ca. 300 m zum Hotel

Ausstattung & Preise

Das Luxushotel auf dem 1500 Meter hohen Vigiljoch bei Meran ist vielleicht das spektakulärste Hotel in Südtirol, nicht nur wegen seiner außergewöhnlichen Optik, sondern vor allem auch wegen der unkonventionellen Lage. Das Hotel verfügt über 35 Zimmer und sechs Suiten, die sehr elegant eingerichtet sind. Zwei Restaurants mit unterschiedlicher Prägung stehen zur Wahl: das Gourmetrestaurant »1500« mit anspruchsvoller mediterraner Küche sowie das »Ida«, in dem vornehmlich klassisch südtirolerisch gekocht wird. Zur Entspannung steht ein Spa-Bereich zur Verfügung, wo den Gästen auch Massagen und Beauty-Behandlungen angeboten werden. Für die Übernachtung zahlt man im Doppelzimmer pro Person mit Frühstück ab 145 €. Will man in einer Suite logieren, beginnen die Preise bei 270 € pro Person und Nacht.

Zum Entspannen: der Spa-Bereich

Das Besondere Das Hotel ist der ideale Platz nicht zur Selbstdarstellung, sondern zum gepflegten Time-Out. Im Vordergrund stehen Relaxen, Abschalten und das wunderbare Gefühl der Einsamkeit am Berg. Es ist der perfekte Platz für die stilvolle Flucht aus dem Alltag – kein Autoverkehr, kein Stress, dafür Erholung in ungewöhnlichem Ambiente.

Lage & Ambiente

Das Vigiljoch liegt auf rund 1500 Meter Höhe oberhalb von Lana bei Meran. In Lana nimmt man die Seilbahn, das Vigiljoch hinauf. Von der Bergstation ist das Hotel etwa 300 Meter entfernt. Ganz einfach ist das Hotel nicht zu erreichen. Einmal angekommen, hat man dafür seine Ruhe und logiert entsprechend romantisch und stilvoll. An der Talstation gibt es reservierte Parkplätze für die Hotelgäste. Wer allerdings Abendausflüge plant, sollte das gut vorbereiten. Auf Anfrage gibt es bei der Seilbahn auch Nachtfahrten.

Stilvoll-elegante Zimmer

Der berühmte Designer Matteo Thun aus der bekannten Bozner Unternehmerfamilie gestaltete das Luxushotel extravagant und zugleich klassisch edel und naturverbunden. Es gibt viel Holz und Glas, dazu klassisches Mobiliar von hoher Qualität. Beabsichtigt ist kein Protz, sondern naturnahe Gestaltung der Fassaden, die sich möglichst harmonisch in die Umgebung einfügen sollen.

Es ist alles ein wenig anders, und das ist ja auch so gewollt. Es gibt keinen klassischen Empfang mit Rezeption und Halle, sondern eine Piazza als Treffpunkt. Auch die Zimmer halten Überraschungen parat: Zwischen Wohn- und Badezimmer sind beheizte Lehmwände aufgezogen, um möglichst behagliche Wärme zu schaffen.

In der Umgebung

Im Sommer ist die Umgebung ideal für Bergwanderungen und Touren mit dem Mountainbike. Für Ausflüge

Die Hausansicht, geprägt von viel Holz und Glas

oder auch Nordic-Walking-Exkursionen stehen auch Personal Trainer zur Verfügung. Eine Besonderheit des Vigilius ist die Möglichkeit, sich im Bogenschießen oder Boccia zu üben. Speziell für Gäste, die Erholung vom Alltagsstress suchen, wird autogenes Training oder auch Wirbelsäulentraining als Abhilfe für die klassischen Zivilisationsleiden angeboten. Auch hierfür stehen Personal Trainer zur Verfügung, die unter dem Motto »Zurück zu den eigenen Kräften« individuelle Trainingspläne zusammenstellen. Ziel ist es, die eigenen Grenzen zu erforschen und ein Rund-um-Wohlgefühl zu erlangen, mit Rücksicht auf die zur Verfügung stehenden körperlichen Potenziale.

Im Winter gibt es ein kleines Skigebiet praktisch vor der Haustür, eine Langlaufloipe sowie einen kleinen See etwas weiter entfernt, wo man Eislaufen oder Eisstockschießen kann. Das Hotel veranstaltet auch Eisstockturniere. Ganz nostalgisch kann man sich mit einem 100 Jahre alten Pferdeschlitten durch die winterlich verschneite Landschaft kutschieren lassen.

Originell

Gasthof Völlaner Badl

Platzers 1
I-39010 Tisens/Naraun
Tel. 00 39/04 73/56 80 59,
Fax 56 80 59
E-Mail: voellanerbadl@rolmail.net

Anfahrt: Brennerautobahn A 22 Ausfahrt Bozen-Süd, weiter Richtung Meran bis Lana und nach Völlan

Ausstattung & Preise

Der Gasthof ist vor allem als Bad bekannt. Das Wasser gilt als sulfat- und leicht mineralhaltig. Das urige Wirtshaus bietet eine typisch ländliche Küche, serviert werden vor allem Knödel und Wildspezialitäten sowie einige üppige Mehlspeisen. Im Herbst ist das Badl auch eine beliebte Törggelenstation. Das Haus verfügt über vier einfache Doppelzimmer. Die Übernachtung mit Frühstück kostet pro Person ab 19 €.

Lage & Ambiente

Der Gasthof Völlaner Badl liegt rund zwei Kilometer oberhalb des Dorfes Völlan, den letzten Abschnitt bis zum Badl legt man auf der Schotterstraße (Markierung 10) zwischen Völlan und Platzers zurück.

Das einsame Bad auf 840 Meter Höhe besteht bereits seit dem frühen 19. Jahrhundert. Besonders schön ist der Gastgarten mit der Sonnenterrasse und dem Kinderspielplatz.

In der Umgebung

Es gibt sehr idyllische Wanderwege rund um das Badl. Auf dem Weg mit der Markierung 10, der von Völlan heraufkommt, kann man bis nach Platzers wandern. Reizvoll ist auch eine Wanderung zur kleinen Kirche St. Hippolyt in Richtung Völlan. Auf dem alten Badweg kommt man direkt hinunter nach Lana. Dort gibt es ein sehenswertes Obstbaumuseum, das in einem alten Ansitz eingerichtet ist. Ausgestellt sind Handwerkszeug und alte Weinpressen, denn das Obstbaumuseum beschäftigt sich auch mit dem Weinbau.

Wer sich für Pflanzen interessiert, sollte an einer der botanischen Führungen teilnehmen, die in Lana starten und durch die Gaulschlucht führen. Diese finden von April bis Ende Oktober statt. Bei Interesse kann man sich an den Tourismusverein Lana wenden.

Im Winter bietet sich das nahe gelegene Skigebiet Meran 2000 an, das über 40 Kilometer Skipisten verfügt.

Romantisch

Gasthof St. Ulrich

I-39010 Mölten
Tel. 00 39/04 71/66 80 56,
Fax 66 73 33
E-Mail: info@sanktulrich.com
Internet: www.sanktulrich.com

Anfahrt: Brennerautobahn A 22 Ausfahrt Bozen-Süd, über Meran, Hafling und Vöran nach Mölten

Für Familien

Ausstattung & Preise

Der Gasthof St. Ulrich ist ein stattliches historisches Haus mit zehn komfortablen, renovierten Gästezimmern, die mit Dusche/WC und Balkon ausgestattet sind. Zudem ist der Gasthof behindertengerecht eingerichtet. Die Küche bietet klassische Südtiroler Spezialitäten, wobei viele der verwendeten Zutaten wie Fleisch, Käse und Joghurt aus der eigenen Landwirtschaft stammen. Besonders gut geeignet ist der Gasthof für Familien mit Kindern. Es gibt einen Spielplatz, eine Kegelbahn und dazu frei laufende Tiere vom Bauernhof, die die kleinen Gäste hautnah erleben können. Für die Übernachtung mit Frühstück im Doppelzimmer zahlt man ab 28 €.

Lage & Ambiente

Direkt neben der Kirche St. Ulrich steht der schöne Gasthof im gleichnamigen Weiler, umgeben von einer Almwiese auf 1340 Meter Höhe. Von hier hat man eine herrliche Aussicht auf die Texelgruppe bei Meran und Richtung Osten bis zu den Dolomiten. Die Inneneinrichtung des Hauses ist sehr traditionell mit rustikalen Möbeln. Der Weiler St. Ulrich liegt etwa drei Kilometer von Mölten auf dem Tschögglberg östlich von Meran.

In der Umgebung

Nicht zuletzt wegen seiner sonnenreichen Lage ist der Tschögglberg ein beliebtes Wandergebiet auch für die Meraner. Besonders empfehlenswerte Touren führen zum Möltner Kaser oder zur Sattlerhütte. Auch Ausritte mit Haflingern sind möglich. Auf dem Rücken dieser gutmütigen Zeitgenossen lässt es sich gemütlich querfeldein reiten. In Mölten gibt es außerdem die höchstgelegene Sektkellerei Südtirols und ein interessantes Geologiemuseum, das Mineralien und Fossilien aus Südtirol ausstellt.

Im Winter steht das Skigebiet Meran 2000 mit zahlreichen Pisten und einer Rodelbahn zur Verfügung.

Romantisch

Gasthof Kohlern

Kohlern 11
I-39011 Bozen
Tel. 00 39/04 71/32 99 78,
Fax 32 99 66
E-Mail: info@hotelkohlern.com
Internet: www.kohlern.com

Anfahrt Brennerautobahn A 22 Aus-fahrt Bozen-Nord. Am östlichen Stadtrand Bozens am Eisack-Ufer mit der Seilbahn hinauf nach Kohlern. Alternativ führt auch eine Straße von Bozen hinauf nach Kohlern.

Ausstattung & Preise

Die Bezeichnung »Gasthof« ist fast eine Untertreibung, Kohlern nennt sich deshalb selbstbewusst auch Panoramahotel, was besser zutrifft. Das elegante nostalgische Gebäude mit dem stilvollen alten Interieur wurde mit Sorgfalt in Stand gehalten und hat seinen ursprünglichen Charme bewahrt. Es gibt elegante Veranden, schöne Stuben und geräumige, gediegene Gästezimmer, die trotz des vielen Holzes und der alten Möbel nicht alpenländisch kitschig, sondern einfach behaglich wirken. Beliebt ist Kohlern wegen seiner ruhigen und doch zentrumsnahen Lage auch als Seminarhotel. Die Übernachtungspreise mit Frühstück beginnen bei 45 € pro Person im Doppelzimmer.

Das Besondere Die idyllische Lage auf dem Berg und dazu die unmittelbare Nähe zur geschäftigen Stadt Bozen sind eine ungewöhnliche Kombination.

Lage & Ambiente

Ritten und Jenesien, die beiden Höhenzüge im Norden des Bozner Kessels, sind bekannt. Aber Kohlern, der dicht bewaldete Hügel im Süden der Stadt, ist immer noch ein Geheimtipp. Die einzigartige Panoramalage auf 1140 Meter Höhe über Bozen und dazu das edel nostalgische Ambiente machen das Gasthaus zu einem ganz besonders reizvollen Ziel vor allem im Sommer, wenn die Hitze in der Stadt schon fast italienisch wird und sich die Gäste des Hotels an der luftigen, nach Wald duftenden Frische des Kohlererbergs erfreuen.

Zur gutbürgerlichen Küche mit bekannten Südtiroler Spezialitäten werden aus den reichen Vorräten des Weinkellers einheimische und internationale Weine serviert, nach dem Abendessen schmeckt der

Espresso oder die Havanna mit Aussicht auf die Lichter der Stadt besonders gut.

In der Umgebung

In der direkten Umgebung des Gasthofs gibt es schöne Wanderwege, zum Beispiel nach Herrenkohlern und zur Kirche Mariae Himmelfahrt.

Möchte man Stadtluft schnuppern, ist man mit der Seilbahn oder auch mit dem Auto in wenigen Minuten im Zentrum von Bozen, kann über den Waltherplatz und durch die Lauben schlendern oder dem Ötzi im Archäologiemuseum einen Besuch abstatten. Und es gibt noch weitere Museen, mit denen Bozen aufwarten kann – darunter etwa das Stadtmuseum, das Naturmuseum und das Museum für moderne und zeitgenössische Kunst. Damit ist die Stadt eine wunderbare Alternative, wenn das Wetter einmal nicht mitspielt und Wandern oder Ski fahren ausfallen müssen.

Wenn man genug hat von der städtischen Betriebsamkeit Bozens, wenn man die wichtigsten Sehenswürdigkeiten der Stadt abgegrast und sich in einem Café oder einer Bar gestärkt hat, bietet Bozen noch eine weitere Attraktion, die Stadterleben und Bewegung in der Natur auf wunderbare Weise verbindet: die Promenaden, die sich rund um den Bozner Talkessel schlängeln und mit ihrem Pflanzenreichtum und den vielen Aussichtspunkten wahre Kleinode sind. Entlang des Talfer-Bachs führt die Wassermauserpromenade, eine grüne Oase inmitten der Stadt. Guntschna- und Oswaldpromenade führen den Spaziergänger am Stadrand in Serpentinen die Berghänge hinauf und bieten herrliche Ausblicke über die Dächer von Bozen.

Gediegen elegant: die Gästezimmer in Kohlern

SÜDTIROL

Extratipp

Der Mann aus dem Eis An einem Besuch im Südtiroler Archäologiemuseum kommt eigentlich niemand vorbei, der in Bozen seinen Urlaub verbringt. Wirken andere Museen oft etwas verstaubt und langweilig, so hat Südtirol und Bozen mit der ältesten bekannten Gletschermumie der Welt nicht nur eine Sensation bei –6 °C in der Kühlung liegen, sondern dokumentiert in seiner Dauerausstellung die gesamte wechselvolle Geschichte der Region von der Altsteinzeit bis ins frühe Mittelalter. Freilich bleibt »Ötzi«, wie der etwa 5500 Jahre alte Mann aufgrund der Fundstelle am Hauslabjoch in den Ötztaler Alpen genannt wird, Hauptanziehungspunkt. Über die Umstände seines Todes ist viel spekuliert worden, mindestens ebenso interessant ist aber, wie die Menschen der Kupferzeit gelebt, was sie gegessen, welchen Siedlungsraum sie bewohnt haben. Dazu geben die Schautafeln und Nachbauten im Museum erschöpfend Auskunft.

Archäologiemuseum Bozen, Museumsstr. 43, I-39100 Bozen; Tel. 00 39/04 71/32 01 00, Fax 32 01 22; E-Mail: museum@iceman.it, Internet: www.iceman.it; Di–So 10–17, Do auch bis 19 Uhr

Romantisch

Berghotel Zirmerhof
Oberradein
I-39040 Radein
Tel. 00 39/04 71/88 72 15,
Fax 88 72 25
E-Mail: info@zirmerhof.com
Internet: www.zirmerhof.it

Anfahrt: Brennerautobahn A 22 bis Ausfahrt Neumarkt/Auer über Montan und Kaltenbrunn nach Radein und weiter nach Oberradein

Ausstattung & Preise
Pure Nostalgie repräsentiert dieses romantische Berghotel, das sich einsam am Waldrand weit über dem Etschtal im Süden Südtirols erhebt. In dem uralten Bauernhof gibt es 31 Zimmer und zwei Suiten, die allesamt sehr stilvoll nostalgisch eingerichtet sind. Bekannt ist der Zirmerhof auch für seine gute bäuerliche Küche. Vieles von dem, was auf den Tisch kommt, stammt aus der eigenen Landwirtschaft. Passend dazu besitzt der Zirmerhof einen gut sortierten Weinkeller mit rund 250 Etiketten und eine solide Auswahl an Acquavit und Grappa. Sauna und Dampfbad als krönender Abschluss nach einem gelungenen Ski- oder Wandertag befinden sich ebenfalls im Haus. Die Übernachtungspreise beginnen bei 77 € pro Person und gelten für das Doppelzimmer mit Halbpension.

Das Besondere Das Komforthotel verbindet nostalgische Idylle mit moderner Ausstattung. Der Gast kann in die Vergangenheit eintauchen, ohne auf moderne Annehmlichkeiten verzichten zu müssen. Ein weiterer Anziehungspunkt ist die bekannt gute Küche. Die einsame Lage am Berg, weit weg vom Trubel, ist ideal zum Erholen und Kräftetanken.

Lage & Ambiente
Ganz im Süden an der Grenze zum Trentino, dort wo das Etschtal durch besonders mildes Klima und fast schon mediterrane Vegetation glänzt, dort geht es von Auer über Montan auf einigen Kehren hinauf, bis bei Kaltenbrunn links die Abzweigung nach Radein kommt. Der letzte Abschnitt führt dann auf einer kurvenreichen Straße hinauf nach Radein und das nicht weit entfernte Oberradein.

Das Hotel steht allein am Waldrand an einer großen Almwiese mit herrlichem Ausblick. An sonnigen

Tagen – und von denen gibt es im südlichen Etschtal ohnehin sehr viele – streift der Blick hinüber in den Westen bis zum Ortler, zur Brenta, zum Adamello und auch zu den Stubaier Alpen.

Es ist ein historischer Platz, denn die Geschichte des Zirmerhofs lässt sich bis ins 12. Jahrhundert zurückverfolgen. Und als Ferienziel hat er ebenfalls eine stolze Tradition. Die ersten Kurgäste kamen schon um 1890 vor allem aus Wien und aus Deutschland. Damals reiste man noch in die Berge zur Sommerfrische, weil es oben im Gebirge deutlich frischer und angenehmer war als in der schwülen Luft der Großstadt. Ob es die idyllische Lage ist oder das altehrwürdige Interieur mit schweren Holzmöbeln, alten Bildern und gediegener Dekoration, die lange Geschichte oder auch die illustren Gäste wie der Nobelpreisträger Max Planck und Chirurg Ferdinand Sauerbruch – man fühlt sich hier wie auf einer Zeitreise und kann das Schöne von gestern genießen, ohne jedoch auf das Gute von heute verzichten zu müssen. Besonders eindrucksvoll sind der große Speisesaal mit den Wandmalereien des Südtiroler Künstlers Ignaz Stolz, die gemütliche und gänzlich mit Holz getäfelte Zirmerstube aus dem 16. Jahrhundert und die alte Bibliothek mit den zahlreichen Büchern.

In der Umgebung

Der Zirmerhof ist ein idealer Ausgangspunkt für Bergwanderungen und Touren mit dem Mountainbike. Rund um Radein gibt es viele reizvolle Wanderwege. Ein Klassiker ist der Ausflug in die Bletterbachschlucht mit ihren Jahrmillionen alten Gesteinsformationen und fossilen Pflanzenresten. Allein der landschaftliche Eindruck der bis zu 300 Meter breiten Schlucht ist den teils etwas anspruchsvollen und auch anstrengenden Aufstieg wert, der gutes Schuhwerk erfordert.

Weniger anstrengend ist hingegen die Golf Driving Range am Haus. Im Winter kann man rodeln, langlaufen und ins nahe Skigebiet von Obereggen fahren.

Extratipp

Geoparc Bletterbach Der Geoparc Bletterbach ist Erlebnispark, Lernstätte und Naturdenkmal in einem. Es gibt einen Geo-Weg, der, illustriert durch 16 Schautafeln, durch den Canyon führt und gleichsam eine Zeitreise ins Erdaltertum und Erdmittelalter darstellt. Interessant ist auch der Waldlehrpfad, der als gemütliche Rundwanderung gestaltet ist und sich auch mit Kinderwagen und Rollstuhl bewältigen lässt. Im Mittelpunkt steht das Leben im Wald, das mit zehn Tafeln über Waldbienen, Frösche, Spechte, Pilze, Moose und vieles mehr informiert. Zusätzlich werden vielfältigste Führungen zu verschiedenen Interessensgebieten angeboten, etwa Führungen zum Thema Tradition, Brauchtum und Aldeiner/Radeiner Köstlichkeiten oder eine Mühlenwanderung, die über die Nutzung der Wasserkraft in früheren Zeiten informiert. Bletterbach for Kids nennt sich ein Programm, das sich speziell an die kleinen Besucher richtet. Dabei werden Themen wie Steine, Wasser und Erde kindgerecht aufbereitet. Ein Rundgang im neu eröffneten Besucherzentrum zeigt dem Interessierten fossile Funde aus der Schlucht. Ähnliche Exponate umfasst das Geomuseum in Radein.
Geoparc Bletterbach, Lerch 40, I-39040 Aldein; Tel. 00 39/04 71/88 69 46; E-Mail: info@bletterbach.info, Internet: www.bletterbach.info

Romantisch

Signaterhof

Signat 166
I-39050 Signat/Ritten
Tel. 00 39/04 71/36 53 53,
Fax 36 54 80

Anfahrt: Brennerautobahn A 22 Ausfahrt Bozen-Nord, auf der Rittner Straße nach Signat

Ausstattung & Preise

Der Signaterhof ist für seine gute Südtiroler Küche bekannt. Neben den klassischen Spezialitäten für den großen oder auch kleinen Hunger und einer soliden Auswahl an lokalen Weinen macht auch die nostalgische Gaststube aus dem 18. Jahrhundert den Aufenthalt hier sehr angenehm. Möchte man diesen verlängern, gibt es sechs komfortabel ausgestattete Doppel- und ein Einzelzimmer. Die Übernachtung mit Frühstück kostet pro Person im Doppelzimmer ab 34 €.

Das Besondere Der schmucke Gasthof Signaterhof ist nur einen Katzensprung vom Zentrum Bozens entfernt und liegt dennoch in herrlicher sonnenreicher Berg- und Aussichtslage auf dem Ritten.

Lage & Ambiente

Der kleine Weiler Signat unterhalb von Oberbozen liegt auf 848 Meter Höhe und ist ein echtes Idyll. Von der kleinen Kirche St. Martin hat man einen schönen Blick auf den Bozner Talkessel. Zu dieser Atmosphäre passt der gemütliche Gasthof mit seinem nostalgischen Interieur, der von Bozen aus einfach zu erreichen ist. Am Nordrand der Stadt geht es auf der Rittner Straße bergwärts. Bei St. Justina folgt man links der Straße hinauf nach Signat. Der Gasthof liegt direkt neben der kleinen Kirche.

In der Umgebung

Der Höhenzug des Ritten oberhalb von Bozen ist traditionell ein beliebtes Ziel zur Sommerfrische und für Wanderungen. Von Signat aus kann man schöne und leichte Wanderungen über den Signater Kopf zum Wolfsgruber See unternehmen. Pflichtprogramm sind natürlich die klassischen Sehenswürdigkeiten auf dem Ritten wie die Erdpyramiden bei Lengmoos, ein Ausflug zum Gipfel des Rittner Horns oder eine Fahrt mit der nostalgischen Eisenbahn zwischen Klobenstein und Oberbozen. Und auch Bozen sollte als Ausflugsziel nicht fehlen.

Gasthof Bad Dreikirchen

St. Jakob 6
I-39040 Barbian
Tel. 00 39/04 71/65 00 55,
Fax 65 00 44
E-Mail: info@baddreikirchen.it
Internet: www.baddreikirchen.it

Anfahrt: Brennerautobahn Ausfahrt Klausen nach Barbian und mit dem Jeep-Taxi weiter bis Bad Dreikirchen

Ausstattung & Preise

Dass die Sehnsucht der Menschen, oben auf den Bergen Erholung und Abwechslung zu finden, nicht ganz neu ist, dafür liefert Bad Dreikirchen den besten Beweis. Der altehrwürdige Berggasthof auf 1120 Meter Höhe oberhalb des Eisacktals war schon vor gut einem Jahrhundert ein ausgesprochen populäres Ziel. Heute präsentiert sich der Gasthof fast unverändert mit seinen alten holzgetäfelten Stuben und romantischen Gästezimmern. Die Übernachtungspreise beginnen bei 48 € pro Person im Doppelzimmer mit Halbpension.

Das Besondere Der Gasthof Bad Dreikirchen kann auf eine lange, ungebrochene Tradition als Berggasthof mit teils illustren Gästen zurückblicken. Man reiste hierher zur Sommerfrische, und dafür war und ist auch heute noch das Gasthaus neben der alten Wallfahrtskirche in einzigartiger Panoramalage der ideale Platz.

Lage & Ambiente

Ruhig und einsam ist es in Bad Dreikirchen. Das liegt vor allem daran, dass hier so gut wie keine Autos unterwegs sind. Man erreicht den sonnigen Platz nur zu Fuß oder mit dem Jeep-Taxi. Die Anreise erfolgt über die Straße hinauf nach Barbian. Dort parkt man, und weiter geht es auf einer schmalen Fahrstraße bergauf. Zu Fuß erreicht man Bad Dreikirchen, das an einem steilen Südosthang liegt, nach etwa 40 Minuten. Alternativ gibt es die Möglichkeit, sich chauffieren zu lassen (Taxi Torggler in Barbian).

In der Umgebung

Von Bad Dreikirchen aus kann man auf der Sonnenseite des Eisacktals schöne und nicht allzu schwere Wandertouren unternehmen. Beliebte Ziele sind die Barbianer Alm oder die Villanderer Alm. Etwas weiter ist der Weg hinüber zum Ritten und auf das 2260 Meter hohe Rittner Horn.

Originell

Pension Briol

I-39040 Barbian
Tel. und Fax 00 39/04 71/65 01 25
E-Mail: info@briol.it
Internet: www.briol.it

Anfahrt: Brennerautobahn Ausfahrt Klausen nach Barbian und mit dem Jeep-Taxi weiter bis zur Pension

Ausstattung & Preise

Die Pension Briol ist ein Ort für Minimalisten mit ästhetischem Anspruch. Dass das Haus nur einen Stern aufweist, stört vermutlich die wenigsten. Die Originalität der alten Villa ist das Wesentliche: angefangen mit dem nostalgischen Speisesaal, den teils geräumigen 13 Zimmern mit den alten Holzmöbeln aus den Zwanzigerjahren bis zur Kücheneinrichtung, wo noch ein uralter Herd in Betrieb ist. In sanitärer Hinsicht bescheidet man sich mit Etagenbädern und WCs. Auf den Zimmern steht, so wie es früher eben der Brauch war, noch ein Waschtisch.

Der ideale Platz, um die Zeit sinnvoll verstreichen zu lassen und auf stilvolle Art abzuschalten, ist zweifellos die Terrasse vor dem Haus. Der Wellness-Bereich beschränkt sich auf das Schwimmbad ein paar Meter oberhalb des Hauses auf der Wiese samt der ziemlich betagten Dusche.

Für eine Übernachtung auf Briol zahlt man inklusive Vollpension (mittags gibt es ein Salatbuffet, nachmittags hausgemachte Kuchen und Mehlspeisen sowie abends Drei- und Vier-Gänge-Menüs) ab 56 € pro Person im Doppelzimmer. Geöffnet ist die Pension nur von Anfang Mai bis Ende September.

Das Besondere Die traumhafte Lage weit weg vom Trubel in Verbindung mit der Originalausstattung aus den Zwanzigerjahren macht die ehemalige Sommerfrische zu einem idealen Platz zum Abschalten und Entspannen. Schon wenige Stunden auf Briol haben eine bemerkenswert erholsame Wirkung.

Lage & Ambiente

Auf einer Lichtung weit oberhalb des Eisacktals steht die elegante Villa auf rund 1310 Meter Höhe. Nach Südwesten hat man einen herrlichen Ausblick auf das Eisacktal und die Dolomitengipfel im Hintergrund. Die einzigartige Ruhe und Beschaulichkeit verdankt die Pension nicht zuletzt der Tatsache, dass hier außer den Anwohnern und dem Briefträger kaum jemand mit dem Auto hochkommt, was angesichts der steilen und engen, mit vielen Kurven ausgestatteten Straße kein Vergnügen ist. Für Gäste heißt es, das Auto unten in Barbian parken und entweder zu Fuß oder, was mit Gepäck sinnvoll ist, mit dem Jeep-Taxi (Taxi Torggler in Barbian) zu fahren. Zu Fuß muss man mit einer ein- bis eineinhalbstündigen Wanderung rechnen.

Einst nutzten reiche Bozner Kaufleute die Villa als Sommerfrische. Der Maler und Architekt Hubert Lanzinger gestaltete sie in den Zwanzi-

Originalausstattung aus den Zwanzigerjahren

gerjahren im Stil der Wiener Moderne um. Das Ergebnis ist ein streng kubischer Bau mit viel Holz und offener, Licht spendender Gestaltung, der auf das Wesentliche reduziert ist. Das gilt auch für den Komfort. Die Pension ist kein Luxushotel, vielmehr ein Ort, der sich der umgebenden Natur und der einzigartigen

Ungewöhnliche Architektur

Panoramalage unterordnet. Die Ausstattung ist heute noch so wie vor 80 Jahren. Die Gäste, die hier absteigen, könnten sich zweifellos teurere Quartiere leisten, ziehen aber den Charme und die Ausstrahlung dieses ungewöhnlichen Hauses wie auch die sympathische Betreuung durch das Besitzerpaar Johanna und Urban von Klebelsberg vor.

In der Umgebung

Abgesehen davon, dass das gepflegte Nichtstun hier leicht fällt, kann man natürlich die verschiedensten Wanderungen unternehmen: etwa hinauf zum 2260 Meter hohen Rittner Horn oder auf die 2561 Meter hohe Kassianspitze. Nicht ganz so anstrengend ist der Weg hinüber zu den Barbianer Wasserfällen oder – noch bequemer zumindest auf dem Hinweg – hinunter zu der alten Wallfahrtskirche von Bad Dreikirchen und zu einer Brotzeit beim urigen Mesnerwirt.

Extratipp

Pfunderer Bergwerk Seit der Mitte des 16. Jahrhunderts wurde in Villanders Bergbau betrieben. Heute kann man mit der Besichtigung des Elisabeth-Stollens, eines circa 1000 Meter langen Schaustollens, einen interessanten Einblick in die Bergwerksgeschichte Villanders gewinnen.
Auskunft und Anmeldung im Tourismusverein Klausen; Tel. 00 39/04 72/84 74 24, oder im Tourismusverein Villanders; Tel. 00 39/04 72/84 31 21; Eintritt Erwachsene 5 €, Kinder 2,50 €, Kinder unter 6 Jahren frei

Romantisch

Ansitz Fonteklaus

I-39043 Klausen
Tel. 00 39/04 71/65 56 54,
Fax 65 50 45
E-Mail: info@fonteklaus.it
Internet: www.fonteklaus.it

Anfahrt: Brennerautobahn A 22 Ausfahrt Klausen, von Klausen aus rund 3 km nach Fonteklaus hinauf

Ausstattung & Preise

Südtirol ist bekannt für seine zahlreichen Ansitze, wie man die herrschaftlichen Adelssitze nennt, die fast wie kleine Schlösser aussehen. Wenn einer noch dazu auf einer majestätischen Panoramalage oberhalb des Eisacktals residiert und mit guter Küche und schönen Zimmern lockt, umso besser. Ein Besuch des Ansitz Fonteklaus ist genau aus diesen Gründen reizvoll.

Der alte Ansitz war früher ein Jagdschloss und ist heute ein komfortables Hotel mit Restaurant. Es gibt elegante Zimmer und ein Restaurant, in dem gehobene Südtiroler und italienische Küche angeboten wird. Für die Übernachtung im Doppelzimmer mit Halbpension zahlt man ab 42 € pro Person.

Das Besondere Der stilvolle Adelssitz beeindruckt durch seine Aussichtslage und ist doch nur wenige Minuten von der Brennerautobahn entfernt – ein Fall für Genießer, die eine umständliche Anreise scheuen.

Lage & Ambiente

Während der Fahrt auf der Brennerautobahn nach Süden kann man rechts und links des Eisacktals die Bergflanken in die Höhe ragen sehen. Auf der Höhe von Klausen führt eine kleine Straße linker Hand hinauf und erreicht nach rund drei Kilometern den Ansitz Fonteklaus. Obwohl sich das Haus nicht in hochalpinen Regionen befindet, genießt man trotzdem von der Terrasse einen schönen Ausblick auf das Eisacktal und muss auch die idyllische Bergatmosphäre nicht missen. Nebenan befindet sich außerdem ein Swimmingpool.

Ein bisschen wie in vergangenen Zeiten fühlt man sich auf dem Ansitz. Und das liegt nicht zuletzt an der Einrichtung der Gästezimmer. Diese sind mit gediegenen Möbeln ausgestattet, und es mangelt nicht an stilvollen Details, die einen wirklich glauben lassen, die Uhren seien stehen geblieben. Wer einen Sinn für

Tradition und Geschichte hat, wird den unverwechselbaren Charakter des Hauses zu schätzen wissen.

In der Umgebung

Vom Ansitz Fonteklaus aus hat man viele Ausflugsmöglichkeiten: Man kann in der Umgebung leichte Wanderungen unternehmen oder einen Ausflug ins nahe Gufidaun machen, einem nostalgischen Dorf, das mit einem sehenswerten alten Schloss und einem interessanten Museum aufwartet.

Nur drei Kilometer sind es ins Künstlerstädtchen Klausen. Mit seinem malerischen historischen Zentrum, den engen Gassen und idyllischen Plätzen ist es unbedingt einen Besuch wert.

Im Winter liegt das nächste Skigebiet auf der Plose bei Brixen. Die Fahrzeit dorthin beträgt etwa 20 Minuten. Doch die Anfahrt lohnt sich. Auf den Skifahrer wartet ein einzigartiges Sport- und Naturerlebnis. Von den Gipfeln der Plose hat man einen unvergleichlichen Panoramablick auf die imposanten Dolomiten im Süden und den Alpenhauptkamm im Norden. Die 40 Kilometer Skipisten aller Schwierigkeitsgrade bieten für alle Ansprüche das Passende. Darüber hinaus gibt es jede Menge Einkehrmöglichkeiten für eine Pause

Die Plose bei Brixen

zwischendurch oder um den herrlichen Blick genießen zu können. Das Skigebiet an der Plose bietet sich auch für Winterwanderungen an, außerdem gibt es für Langläufer eine Höhenloipe, so dass sich das Thema Schneemangel erübrigt.

Extratipp

Stadtmuseum Klausen Die drei Kilometer nach Klausen lohnen sich allemal, denn der Besuch des Klausener Stadtmuseums ist nicht zuletzt wegen des berühmten Loreto-Schatzes sehr empfehlenswert. 1992 nach einer längeren Restaurierungsphase wiedereröffnet, birgt das Museum eine Reihe von interessanten Exponaten. Das Erdgeschoss stellt in einem von zwei großen Schauräumen einen umfangreichen Bestand an Kunstwerken aus dem religiösen und sakralen Bereich aus. Im zweiten großen Saal im Erdgeschoss sind sich Werke zahlreicher auch international bekannter Maler und Bildhauer ausgestellt, die sich gegen Ende des 19. Jahrhunderts im »Künstlerstädtchen« Klausen angesiedelt hatten. Das Highlight des Museums ist jedoch der berühmte Loreto-Schatz, der aus religiösen Gegenständen, Bildern und allerlei Prunkstücken besteht und auf eine Sammlung der spanischen Königin Maria Anna (1647–1740) zurückgeht.

Stadtmuseum, Kapuzinerkloster Frag 1, I-39043 Klausen; Tel. 00 39/04 72/84 61 48, Fax 84 61 48; Internet: www.klausen.it; 22. März–6. Aug. Di–Sa 10–12, 16–19 Uhr, 9. Aug.–5. Nov. Di–Sa 9.30–12, 15.30–18 Uhr, Mo, So und feiertags geschl.; Eintritt Erwachsene 3 €, Senioren über 60 Jahren 1,50 €, Kinder von 8 bis 18 Jahren 1,50 €

Romantisch

Gasthaus Huber in Pardell

Pardell 50
I-39043 Klausen-Pardell
Tel. 00 39/04 72/85 54 79,
Fax 85 55 48

Anfahrt: Brennerautobahn A 22 Ausfahrt Klausen, auf der Brenner Bundesstraße bis zum Ort. Auf einer schmalen Straße 3 km durch das Thinnebachtal hinauf nach Pardell. Eine andere Route führt von Feldthurns über Verdings nach Pardell.

Ausstattung & Preise

Der Huber in Pardell ist ein echter Südtiroler Traditionsgasthof. Neben der gemütlichen Gaststube gibt es einen großen schattigen Gastgarten. Die Küche ist klassisch südtirolerisch und offeriert viele hausgemachte Spezialitäten wie Knödel in verschiedenen Variationen, Würstl, Bauernbratl oder frittierte Süßspeisen. Dazu serviert man Weine vom eigenen Anbau.

Die Gäste kommen in sieben Doppelzimmern oder einem Einzelzimmer unter, die einfach ausgestattet sind. Für die Übernachtung mit Frühstück zahlt man ab 24 € pro Person im Doppelzimmer.

Lage & Ambiente

Die idyllische Lage auf 750 Meter oberhalb des Eisacktals umgeben von schattigen Wäldern und Almwiesen macht den Huber in Pardell zu einem beliebten Ziel für Wandertouren. Der Gasthof präsentiert sich als klassischer Weinbauernhof mit entsprechender Atmosphäre und dem dazu passenden, betont rustikalen gastronomischen Angebot: ideal, wenn man authentische bäuerliche Südtiroler Gastlichkeit sucht.

In der Umgebung

Eigentlich ist der Huber in Pardell eher das Ziel von Wanderungen als der Ausgangspunkt. Man kann jedoch auch hier starten und schöne Ausflüge zu anderen Gasthöfen wie dem Moar zu Viersch etwas weiter nördlich machen. Der Weg lässt sich dann über Weinbrenner nach Feldthurns und zum sehenswerten Schloss Velthurns fortsetzen.

Unbedingt empfehlenswert ist ein Spaziergang hinunter zum Kloster Säben ebenso wie eine Besichtigung des historischen Zentrums des alten Künstlerstädtchens Klausen. Fährt man mit dem Auto hinunter, kann man den Wagen auf einem der Parkplätze außerhalb des Ortes abstellen.

Urig

Gampenalm

St. Magdalena 69/a
I-39040 Villnöß
Tel. 0039/0472/840382,
Fax 840382
E-Mail: info@gampenalm.com
Internet: www.gampenalm.com

Anfahrt: Brennerautobahn A 22 Ausfahrt Klausen, durch das Villnößtal bis zum Talschluss und hinauf zur Gampenalm

Ausstattung & Preise

Die Gampenalm ist ein idyllisch gelegenes, neu gebautes Almgasthaus mit rustikalen Gaststuben und einer bekannt guten Küche, die typische Südtiroler Spezialitäten serviert und einen gut sortierten Weinkeller aufweist. Im Haus gibt es neben einem Matratzenlager auch zwei Doppelzimmer. Die Übernachtung im Doppelzimmer mit Frühstück kostet pro Person ab 31 €.

Lage & Ambiente

Die Gampenalm befindet sich am Talschluss des noch sehr ursprünglichen Villnößtals in Südtirol. Wer im Talschluss auf dem Parkplatz in Zans das Auto abstellt, hat noch ungefähr eine Stunde Gehzeit hinauf zur Hütte vor sich. Nach Absprache wird das Gepäck zur Alm transportiert. Bei längeren Aufenthalten ist auch eine Fahrgenehmigung möglich.

Oben wird man mit einer herrlichen Aussicht belohnt. Die Gampenalm steht auf einer Almwiese auf 2062 Meter Höhe zwischen Geislerspitze und Peitlerkofel. Sie befindet sich inmitten eines beliebten Wandergebiets und wird wegen ihrer schönen Lage, dem gemütlichen Ambiente und des guten gastronomischen Angebots viel besucht.

In der Umgebung

Die Hütte ist ein beliebter Ausgangspunkt für Wanderungen rund um Geislerspitze und Peitlerkofel. Leichte Touren sind der Rundwanderweg über Tschantschenon zum Kreuzjoch und Bronsoi und wieder zurück zur Gampenalm oder der Weg hinauf zur Schlüterhütte. Für Gipfelbesteigungen etwa auf den Zendleser Kofel oder den Peitlerkofel sollte man schon etwas Bergerfahrung mitbringen. Kulturell Interessierte sollten den schmucken Dörfern im Villnößtal einen Besuch abstatten. Im Winter ist die Straße hinunter zum Parkplatz Zans eine beliebte Rodelbahn.

Romantisch

Almgasthof Ütia de Börz

Würzjoch
Antermoia
I-39030 St. Martin in Thurn
Tel. 00 39/04 74/52 00 66,
Fax 59 01 77
E-Mail: info@passodelleerbe.it
Internet: www.passodelleerbe.it

Anfahrt: Brennerautobahn Ausfahrt Brixen über St. Georg zum Würzjoch

Ausstattung & Preise

Ütia de Börz ist die ladinische Bezeichnung für das Würzjoch, eine 2000 Meter hohe Passhöhe zwischen Brixen im Eisacktal und dem Gadertal. Direkt an dieser Passhöhe steht der Almgasthof, der vor allem durch seine gediegene rustikale Atmosphäre und die typische Südtiroler Küche überzeugt.

Das komplett renovierte Haus präsentiert sich klassisch rustikal ohne verkitschte Zutaten. Es gibt schöne gemütliche Gaststuben und Zimmer, die schlicht und dabei komfortabel eingerichtet sind. Jedes Zimmer verfügt über Dusche mit WC, TV und Minibar. Die klassische Südtiroler Küche des Hauses ist vor allem bekannt für ihre Wildspezialitäten und Süßspeisen, zu denen die typischen Strudel gehören. Die Preise für eine Nacht mit Halbpension beginnen bei etwa 55 €.

Das Besondere Der Berggasthof auf 2000 Meter Höhe, der bequem mit dem Auto erreichbar ist, bietet Gipfelgenuss ohne Anstrengung und darüber hinaus viel Wohnkomfort.

Lage & Ambiente

Das Hotel steht direkt an der Passhöhe des Würzjochs mit einzigartigem Blick auf den Peitlerkofel. Es ist ein erstklassiger Ausgangspunkt für Aktivitäten in der eindrucksvollen Bergwelt zu Füßen des majestätischen Peitlerkofels.

Zum Würzjoch gibt es zwei Anreisemöglichkeiten: einmal von Brixen aus, wo die Straße vom südlichen Stadtrand bergauf, an der Südseite der Plose entlang über St. Georg, zum Würzjoch führt. Dies ist allerdings eine recht kurvenreiche Strecke, die im Sommer vor allem bei Motorradfahrern beliebt ist. Die andere Variante verläuft durch das Pustertal über die Einfahrt ins Gadertal bei Bruneck. Diese Strecke ist empfehlenswert, wenn man zum Beispiel über Osttirol anreist. Die enge und kurvige Strecke durch das Gadertal führt bis St. Martin in Thurn. Dort biegt man rechts ab und fährt über das Dorf Antermoia hinauf zum Würzjoch.

In der Umgebung

Trotz der einsamen Lage in den Dolomiten hat man auf dem Würzjoch zu allen Jahreszeiten eine große Auswahl an Freizeitaktivitäten. Im Sommer bieten sich Wandertouren rund um den Pass an. Leichtere Wanderungen sind die Tour in Richtung Lüsen oder die Umrundung des Peitlerkofels, die direkt am Würzjoch beginnt. Für eine Besteigung des 2875 Meter hohen Gipfels sollte man trittsicher sein.

Empfehlenswert ist auch ein Ausflug nach St. Martin in Thurn ins Ladinische Museum im historischen Ciastel de Tor. Auf dem Weg nach St. Martin in Thurn kann man kurz nach der Ortschaft Antermoia dem alten Bauernbad in Valdander, etwas abseits der Straße, einen Besuch abstatten. Und ebenfalls nicht weit ist es ins idyllische und noch ursprüngliche Villnößtal, wo es zahlreiche schmucke Dörfer gibt.

Im Winter ist das Würzjoch ein guter Ausgangspunkt für Schneeschuhwanderungen im Gebiet rund um die Passhöhe. Langlaufen kann man auf einer rund fünf Kilometer langen Loipe am Würzjoch. Außerdem gibt es noch eine Loipe ins Villnößtal, die 24 Kilometer lang und angesichts

Innen wie außen viel Holz

eines stattlichen Höhenunterschieds von 380 Meter recht anspruchsvoll ist. Das nächste Skigebiet erreicht man auf der Straße hinunter nach Brixen. In der Ortschaft St. Andrä befindet sich die Talstation des Skigebiets an der Plose.

Extratipp

Ladinisches Museum Wer sich für die älteste der drei in Südtirol lebenden Sprachgruppen interessiert, sollte das Ladinische Museum in St. Martin in Thurn besuchen. Untergebracht ist es im Schloss Thurn, das auf eine lange Geschichte zurückblicken kann, die bis ins 12. Jahrhundert zurückreicht – ein angemessener Ort für das Museum der Dolomitenladiner. Museumsdidaktisch sehr überzeugend werden Sprache, Kultur und Geschichte der ladinischen Bevölkerung dem Besucher in multimedialer Form nahe gebracht. Im Sommer bietet das Museum ein eigens für Familien konzipiertes Programm: Die Eltern können in Ruhe das Museum besichtigen, die Kinder werden währenddessen auf vielfältige und lehrreiche Weise beschäftigt. Sie bekommen etwa Geschichten oder Sagen aus den Dolomiten vorgelesen.

Museum Ladin Ciastel de Tor, Torstr. 72, I-39030 St. Martin in Thurn; Tel. 00 39/04 74/52 40 20, Fax 52 42 63; E-Mail: info@museumladin.it, Internet: www.museumladin.it; 26. Dez.–7. Jan. tgl. 14–18 Uhr, 12. Jan.–18. März Mi–Fr 14–18 Uhr; Palmsonntag–31. Okt. Di–Sa 10–18, So 14–18 Uhr; Eintritt Erwachsene 5,50 €, Kinder unter 6 Jahren frei, Familienkarte 11 €, Jugendliche und Studenten 2,75 €, Senioren 4 €

139 Costaces Hütte

Urig

Costaces Hütte

Würzjoch
I-39030 St. Martin in Thurn
Buchung über:
HMS
Feldkircher Str. 114
A-9020 Klagenfurt
Tel. 00 43/4 63/5 50 80,
Fax 5 50 80-19
E-Mail: info@huetten.com
Internet: www.huetten.com

Anfahrt: Brennerautobahn Ausfahrt Brixen über St. Georg zum Würzjoch

Für Selbstversorger

Ausstattung & Preise

Die stattliche Almhütte liegt in herrlicher Alleinlage an einem sonnigen Hang am Würzjoch, einem der schönsten und beliebtesten Wandergebiete Südtirols, in 2100 Meter Höhe.

Im Inneren haben sechs bis acht Personen Platz. In der Stube steht ein stattlicher Kachelofen, der an kalten Tagen für behagliche Wärme sorgt. Die Küche ist mit Gas- und Holzherd ausgestattet. Die Hütte verfügt über eine Dusche mit WC. Im Obergeschoss befinden sich ein Doppelzimmer sowie zwei Doppelbetten mit Sichtschutz. Auf Anfrage wird auch ein TV-Gerät zur Verfügung gestellt. Pro Woche kostet die Costaces Hütte im Sommer ab 755 €, im Winter ab 815 €.

Lage & Ambiente

Das gut 2100 Meter hohe Würzjoch zu Füßen des Peitlerkofels ist der höchste Punkt der Verbindung von Brixen im Eisacktal mit dem Gadertal. Für die Anfahrt kann man über Brixen zum Würzjoch oder über die Pustertaler Straße bis kurz vor Bruneck und dann ins Gadertal bis St. Martin in Thurn fahren. Vom Würzjoch zur Hütte kommt man mit dem Pkw. Bei üppiger Schneelage wird man mit dem Schlitten transportiert. Der faszinierende Ausblick auf das mächtige Massiv des Peitlerkofels und die gemütliche Ausstattung der Hütte sind beste Voraussetzungen für einen unvergesslichen Urlaub.

In der Umgebung

Im Sommer ist der Peitlerkofel ein herrliches Wandergebiet mit vielen schönen Hütten. Ein Klassiker ist die Umrundung des Massivs vom Würzjoch aus. Im Winter kann man auf der Passhöhe langlaufen oder eine Rodelpartie unternehmen.

Originell

Gasthaus Kofler zwischen den Wänden

I-39032 Ahornach
Tel. 00 39/04 74/69 10 05,
Fax 50 55 08
E-Mail:
info@kofler-zd-waenden.com
Internet:
www.kofler-zd-waenden.com

Anfahrt: Brennerautobahn A 22 Ausfahrt Brixen/Pustertal bis Bruneck und dort weiter in das Tauferer Ahrntal bis Sand in Taufers. Hier rechts ab Richtung Rein in Taufers. Nach kurzer Strecke links nach Ahornach und dann noch 5 km auf einer schmalen Straße zum Gasthaus, das oberhalb des Reinbachtals liegt

Für Familien

Lage & Ambiente

Wer so hochalpin logieren will, der muss sich natürlich auch auf eine etwas umständlichere Anfahrt einstellen. Wie der Name bereits andeutet, schmiegt sich die Hofschenke Kofler an die Felswände oberhalb des Reinbachs zwischen Ahornach und Rein in Taufers. Das Reizvolle ist, dass man einerseits wie auf einer Almhütte im Hochgebirge weilt, dennoch aber eine geräumige Ferienwohnung zur Verfügung hat. Bekannt ist das Haus für seine deftige Südtiroler Küche und hauseigene Spezialitäten wie Speck, Kaminwurzen und Graukäse. Draußen sitzt man auf einer sonnigen Terrasse, im Gasthaus in der urigen Jägerstube. Auch für die kleinen Gäste ist mit einem Kinderspielplatz, Ponyreiten und etlichen Tieren auf dem Hof gesorgt.

Ausstattung & Preise

Der einsame Berggasthof ist keine Luxusherberge, strahlt aber eine gemütliche Atmosphäre aus. Die Ferienwohnung ist 82 Quadratmeter groß und bietet ordentlichen Wohnkomfort für zwei bis maximal sechs Personen. Bei Belegung mit zwei Personen zahlt man pro Tag 38 €, für jede weitere Person jeweils 8 €.

In der Umgebung

Im netten kleinen Dörfchen Rein in Taufers, das nach etwa eineinhalbstündiger Wanderung erreicht ist, legt man noch Wert auf Traditionen. Ob Trachtenumzug oder Almabtrieb, die Wirtsleute im Kofler, Familie Hecher, geben gerne über Veranstaltungen Auskunft, die den Weg ins Tal lohnen.

Romantisch

Berghotel Kasern

I-39030 Kasern/Prettau
Tel. 00 39/04 74/6 51 85
E-Mail: info@kasern.com
Internet: www.kasern.com

Anfahrt: Brennerautobahn A 22 Ausfahrt Brixen/Pustertal nach Osten auf der Pustertaler Straße bis nach Bruneck, weiter nach Norden über Sand in Taufers ins Ahrntal. Kasern ist die letzte Siedlung am Ende der Straße auf rund 1600 m Höhe.

Ausstattung & Preise

Das Berghotel kann auf eine lange Geschichte zurückblicken und ist schon vor 400 Jahren als Herberge urkundlich erwähnt. Das stattliche Haus bietet schöne alte Zirbelholzstuben und behagliche Gästezimmer mit Dusche und WC auf Drei-Sterne-Niveau. Außerdem besitzt das Hotel eine gemütliche Sauna. Die Übernachtung im Doppelzimmer mit Halbpension kostet pro Person je nach Saison ab 41 €.

Lage & Ambiente

Es ist ein langer Weg bis ans Ende des Tauferer Ahrntals im Nordosten Südtirols, aber es ist einer, der sich lohnt. Man wohnt am Berg und doch nicht einsam und abgelegen. Die kleine Siedlung auf 1600 Meter Höhe besteht aus alten Bauernhöfen und einigen Gasthäusern. Der enge Talschluss ist von mächtigen Dreitausendern eingerahmt. Im Hintergrund glänzt der schneebedeckte Gipfel der Dreiherrenspitze. Dazu passt die klassische Südtiroler Atmosphäre des rustikalen Hotels, das ehemals auch als Hospiz genutzt wurde. Die teils traditionell, teils modern eingerichteten Zimmer sind wie das ganze Haus liebevoll dekoriert und strahlen Behaglichkeit aus.

In der Umgebung

Kasern ist ein beliebter Ausgangspunkt für leichte Wanderungen entlang des Ahrn-Bachs bis zum Ende des Tals. Schön sind auch die Aufstiege ins Röttal und Windtal. Ganz in der Nähe befindet sich das Bergbaumuseum Prettau mit dem neuen Heilklimastollen.

Im Winter gibt es direkt beim Haus schöne Langlaufloipen und Winterwanderwege. Nur wenige Meter vom Hotel liegt ein Eislaufplatz, wo man seine Runden drehen kann. Das nächste Skigebiet ist in Steinhaus, das etwa 15 Kilometer entfernt ist.

Gasthof Oberraut

Amaten 1
I-39031 Bruneck
Tel. 00 39/04 74/55 99 77

Anfahrt: Brennerautobahn A 22 Ausfahrt Brixen/Pustertal, auf der viel befahrenen Pustertaler Straße bis Bruneck. Kurz nach Bruneck in Richtung Olang bei Percha links ab und der Beschilderung Amaten folgen. Hier geht es etwa 10 Minuten auf der gut ausgebauten Straße bergauf. Nur die Zufahrt zum Gasthaus ist etwas schmal.

Ausstattung & Preise

Der Gasthof Oberraut oberhalb von Bruneck präsentiert sich als schlichtes Gasthaus, das auf eine etwa 100-jährige Geschichte zurückblicken kann. Bei den Gästen ist es nicht nur wegen seiner herrlichen Aussichtslage auf einer Lichtung an einem Südhang beliebt, sondern auch wegen der guten traditionellen Südtiroler Küche, die mit allerlei Köstlichkeiten aufwartet. Im Haus stehen den Gästen fünf gemütliche Doppelzimmer zur Verfügung. Für die Übernachtung mit Frühstück zahlt man ab 26 € pro Person.

Lage & Ambiente

Die Aussicht auf Bruneck und den majestätischen Gipfel des Kronplatz ist wirklich phänomenal. Dazu befindet sich der Gasthof Oberraut auch noch auf der ausgesprochen ruhigen Südhangseite des Pustertals. Das Gasthaus selbst wirkt von außen eher bodenständig urig, bietet aber drinnen vor allem in der Nebenstube eine sehr gemütliche Atmosphäre. Der Wirt Christoph Feichter ist bekannt für seine einerseits sehr delikate Pustertaler Küche, aber auch für klassische italienische Gerichte: Hier bekommt man in den beiden kleinen Gaststuben Spezialitäten wie Sauerkrautsuppe mit Gamswurstscheiben oder Gemüsepfeffer mit Polenta und Blaukraut auf den Teller.

In der Umgebung

Im Sommer kann man in der Umgebung des Gasthauses schön und ruhig wandern. Die herrliche Aussicht lässt den Wanderer zwischendurch immer wieder verharren, staunen und genießen. Im Winter lockt natürlich das große Skigebiet am Kronplatz. Reizvoll während des gesamten Jahres ist ein Bummel durch die schmucke Altstadt des nahe gelegenen Bruneck.

Urig

Lavarellahütte

Fanesalm
I-39030 St. Vigil in Enneberg
Tel. 00 39/04 74/50 10 79
E-Mail: rifugio@lavarella.it
Internet: www.lavarella.it

Anfahrt: Brennerautobahn A 22 Ausfahrt Brixen/Pustertal und auf der Pustertaler Straße nach Osten bis kurz vor Bruneck, dort rechts die Straße ins Gadertal. Auf der kurvenreichen Strecke bis Zwischenwasser, hier links nach St. Vigil in Enneberg. Dort der Straße nach Süden ins Rautal folgen

Ausstattung & Preise

Wie auch die nahe gelegene Faneshütte ist die Lavarellahütte ein recht stattliches Haus, also vielmehr ein Berggasthof als eine Hütte. Besonders bei schönem Wetter ist die Sonnenterrasse vor dem Haus im Sommer immer gut besucht. Drinnen sitzt man in gemütlichen und typisch Südtirolerisch rustikalen Gaststuben. In der urigen Atmosphäre und fröhlicher Gesellschaft kann man sich gleich wie zu Hause fühlen und so manchen netten Hüttenabend verleben. Geruhsame Nachtruhe nach einem erfüllten Wander- oder Skitag findet man im Matratzenlager oder einem der Doppelzimmer. Für die Übernachtungsgäste stehen zwei Waschräume mit Duschen zur Verfügung. Das deftige Frühstück stärkt die Gäste für einen neuen Tag voller Unternehmungen. Die Übernachtung im Doppelzimmer kostet pro Person mit Frühstück ab 30 €. Die Hütte ist von Februar bis April und von Juni bis Oktober geöffnet.

Lage & Ambiente

Bezaubernd ist die Lage auf der weiten und offenen Kleinen Fanesalm inmitten des Naturparks Fanes-Sennes-Prags. In der Nähe der Lavarellahütte befindet sich außerdem der malerische Grünsee. Der Parkplatz in Pederü am Ende des Rautals ist der Ausgangspunkt für den Anstieg hinauf auf die Fanesalm. Für die gut 500 Höhenmeter bis zur Hütte sollte man etwa eine bis eineinhalb Stunden einkalkulieren. Es wird aber auch ein Geländewagen-Transportservice von den Wirtsleuten angeboten, der auch im Winter mit Schneekatzen funktioniert.

Hier auf 2060 Meter Höhe genießt man einen wunderbaren Rundblick auf die sagenumwobene Welt der

Fanes mit ihren markanten Gipfeln und Felsformationen. Ein Aufenthalt in der Lavarellahütte bedeutet Urlaub in einem der schönsten Wandergebiete Südtirols in einer klassischen und gut ausgestatteten Berghütte.

In der Umgebung

Die Kleine Fanesalm ist gewissermaßen der nördliche Teil des Fanesgebietes gegenüber der Großen Fanesalm, auf der sich die Faneshütte befindet. Die gesamte Hochfläche ist ein perfektes Wandergebiet mit schönen und nicht zu anstrengenden Touren über herrliche Almwiesen, aber auch mit sportlichen Klettermöglichkeiten. Klassische Wanderziele sind die 2900 Meter hohe Conturinesspitze, die 3026 Meter hohe Zehnerspitze und die 3055 Meter hohe Lavarellaspitze. Sehr beliebt ist auch der Weg über die Kleine Fanesalm in Richtung Kreuzkofel und zur Wallfahrtskirche Heilig Kreuz mit Einkehr im alten Hospiz. Im Sommer werden auch geführte naturkundliche Wanderungen im Fanesgebiet angeboten.

Während der Wintersaison geht es hier oben natürlich wesentlich ruhiger zu. Für Schneeschuhwanderungen ist die Hochfläche geradezu ideal. Hier kann man unterwegs Schneehasen oder Schneehühnern begegnen. Im Frühjahr kommen dann vor allem die Tourengeher, die mit Fellen ausgerüstet über die weite Hochfläche zu den Gipfeln aufsteigen. Das ist auch die einzige Art,

Ein beliebtes Wandergebiet: die Kleine Fanesalm

auf der Fanes Ski zu fahren. Alpinen Skisport gibt es dafür in St. Vigil in Enneberg an der Südseite des großen Skigebietes am Kronplatz.

SÜDTIROL

Extratipp

Naturpark Fanes–Sennes–Prags Über 25 000 Hektar groß ist der Naturpark im Herzen von Südtirol, der auf die Gemeinden Abtei, Prags, Toblach, Wengen, Enneberg und Olang verteilt ist. Der Park reicht nach Norden bis zum Pustertal, im Osten bis zu den Sextener Dolomiten und im Süden einschließlich des Gadertals bis zur Grenze zum Trentino. Einige der schönsten und auch meistbesuchten Natursehenswürdigkeiten liegen im Naturpark. So der romantische Pragser Wildsee und die hoch gelegene Plätzwiese. Zur Namensgebung trugen auch die benachbarten Sennes- und Fanesalmen bei, die beide von Pederü im Rautal südlich von St. Vigil in Enneberg erreicht werden können. Dort sind im Sommer auch entsprechend viele Besucher unterwegs, wie an vielen Plätzen im Naturpark. Mehr über den Naturpark erfährt man in der Informationsstelle in St. Vigil. San Viglio di Marebbe, so der italienische Name des Orts, gehört übrigens ins ladinische Sprachgebiet.
Tourismusbüro St. Vigil in Enneberg, Catarina-Lanz-Str. 14, I-39030 St. Vigil in Enneberg; Tel. 00 39/04 74/50 10 37, Fax 50 15 66; E-Mail: info@sanvigilio.org, Internet: www.sanviglio.org

Romantisch

Faneshütte

Fanesalm
I-39030 St. Vigil in Enneberg
Tel. 00 39/04 74/50 10 97
E-Mail: info@rifugiofanes.com
Internet: www.rifugiofanes.com

Anfahrt: Brennerautobahn A 22 Ausfahrt Brixen/Pustertal bis kurz vor Bruneck und rechts ins Gadertal ab. In Zwischenwasser links nach St. Vkgil in Enneberg und im Rautal bis Pederü. Vom Parkplatz geht man bis zur Hütte etwa eineinhalb Stunden.

Ausstattung & Preise

Obwohl die Geschichte der Hütte lange zurückreicht – sie wurde bereits 1928 von den Brüdern Alfed, Fritz und Rudi Mutschlechner erbaut –, präsentiert sie sich heute seit einer umfassenden Renovierung im Jahr 1996 sehr zeitgemäß. Die elegante Architektur kontrastiert auf reizvolle Weise mit dem rustikalen Innenleben. In den gemütlichen Gaststuben gibt es Südtiroler und italienische Küche, die für Hüttenverhältnisse ausgesprochen gut ist. Aber von einer Hütte kann man hier eigentlich sowieso kaum reden. Es handelt sich schon eher um einen Berggasthof. Umfangreich ist auch das Übernachtungsangebot. Es gibt sowohl Einzel- und Doppelzimmer mit Dusche und WC als auch die üblichen Matratzenlager mit jeweils zehn Betten. Für die Übernachtung zahlt man pro Person im Doppelzimmer mit Frühstück ab 33 €, mit Halbpension ab 46 €.

Lage & Ambiente

Der Weg hinauf zur Faneshütte führt vom Parkplatz Pederü im Rautal südlich von Enneberg. Bei Logisgästen ist ein Gepäcktransport möglich. Im Winter kann man sich mit Schneekatzen abholen lassen.

Mitten auf der Fanesalm, dem berühmten Wandergebiet mit seinen weiten Almflächen und teils recht bizarren Felsskulpturen, steht die Hütte auf 2060 Meter Höhe. Umgeben ist sie von einer traumhaften Gebirgslandschaft mit unzähligen Wander- und Klettermöglichkeiten. Trotz des langen Weges vom Tal herauf ist man hier allerdings selten allein. Die Faneshütte gehört auch wegen des recht attraktiven Angebots und der guten Unterkünftsmöglichkeiten zu den populärsten Hütten in Südtirol, und entsprechend lebhaft geht es auch zu.

In der Umgebung

Oben auf der Faneshütte kann man unterschiedlichste Wanderungen unternehmen. Leicht und bequem geht es hinauf zum Limosee und zur nahen Berghütte, wenn man will auch weiter auf der fast ebenen Hochfläche zum Col de Locia. Nicht weit entfernt vom Col de Locia sind die Höhlen am Conturines, wo man Überreste eines frühzeitlichen Bären gefunden hat und wo auch regelmäßig Führungen angeboten werden. Der Höhlenbär, der vor etwa 60 000 bis 30 000 Jahren gelebt hat, ist rund 20 Jahre nach seiner Entdeckung zu Südtirols berühmtesten Bären avanciert und hat inzwischen eine ganze Abteilung im Besucherzentrum des Naturparks Fanes für sich alleine. Der naturgetreue Nachbau der Wohnhöhle des Bären lässt nicht nur die Herzen der kleinen Besucher höher schlagen.

Eine andere schöne Wanderung führt über den Dolomitenhöhenweg zum Lagazuoi See und weiter zur ebenfalls populären und wegen seiner Grillspezialitäten beliebten Scotonihütte. Wer möchte, kann vom Lagazuoi See dann auch noch den Aufstieg zum Gipfel des Lagazuoi machen, er wird für die Mühen des Aufstiegs mit einem der besten Aussichtspunkte in den Dolomiten belohnt.

Naturpark Fanes vor der Haustüre

Mittlerweile haben auch die Mountainbiker die Fanes entdeckt und steuern die Faneshütte bevorzugt von Pederü aus an, was allerdings eine recht schweißtreibende Fahrt darstellt.

Im Winter ist die Fanesalm ein erstklassiges Skitourengebiet. Wer allerdings Ski laufen will, der muss entweder nach St. Vigil in Enneberg, wo die Lifte zum Kronplatz hinauf führen, oder nach Alta Badia.

Extratipp

Dolomitenhöhenweg 1 Einer der berühmtesten und schönsten Weitwanderwege macht Station an der Faneshütte. Der Dolomitenhöhenweg 1, auf italienisch Alta Via Dolomitica 1, führt auf 150 Kilometern vom Pragser Wildsee im Hochpustertal bis nach Belluno. Die gesamte Strecke kann man in durchschnittlichem Tempo in etwa elf Tagen absolvieren. Man kann sich natürlich auch mit Teiletappen begnügen. Der Weg führt vom Pragser Wildsee über die Seekofelhütte zur Sennesalm und weiter auf die Fanes und zur Faneshütte. Von dort führt er über den Lagazuoi zur Tofana und über den Passo Giau weiter nach Süden. Weitere Stationen sind die Forcella d'Alleghe, das Val Civetta und Marmol, bis man nach Belluno kommt. Natürlich kann man die Tour auch in umgekehrter Richtung angehen. Bei den einzelnen Etappen sollte man bedenken, dass die Rückfahrt mit öffentlichen Verkehrsmitteln oft recht umständlich werden kann, wenn es keine direkten Verbindungen gibt wie zum Beispiel von der Fanesalm oder Sennesalm zum Pragser Wildsee und umgekehrt.

Romantisch

Hotel Hohe Gaisl

Plätzwiese
I-39030 Prags
Tel. 00 39/04 74/74 86 06,
Fax 74 86 37
E-Mail: hotel@hohegaisl.com
Internet: www.hohegaisl.com

Anfahrt: Brennerautobahn A 22 Ausfahrt Brixen über Bruneck, Welsberg und Brückele hinauf zur Plätzwiese

Ausstattung & Preise

Vor allem die traumhafte Lage macht dieses Hotel zu einem interessanten Ziel für den Bergurlaub. Man logiert in rustikalem Ambiente, genießt Südtiroler Spezialitäten und kann sich nach ausgiebigen Bergtouren gründlich erholen. Die Gästezimmer des Mittelklassehotels verfügen über Dusche/WC, TV und Safe. In dem kleinen Wellness-Bereich gibt es Sauna, Dampfbad, Whirlpool und Solarium. Für die Übernachtung mit Halbpension im Doppelzimmer zahlt man pro Person ab etwa 43 €.

Lage & Ambiente

Das Hotel steht auf der Plätzwiese, einer weiten Hochebene zu Füßen des 2839 Meter hohen Dürrensteins im Naturpark Fanes-Sennes-Prags. Es ist allerdings ein weiter Weg von der Pustertaler Straße hinauf zur Plätzwiese. Kommt man aus Bruneck, fährt man in Richtung Toblach. Etwa vier Kilometer östlich von Welsberg geht es rechts durch eine Unterführung in Richtung Prags und Pragser Wildsee. Vor dem Dorf Prags folgt man links der Straße nach Brückele. Von Brückele aus sind es dann noch sieben Kilometer mit etlichen Kurven den Berg hinauf. Das Hotel bietet einen herrlichen Ausblick auf die Bergwelt.

In der Umgebung

Im Sommer ist die Plätzwiese ein Wanderparadies. Man hat die Wahl zwischen verschiedensten Touren zum Beispiel auf den Dürrenstein oder die Strudelköpfe. In der näheren Umgebung gibt es zudem noch einige besonders attraktive Ausflugsziele wie den romantischen Pragser Wildsee oder das nahe Höhlensteintal mit dem Dürrensee und dem Toblacher See. Zu den Drei Zinnen ist es ebenfalls nicht weit.

Im Winter ist die Plätzwiese ein Langlaufparadies vor allem auch wegen der besonders schneesicheren Höhenlage.

Romantisch

Fodara Vedla Hütte

I-39030 St. Vigil in Enneberg
Tel. 00 39/04 74/50 10 93,
Fax 50 15 38
E-Mail: rifugio@fodara.it
Internet: www.fodara.it

Anfahrt: Brennerautobahn A 22 Ausfahrt Brixen über Bruneck und das Gadertal nach Zwischenwasser, St. Vigil und Pederü, von dort hinauf zur Hütte

Ausstattung & Preise

Dass Berghütten keine kargen Unterkünfte sein müssen, dafür ist die Fodara Vedla Hütte im Naturpark Fanes-Sennes-Prags der beste Beweis. Die Hütte, eigentlich ein Berggasthof, zeichnet neben nostalgischem Ambiente, einer bekanntermaßen guten Küche und gepflegten Übernachtungsmöglichkeiten vor allem das Wanderparadies rund um Sennes und Fanes aus. Das Haus bietet recht komfortable Doppelzimmer mit eigenem Bad und WC. Es gibt auch einfachere Zimmer mit Etagenbad sowie im alten Teil des Hauses Matratzenlager. Für eine Übernachtung mit Frühstück zahlt man im Doppelzimmer pro Person ab 35,50 €.

Lage & Ambiente

Die Fodara Vedla Hütte befindet sich auf einer weitläufigen Almwiese auf knapp 2000 Meter Höhe im Herzen der Dolomiten und ist Teil einer Almensiedlung. Entstanden ist die Hütte als Schutzhaus der österreichisch-ungarischen Truppen während des Ersten Weltkriegs. Um sie zu erreichen, fährt man von St. Vigil eine 13 Kilometer lange Straße nach Süden bis nach Pederü. In Pederü kann der Wagen auf einem großen Parkplatz abgestellt werden. Der Weg hinauf zur Fodara Vedla ist eine gut ausgebaute, aber anfangs sehr steile Fahrstraße. Die Gehzeit beträgt etwa eine Stunde. Das Gepäck wird von Pederü zur Hütte hinauftransportiert.

In der Umgebung

Im Naturpark Fanes-Sennes-Prags gibt es viele leichte Tourenmöglichkeiten, etwa zur nahen Senneshütte oder in Richtung Seekofel. Nicht schwer ist auch der Weg hinauf zum nahen, 2460 Meter hohen Lavinores. Die Fanesalm ist ebenfalls ein sehr schönes Wandergebiet. Für Mountainbiker gibt es viele interessante Touren wie etwa nach Cortina d'Ampezzo über die Senneshütte und Ra Stua.

Romantisch

Gasthaus Heilig Kreuz

I-39036 Pedratsches
Tel. 00 39/04 71/83 96 32
E-Mail: s.croce@rolmail.net
Internet: www.enrosadira.it/rifugi/santacroceinbadia.htm

Anfahrt: Brennerautobahn A 22 Ausfahrt Brixen/Pustertal und bis kurz vor Bruneck. Dort rechts der engen und kurvenreichen Straße ins Gadertal folgen. Pedratsches ist der erste Ort an der Straße in Alta Badia. Etwas längere, aber schönere Anfahrt über Brennerautobahn Ausfahrt Klausen, durch das Grödner Tal bis Wolkenstein und über das Grödner Joch auf die Ostseite der berühmten Passhöhe nach Alta Badia. Von Corvara links nordwärts über La Villa bis Pedratsches.

Ausstattung & Preise

Das alte Gasthaus hat eine lange Geschichte. 1718 wurde es als Wohnung für den Messner und als Unterkunft für die Pilger erbaut, war zwischendurch Schafstall und wurde später dann zum Gasthaus. Noch heute präsentiert sich das Haus, das auch oft als Hospiz bezeichnet wird, als eine sehr geschichtsträchtige, aber eher schlichte Unterkunft. Es gibt schöne, alte rustikale Gaststuben und einfache Zimmer für die Übernachtung. Neben den Sammellagern kann man in schlichten Doppelzimmern nächtigen.

Einen guten Ruf genießt die deftige und bodenständige Küche, die vorwiegend regionale Gerichte anbietet. Spezialität des Hauses ist der Kaiserschmarren, der ursprünglich kein Dessert, sondern in seiner klassischen Form eine komplette Hauptmahlzeit darstellt. Für die Übernachtung im Doppelzimmer zahlt man pro Person ab 29 €.

Das Besondere Wer das Einfache, Unverfälschte, Echte sucht und sich an der Natur und herrlichen Ausblicken erfreuen kann, ist im Gasthaus Heilig Kreuz richtig.

Lage & Ambiente

Das bekannte Gasthaus befindet sich oberhalb von Pedratsches zu Füßen des Kreuzkofels im Gadertal, das unter seinem italienischen Namen Alta Badia besser bekannt ist. Heilig Kreuz erreicht man von dem kleinen Dorf St. Leonhard etwas oberhalb der Straße entweder zu Fuß auf dem Wanderweg oder mit dem Sessellift. Es gibt wohl nur wenige vergleichbare Aussichtsplätze im sonst an landschaftlichen Sehenswürdigkeiten gewiss nicht armen Gadertal. Das alte Gasthaus auf 2045 Meter Höhe steht perfekt positioniert über dem Tal, behütet und umrahmt von den senkrecht aufragenden Felswänden des Kreuzkofels. Nicht umsonst zählt der Gasthof mit der benachbarten Wallfahrtskirche zu den beliebtesten Fotomotiven der Region. Die Schlichtheit des Hauses passt auch gut zum Charakter des traditionsreichen Wallfahrtsortes.

Es verbinden sich viele Legenden mit der Wallfahrtskirche Heilig Kreuz. Eine davon besagt, dass dort einst der Graf Volkhold aus dem Pustertal als Eremit seine letzten Jahre verbracht haben soll. Die heutige Kirche geht auf das Jahr 1484 zurück und wurde Mitte des 17. Jahrhunderts ausgebaut und um einen Turm erweitert. Traditionsgemäß unternehmen die Gemeinden im Gadertal im Frühjahr Wallfahrten hinauf nach Heilig Kreuz. Ganz in der Nähe befindet sich im Weiler Oies bei St. Leonhard das Geburtshaus des Paters Josef Freinademetz, der als Missionar in China tätig war und im Jahr 2003 von Papst Johannes Paul II. heilig gesprochen wurde.

Besonders schön ist die Stimmung in den späten Nachmittagsstunden, wenn die Sonne tief steht und die weiten Felswände in ein leuchtendes Rot taucht. Dann kehrt auch Ruhe ein auf Heilig Kreuz, wenn die letzten Ausflugsgäste wieder ins Tal entschwunden sind.

In der Umgebung

Heilig Kreuz ist das Ziel eines schönen und sehr populären Wanderwegs herauf von St. Leonhard bei Pedratsches. Beliebt wohl auch deswegen, weil man den Aufstieg mit dem Sessellift sehr bequem gestalten kann. Von Heilig Kreuz führt ein Klettersteig über Ju da Crusc hinauf zur Kleinen Fanesalpe, wo man weiter bis zur Lavarellahütte oder zur Faneshütte wandern kann. Allerdings braucht man dafür entsprechende alpine Erfahrung. Wesentlich leichter ist der Wanderweg über die Armentera Wiesen nach Norden bis nach Spescia bei La Villa.

Von Pedratsches aus bietet sich noch eine andere klassische Tour hinauf in den Naturpark Puez-Geisler und zur Puezhütte an. Das ist freilich eine solide Tagestour.

Im Winter kann man von Heilig Kreuz auf der Skipiste talwärts fahren oder, was immer populärer wird, in der Umgebung schöne Schneeschuhwanderungen unternehmen. An sonnigen Wintertagen kann man sich die Zeit auch mit Eislaufen oder Eisstockschießen unten in Pedratsches vertreiben. Oder man bleibt einfach oben und sonnt sich auf der Terrasse vor dem Haus.

Extratipp

Rifugio Emilio Comici Ob bei der Umrundung der berühmten Sellagruppe auf Skiern oder bei einer Wanderung zum weithin aufragenden, markanten Langkofel, einen Abstecher zur Comicihütte am Plan de Gralba sollte man auf jeden Fall mit einplanen. Wo sonst erhält man schon auf 2000 Meter Höhe Fischspezialitäten von Sepia-Polenta über Muscheln und Krustentiere bis zu Pasta Frutti di Mare. Eine Rückkehr zu den Ursprüngen, erhoben sich die Dolomiten doch einst aus dem gigantischen urzeitlichen Tethys-Meer.
Rifugio Emilio Comici, Plan de Gralba 24, I-39048 Wolkenstein; Tel. 00 39/04 71/79 41 21

148 Berggasthof Pralongià

Romantisch

Berggasthof Pralongià

I-39033 Corvara
Tel. 00 39/04 71/83 60 72,
Fax 83 01 93
E-Mail: info@pralongia.it
Internet: www.pralongia.it

Anfahrt: Brennerautobahn Ausfahrt Brixen über das Pustertal bis kurz vor Bruneck, in die Gadertalstraße bis Corvara, von dort mit dem Pralongià-Sessellift hinauf zum Gasthof

Ausstattung & Preise

Der alte Berggasthof ist wegen seiner einzigartigen Lage sehr beliebt, besonders im Sommer wird es auf der Terrasse manchmal eng. Drinnen geht es eher urig zu: rustikale Stuben und dazu die passende Verköstigung. Zum Übernachten gibt es schlichte, aber gemütliche Zwei- und Dreibettzimmer mit Bad oder Dusche und WC, teils auch mit Balkon. Für die Übernachtung zahlt man im Doppelzimmer pro Person mit Halbpension ab 48 €.

Lage & Ambiente

Die hügelige Hochfläche zwischen La Villa, Corvara und dem Campolongopass ist ein sehr beliebtes Ausflugsziel nicht nur wegen der schönen Wege und Hütten, sondern vor allem auch wegen des beeindruckenden Bergpanoramas mit den Dolomitengipfeln. Oberhalb von Corvara befindet sich in 2200 Meter Höhe auf einem sanft ansteigenden Gipfel der stattliche Berggasthof Pralongià mit einem einzigartigen Rundumblick. Nach Pralongià kommt man mit dem gleichnamigen Sessellift, der zwischen Corvara und dem Campolongopass startet. Dort kann man auch sein Fahrzeug parken. Das Gepäck wird von der Talstation zum Gasthof gebracht.

In der Umgebung

Der Berggasthof ist ein echter Fall für Genießer. Von hier aus bedarf es keiner langen Anstiege, sondern man kann entspannte Höhenwanderungen unternehmen, die wunderbare Ausblicke bieten.

Auch für Mountainbiker ist Pralongià sehr reizvoll, da die Fahrstraßen recht gut ausgebaut sind. Am Campolongopass gibt es außerdem eine Neun-Loch-Golfanlage.

Pralongià ist auch für Wintersport ideal, liegt es doch inmitten des Skizirkus von Alta Badia mit vielen Pisten für alle Ansprüche.

Urig

Telemarkhütte

I-39047 St. Christina
Buchung über:
HMS
Feldkircher Str. 114
A-9020 Klagenfurt
Tel. 00 43/4 63/5 50 80,
Fax 5 50 80-19
E-Mail: info@huetten.com
Internet: www.huetten.com

Anfahrt: Brennerautobahn A 22 Ausfahrt Klausen über das Grödner Tal bis St. Christina, mit der Seilbahn hinauf zur Hütte

Für Selbstversorger

Ausstattung & Preise

Die Telemarkhütte ist eine kleine und romantische Hütte wie aus dem Bilderbuch. Sie befindet sich auf der Südseite des Grödner Tals in hochalpiner Lage am Col Raiser. Sie ist ideal für zwei und maximal geeignet für vier Personen bzw. zwei Erwachsene und zwei Kinder. Die Hütte bietet keinen Luxus, ist aber ausreichend komfortabel und vor allem sehr stimmungsvoll. Vor dem Eingang befindet sich eine überdachte Terrasse. Drinnen gibt es eine gemütliche rustikale Wohnküche mit Sitzecke und Kachelofen. Geheizt und gekocht wird mit Holz- und Gasofen. Für geruhsame Nächte stehen ein Doppelzimmer sowie eine Doppelschlafcouch zur Verfügung. Die Stromversorgung erfolgt mit einem 12 V-System, ist also nicht für normale Elektrogeräte geeignet. Außerdem bietet die Hütte eine Dusche mit WC. Pro Woche zahlt man im Sommer ab 579 €, im Winter ab 602 €. Die Endreinigung ist selbst durchzuführen.

Lage & Ambiente

Die Telemarkhütte ist auf 2000 Meter Höhe am Col Raiser gelegen. Der nächste größere Ort ist St. Christina. Die Anreise erfolgt über das Grödner Tal bis St. Christina. Zur Hütte kommt man im Sommer wie im Winter nur mit der Seilbahn. Von der Bergstation liegt die Hütte etwa 250 Meter entfernt. Bei der Bergstation gibt es außerdem zwei bewirtschaftete Almhütten.

In der Umgebung

Im Sommer gibt es traumhafte Wandermöglichkeiten im Naturpark Puez-Geisler. Im Winter ist man direkt im großen Skigebiet des Grödner Tals, das unter dem Namen Dolomiti Superski über 1000 Pistenkilometer bietet.

Romantisch

Rifugio Fuciade

Passo San Pellegrino
I-38030 Soraga
Tel. 00 39/04 62/57 42 81

Anfahrt: Brennerautobahn A 22 bis zur Ausfahrt Neumarkt/Auer und Richtung Cavalese. Dort weiter durch das Fassatal bis Moèna. In Moèna geht die Straße rechts hinauf zum San Pellegrino Pass. Von der Passhöhe führt eine bequeme und mäßig steile Güterstraße zur Hütte. Im Winter kann man mit Snowmobilen transportiert werden.

Ausstattung & Preise

In den gemütlichen und mit Sorgfalt dekorierten Stuben kann man einen Ausflug in die klassische ladinische und Trentiner Küche machen. Stilvoll und heimelig wie das Lokal sind auch die sieben Gästezimmer, die mit viel Holz und gediegenen alten Möbeln eingerichtet sind. Alle Zimmer sind mit Dusche und WC ausgestattet. Für die Übernachtung mit Frühstück im Doppelzimmer zahlt man ab 40 €, mit Halbpension ab 60 €.

Das Besondere »Essen wie zu Großmutters Zeiten«, im Rifugio Fuciade ist das kein Werbespruch, sondern Realität. Denn viele der alten Rezepte stammen noch von der Großmutter. Und diese ladinischen Gerichte sind ebenso köstlich wie nahrhaft.

Lage & Ambiente

Die Fuciade Hütte befindet sich im Fassatal oberhalb der Stadt Moèna, einem Nebental am San-Pellegrino-Pass im Trentino. Ursprünglich war das einsame Gasthaus auf einer flachen Almwiese in knapp 2000 Meter Höhe Wohnhaus dreier Priester. Erst 1983 wurde es unter der Führung der Wirtsleute Sergio und Emanuela Rossi zu einem Rifugio Fuciade, einem kleinen und feinen Berggasthaus, umfunktioniert.

Die Lage des Hofs, umgeben von alten Hütten und Scheunen und den steil aufragenden Berggipfeln, ist ausgesprochen idyllisch: ein Fall für Naturliebhaber und Genießer. Denn das Haus ist vor allem für seine gute und traditionelle Küche bekannt. Ohne Übersetzungshilfen wird die Bestellung von der reichhaltigen Speisekarte allerdings schwierig, etwa bei »cajoncìe da clozegn«, bei denen es sich um Tortellini mit wilden Birnen handelt. Auf den Tisch kommt eine Mischung aus klassisch Trentiner Gerichten mit ebenso eindrucksvollen alten ladinischen Rezepten.

Je nach Saison findet man Pilze, Wildgerichte und andere frische Zutaten. Bei Gnocchi aus Polenta mit Steinpilzen, Tagliata vom Hirsch mit Balsamico und hausgemachten Kuchen oder Panna Cotta mit Waldfrüchten als Abschluss geraten selbst überzeugte Asketen ins Schwärmen. Dazu passen der gut sortierte Weinkeller und die sehenswerte Auswahl an 30 verschiedenen Grappe und 30 Dessertweinen. Was bleibt einem nach solch einem Mahl anderes übrig, als in Fuciade auch gleich noch die Nacht zu verbringen. Glücklich also, wer sich in weiser Voraussicht in die gemütlich-rustikal eingerichteten Zimmer eingemietet hat. Hier finden ambitionierte Bergsteiger und Wanderer ebenso wie Liebhaber der Einsamkeit hochalpine Nostalgie auf gepflegtem Niveau. Kein schlechter Platz, um vor dem Alltagsstress zu flüchten.

In der Umgebung

Im Sommer ist Fuciade nicht nur Ziel von schönen Wanderungen, sondern auch ein günstiger Ausgangspunkt. Zu den reizvollsten Touren gehört der Weg auf den Passo Civelle und dann zur Contrini Hütte oder nach Malga Ciapela und zum Val Ombrettola.

Im Sommer ist die Straße über den San-Pellegrino-Pass eine beliebte Motorradstrecke.

Besonders romantisch ist ein Ausflug nach Fuciade im Winter. Dann kann man auf Schneeschuhen den relativ flachen Weg bis zur Alm und

Herrliche Trentiner Winterlandschaft

zum Gasthaus gehen oder sich abends mit dem Snowmobil fahren lassen und den herrlichen Sternenhimmel genießen. Auf dem San-Pellegrino-Pass steigt man direkt ins Skigebiet von Tre Valli ein. Auf der Nordseite der Passhöhe gibt es schöne breite Abfahrten. Man kann auch mit der Seilbahn auf den Col Margherita fahren und hinunter in Richtung Falcade schwingen. Auf dem Pass sind auch schöne und schneesichere Langlaufloipen gespurt, insgesamt rund 23 Kilometer.

Extratipp

Shopping-Tour Zwischen all den Spaziergängen, Wanderungen und Bergtouren sollte man nicht versäumen, einen Abstecher ins Fassatal zu unternehmen, und den schmucken Ortschaften einen Besuch abzustatten. Wer gerne shoppt, sollte einen der Wochenmärkte aufsuchen, die von Montag bis Sonntag an jeweils verschiedenen Orten im Fassatal stattfinden. Auf diesen typisch italienischen Märkten gibt es Bekleidung, Schuhe und Lederwaren, oft auch Haushalts- und Spielwaren. Man kann über den Markt schlendern, einfach nur schauen und die rege Betriebsamkeit genießen oder vielleicht auch das ein oder andere Stück erstehen. Hat man genug gesehen, kann man sich in einem Café oder einer Bar bei einem Cappuccino oder Espresso regenerieren. Montags findet der Markt in Campitello statt, am Dienstag in Vigo, mittwochs in Mazzin und Moèna, donnerstags in Pozza di Fassa, am Freitag in Soraga, samstags in Canazei und am Sonntag in Mazzin.

Register

Impressum

Liebe Leserinnen und Leser,

wir freuen uns, Ihre Meinung zu diesem MERIAN *guide* zu erfahren. Bitte schreiben Sie uns, wenn Sie Berichtigungen und Ergänzungsvorschläge haben oder wenn Ihnen etwas besonders gut gefällt:

TRAVEL HOUSE MEDIA GmbH
Postfach 86 03 66
81630 München
E-Mail: merian-guide@travel-house-media.de
Internet: www.merian.de

AUTORENVITA
Georg Weindl, Jahrgang 1956, ist freier Journalist mit Wohnsitz in Rosenheim und arbeitet für Tageszeitungen und Magazine, u. a. für Stern, Süddeutsche Zeitung und Wirtschaftswoche. Er verfasste schon zahlreiche Reisebücher über Süddeutschland, Österreich und Italien.

Alle Angaben in diesem MERIAN *guide* sind gewissenhaft geprüft. Für eventuelle Fehler übernimmt der Verlag keine Haftung.

Bei Interesse an Karten aus MERIAN-Produkten schreiben Sie bitte an:
iPUBLISH GmbH, geomatics
Berg-am-Laim-Straße 47
81673 München
E-Mail: geomatics@ipublish.de

TITELBILDMOTIVE
Cover: o. l.: Ferienhütte Elisabeth, u. l.: Pension Briol, r.: Tourist-Information Oberstdorf
Rücken: o.: Gasteinertal Tourismus GmbH, u.: DMC Tourismus GmbH Pyhrn-Priel
FOTOS
Achensee Tourismus 22; Bad Kleinkirchheim Tourismus 15, 56/57; Berg- und Skilift Hochsöll 20, 71; Birgit Chlupacek/Mountain Picture 24/25, 206/207; Enn, Bartl 77; Gasteinertal Tourismus GmbH 11, 87, 89; Grindelwald Tourismus 193; Gstaad Saanenland Tourismus 197; Kloster Maria Luggau 131; Kur- & Luftkurort Bad Eisenkappel 171; Kurdirektion des Berchtesgadener Landes 52, 55; Montafon Tourismus 14; Schloss- und Gartenverwaltung Herrenchiemsee 43; ST/swiss-image 186; Swiss-image.ch 4/5, 6/7, 18, 172/173, 181; swiss-image/Christof Sonderegger 185; swiss-image/Daniel Kalberer 177; Tourismusregionen Serfaus, Fiss und Ladis 10; Tourismusverband Ischgl 14; Tourist-Info Bad Tölz 12; Tourist Information Oberstdorf 17, 19, 27; TVB Obergurgl-Hochgurgl 13; Wilder Kaiser Brixental Tourismus 23; Wolfgangsee Tourismus Gesellschaft 98, 99; Zermatt Matterhorn Group 199

Alle übrigen Fotos mit freundlicher Genehmigung der dort beschriebenen Hütten, Berggasthöfe und Hotels, Freizeiteinrichtungen und Sehenswürdigkeiten.

Wir danken allen Rechteinhabern für die Erlaubnis zu Nachdruck und Abbildung. Trotz intensiver Bemühungen war es nicht immer möglich, alle Rechteinhaber zu ermitteln. Wir bitten diese, sich an den Verlag zu wenden.

PROGRAMMLEITUNG
Susanne Böttcher
REDAKTION
Cathrin Rummel
LEKTORAT
Beate Martin

GESTALTUNG
H3A GmbH, München
KARTEN
MERIAN-Kartographie
PRODUKTION
Gloria Pall
SATZ/TECHNISCHE PRODUKTION
H3A GmbH, München

DRUCK
Appl, Wemding
BINDUNG
Auer, Donauwörth
GEDRUCKT AUF
Luxosamt Offset von Schneider Söhne

1. Auflage
ISBN 3–8342-0002-6

TRAVEL HOUSE MEDIA

Ein Unternehmen der
GANSKE VERLAGSGRUPPE